KB190563

개혁을 위한 영감적 설교(1)

천국의 문은 우리 기독교인 모두에게 쉽게 열리는 것은 아닙니다.
믿음에 걸맞은 행위가 따르지 않는, 믿음만으로는 구원받는다고
하기가 어렵습니다. 예수님의 아우인 사도 야고보의 교훈이기도
합니다.
그렇다고 해서, 로마 카톨릭에서 강조하는 행위 구원론은 더군다
나 아닙니다.
믿음과 행함의 일치된 신앙을 통해서만이 우리가 구원을 받을 수
있게 되기 때문이지요. (참조: 마 7:13~27, 약 2:22)

우리 개혁교회가 1970년 ～ 2000년경에는 1200만 교인으로 성장
했지만,
그 후부터는 퇴락되어, 오늘날에는 800여 만으로 감축됐다고 합
니다.

그 원인에 대해서 저는 두 가지로 정리해 보았습니다.
첫째는, 우리 민족이 일제 36년의 억압 속에서 살아오다가 1945
년 해방된 후, 5년 만에 6.25 남침 전쟁을 통해서, 나라는 황폐했
고, 국민은 굶주리던 그 시절에 우리 교회에서는, 교회에 나와서
예수님을 믿게 되면 축복받아서 잘 먹고 잘살게 된다고 하는 희망
(소망)을 전파했지요.

그로 인하여, 굶주렸던 우리 민족의 정신적 지주 역할을 우리 교회에서 하다 보니, 오늘날보다 그때가 복음을 전하기는 좋았습니다. 가난한 자들이 복 받기 위해서 교회에 나오는 사람들이 많았기 때문이었지요.

오늘날 우리 개혁교회에서 이단이라고 하는, 박태선의 전도관이 1960년대부터 기독교 행세를 하면서 우리 교계와 사회에 많은 문제점을 불렀습니다.
또한, 문선명의 통일교가 그들의 세력을 확장해 나가기 위해서 다양한 방법으로 추종자들로부터 돈을 많이 벌어들였지요!

이런 사이비 종파들이 우리 개혁교회를 혼란 가운데 빠뜨리다 보니, 그런 이단 집단에 들어가서 그들에게 돈도 빼앗기고 심지어는 가정까지 파탄되는 사례가 부지기수였습니다.

한편으로, 우리 개혁교회 자체에서도 성령님의 역사하심을 통해 수 많은 환자들이 고침을 받고 귀신이 쫓겨나가는 실제적인 기사와 이적들이 일어났지요.
문제는, 그러다 보니 그런 것에만 주로 치중하는 일부 잘못된 지도자와 교인들이, 신유와 악령축출 등을 빌미 삼아, '기복신앙'으로 교인들을 미혹하여 많은 혼란을 주고, 자기네 돈벌이와 교세 불리기에 급급한 나머지, 기독교 신앙을 악용했던 자들로 인하여, 전술한 이단-사이비 못지않은 문제를 불러왔다는 것입니다.

그러자 이단들도 다시 여기에 편승하여 종말론과 신유, 은사를 빙자해 전국적인 여세를 타고 있었지요.

기복신앙에 관해서는 우리가 현명하고 바른 판단을 잘해야 합니다. 하나님의 만복의 근원이시며 따라서 복을 주시는 하나님을 믿고 구하는 것은 결코 잘못된 것이 아니지요. 그러나 진리보다 늘 복만 추구한다면, 자칫 잘못되기가 쉽다는 데 함정이 있습니다. 그것을 비성경적인 기복신앙이라고 할 수 있지요.

위와 같은 집단에 들어갔다가, 여러 가지로 많은 피해와 고통을 당했던 교인들을 한마디로 정리해 본다면, 바로 "비성경적인 기복신앙"에 빠졌던 자들이라고 말할 수가 있습니다. 그러한 기복신앙적인 교인들의 대부분은 교회를 떠났든지 아니면, 그들 마음의 허전함을 채우기 위해서 또, 다시 이곳저곳으로 방황을 하다가 다른 이단, 집단에 들어가서 결국은 희생을 당한 자들도 많이 있었습니다. 또, 다른 하나의 문제점은, 개혁교회 안에 WCC에 가입된 일부 교단(총회)들의 행태를 본다면, 교회 안에 용공주의 사상과 자유주의 신학 사상을 통해서 교회들을 파괴하고 있다는 현실이기에, 본 설교집 제1권에서는 주로 WCC의 잘못된 사상과 자유주의 신학의 이단성에 초점을 맞추어 설교문을 쓰다 보니, 여러 편의 설교에 중복이 되고 있다는 점을 이해하시기 바랍니다.

제가 믿는 복음이란, 우리들의 육신의 양식을 잘 먹고, 잘 살 수 있도록 하는 복음이 아니고, 우리들의 속사람이라고 할 수 있는, 영혼을 풍성케 해 주는 양식이 바로 성경적으로 볼 수 있는, 근본적인 복음이라고 말할 수 있습니다.

(참조 : 요한복음 6 : 63)

마지막으로, 본 설교집 (1)권을 준비하는데, 여러 가지의 어려웠던 문제점들을 협력해 주신, 김성훈 목사께도 본 지면을 통해서 진정으로 감사하는 마음의 글을 드립니다. 할렐루야!

2021년 12월 5일

목 차

1. 교황은 성인인가, 악마인가? 🏛 11

    1. 교리를 통해서 본 교황의 실체 • 13

    2. 개혁교인들과 유대인들, 살육의 "카톨릭" 정치 • 16

    3. 로마 카톨릭의 "묵주" 란, • 20

    4. 면죄부 [Indulgence]의 효력은? • 21

    5. 교황의 무류성이 성경적인가 • 26

    6. 개혁교회 목사들의 교황흠모!! • 31

2. 대한민국의 운명은 기독교가 결정한다. 🏛 35

    1. 기독교와 박정희 정권의 관계 • 37

    2. 북한의 대남전략, 한국의 10대 대형교회 죽이기 • 41

    3. 나단 선지자와 같은 목사가 있는가 • 45

    4. 분별력이 없는 목사들 • 51

    5. 한국 교회의 운명은 주님의 장중에, • 55

3. 예장 통합총회는 사탄의 연합체인가 !! 🏛 57

    1. WCC (세계교회 협의회)의 정체는! • 59

    2. 평화연맹 조직과 침투준비와 공작 • 61

    3. 예장 통합총회 설립의 배경 • 63

    4. 2013년, WCC 부산대회의 실상 • 67

    5. 그리스도의 "이단" WCC 정체의 내력 • 72

4. 현대교회의 종말이 다가오고 있다 🏛 77

    1. 헌금의 본질 • 80
    2. 우리는 가룟유다가 되지말자 • 84
    3. 교회와 성전의 개념 • 86
    4. 올바른 예배의 본질 • 93

5. 십자가만이 올바른 예정교리인가! 🏛 99

    1. 예수님의 세가지 십자가 • 101
    2. 잘못된 십자가의 예정교리 • 108
    3. 예수님께서 결정하신 십자가의 고난 • 114
    4. 아담의 불순종과 예수님의 복종하심 • 117

6. 지옥 갈 자를 예정했다는 칼뱅의 불의한 교리(상편) 🏛 121

    1. "베자"의 칼뱅 신봉론 • 124
    2. 어거스틴의 후계자 칼뱅주의자들 • 129
    3. "도르트" 종교대회의 논쟁 • 135

7. 지옥 갈 자를 예정했다는 칼뱅의 불의한 교리(하편) 🏛 139

    1. 칼뱅의 기독교 강요 3권 24장의 내용 • 141
    2. 잔학한 살인자 "칼뱅" • 144
    3. 이단자로 정죄하여 처형 당한 "세르베투스" • 148
    4. 기독교 강요와, 칼뱅주의 5대 교리의 모순점 • 153
    5. 성화 된자의 예정교리 분별력 • 157

8. 교회 밖의 교인도 구원받을 수 있다 ⛪ 159

　　1. 교회의 본질 [The Essence of the Church] • 161
　　2. 교회에 대한 칭호의 두가지 • 164
　　3. 함석헌의 무교회 사상 • 166
　　4. 한국교회를 파괴하는 자유주의 신학 • 168
　　5. 예배의 올바른 개념 • 173

9. 중생한 교인도 그의 악성은 남아있다 ⛪ 179

　　1. 중생의 의미 • 181
　　2. 칼뱅주의 교리와 중생의 비교 • 186
　　3. 성화 된자의 악의 뿌리는! • 191
　　4. 중생인과 비 중생인의 차이점 • 196

10. 사랑에서 분리된 믿음의 결말은 !!! ⛪ 203

　　1. 믿음의 뿌리는 사랑이다 • 205
　　2. 진리에서 분리된 믿음 • 208
　　3. 사랑과 믿음의 결정체가 구원을 이룩한다 • 215
　　4. 사도 바울의 신앙고백 • 220

11. 올바른 회개를 모르는 현대의 교회 ⛪ 225

　　1. 회개와 회심의 의미 • 227
　　2. "통회"가 올바른 회개일까? • 232
　　3. 믿음만으로는 결코 천국에 들어갈 수 없다. • 236

12. 정치권력과 한국교회의 목회자상 🏛 245

　　1. 오늘날 대한민국의 "네로" 황제는!! • 249
　　2. 광화문, 전광훈 목사의 정체 • 253
　　3. 북한에 자주 왕래한 목사들의 실체는 • 256
　　4. 개혁 교회의 신사참배 역사 • 260

13. 사탄의 역사와 현대교회의 실태 🏛 265

　　1. 사탄의 대리인들이란? • 268
　　2. 자유주의 신학 사상의 신학대 교수들 • 271
　　3. 미국의 교회와 정치인들 • 276
　　4. 로마 카톨릭의 "예수"회 실체 • 279

14. 세 가지 종류의 믿음이란? 🏛 287

　　1. 박형룡의 4가지 신앙교리 • 290
　　2. 참된 믿음 [a truth faith] 이란 !! • 301
　　3. 의사적인 믿음 [a spurious faith] 이란 !! • 303
　　4. 위선적인 믿음[hypocritical faith]이란 !! • 304

15. 동성애의 본질은 죄악이다 🏛 307

　　1. 현대교회의 동성애와 WCC의 관련성 • 309
　　2. 장신대학 내의 '동성애' 동아리 • 311
　　3. 고대 철학사상과 동성애 관련성 • 316
　　4. 성경에서 말하는 '동성애'란 • 320

부록. WCC(세계교회협의회)의 실체 🏛 327

　　1. 서구교회 안에 침투 활동해온 붉은 손, WCC • 329

개혁을 위한 영감적 설교

01
교황은 성인인가, 악마인가?

에베소서 5 : 5 ~ 7

너희도 이것을 정녕히 알거니와 음행하는 자나 더러운
자나 탐하는 자 곧 우상숭배하는 자는 다 그리스도와
하나님 나라에서 기업을 얻지 못하리니
누구든지 헛된 말로 너희를 속이지 못하게 하라 이를
인하여 하나님의 진노가 불순종의 아들들에게 임하나니
그러므로 저희와 함께 참여하는 자가 되지 말라

예수는 걸어 다니셨는데, 교황은 가마를 타고,

예수는 제자들의 발을 씻기셨는데, 교황은 자기 발에 입 맞추라 하고,

예수는 원수를 사랑하라 하셨는데, 교황은 예수의 종들을 이단이라고
화형에 처한다.

그는 가증한 적 그리스도이다.

또, 교황이 나를 이단자라고 파문한다면, 나는 교황을 신의 진리로 파문하리라.

교황은 그리스도의 목자가 아니다.

교황은 악마의 사도이다…(하략). —마르틴 루터의 글에서.

01 교리를 통해서 본 교황의 실체

교황은, 로마 카톨릭 교회 자체적으로 본다면, 모든 사람의 죄를 용서해 줄 수 있는 신적인 존재지만, 우리 개혁교회의 성경관을 통해서 역사적으로 검토해본다면, 그는 거룩한 자로 위장하고 있는 사탄, 악마적인 존재라고 보아야 합니다.

본래, 카톨릭이라고 하는 말은 보편적, 공동적, 일반적이라는 의미를 가지고 있어요.

동방교회와 서방교회는 5세기경까지는 하나의 카톨릭 교회로서 관계를 유지하고 있었는데, 451년에 '칼케돈' 공의회에서 그리스도의

'단성론'을 배척하게 되어 동방교회의 일부가 분리됐고, 그 후 1054 년에 동·서 교회가 완전히 분열되었지요.

그 후로부터 로마 카톨릭 교회는 교황을 중심으로 한 중앙집권적인 위계조직으로 교황, 추기경, 대주교, 주교, 사제 등으로 성직자단이 구성됐습니다.

본문 중 5절을 보면, 우상 숭배하는 자는 다 그리스도와 하나님 나라 에서 기업을 얻지 못하리니…

로마교황청 건물은 어떠한 구조로 돼 있을까요?....
나는 교황청 건물을 가서 구경한 적은 없습니다. 그러나 인터넷에 올려진 자료를 보게 되면 다산의 여신상 등 온갖 악마와 같은 짐승의 형상과 또한, 추잡한 그림 등을 볼 수가 있었으며, 바티칸 성당 안에 '피에타 상' 즉, 마리아가 돌아가신 예수님을 안고 슬퍼하는 모습의 사진 등도 볼 수가 있었는데, 이러한 모든 것들은 거짓된 것들로서 세계 각국에서부터 몰려 들어오는 관광객들로부터 돈벌이 수단의 한 방법으로 활용하고 있음을 우리는 잘 알아야 합니다.

로마 카톨릭 교회의 정당성을 주장함의 가장 중요한 근본적인 전통 은 '사도 계승주의'라고 보아야 할 것인데, 초대 기독교회가 여러 가 지 이단 사상들이 있었기에, 올바른 신앙의 가르침을 구별하고 세우 는 일에 부단한 노력을 해 왔던 것은 주지의 사실이었기 때문에, '사도 계승 주의'는 당시에 많은 이단 사상들로부터 교회의 정통성을 지키자고 하는 차원에서 확립된 개념이었다고 볼 수가 있습니다.

당시에는 사도들의 가르침으로 세워진 교회만이 정통성으로 이해될 수가 있었기 때문이었으며, 또한 교회가 사도 적 계통에서 벗어나게 된다면 교회의 제도화가 될 수가 없었기 때문이기도 했습니다.

교회의 전통이란, 성경 이외에도 교회가 공식적으로 진리라고 확인한 모든 것을 포함한다.

교회가 성경의 유일한 합법적 소유자인 동시에 해석의 주체가 되기 때문에, 교회가 역사 안에서 이해한 성경의 해석이 곧 전통이 된다. 교회의 전통은 교회가 인정하는 교부들의 신학, 공의회의 결정들, 신조, 교황의 교서, 그리고 교회법 등을 포함한다."

위와 같은 성경적 근거는 마태복음 16장 19절에, 내가 천국 열쇠를 네게 주리니 네가 땅에서 무엇이든지 매면 하늘에서도 매일 것이요 네가 땅에서 무엇이든지 풀면 하늘에서도 풀리리라,

위와 같이 로마 카톨릭 교회에만 그 말씀과 같은 특권을 주었다고 함은 성경 해석학의 기본도 모르는 교황 주의자들의 무지함을 인정한 데서 비롯됐고, 그로 인하여 '사도 계승 주의'를 만들었다고 하는 사실을 오늘날 우리 개혁교회에서는 성경을 중심으로 해서 올바로 깨달아야 합니다.

로마 카톨릭에 위와 같은 천국열쇠의 약속을 주셨다면, 오늘날 우리

개혁 교회에는, 왜 그러한 약속을 주시지 않았을까요 !!

그러한 주님의 약속을 받은 로마 카톨릭 교회에서는, 그렇다면 왜 그렇게도 많은 사람을 죽였습니까?

02   개혁교인들과 유대인들, 살육의 "카톨릭" 정치

1940년 프랑스 정치인 '바론 드뽀나' 는 말하기를 로마 카톨릭은 …

핏속에서 태어나, 핏속에서 딩굴고, 그것의 갈증을 피로 해소하고,

그것의 역사는 피로 쓰였다고 기술을 한 바가 있습니다.

로마 카톨릭의 교황 제도의 역사에서는 무자비한 고문과. 살육과,

대량 학살의 역사 기록이 남아 있는데,

아래 목록은, 단지 로마 교황사의 피비린내 나는 역사의 일부임.

1096년 : 로마 카톨릭 십자군이 독일 보름스에서 유대인들의 절반
             을 살육함

1098년 : 로마 카톨릭 십자군이 안티옥 주민의 대부분을 살육함.

1099년 : 로마 카톨릭 십자군이 예루살렘을 함락시킨 후에 7만명의
             무슬림과 유태인들을 학살함.

1208년~1226년 : 남 프랑스 알비파에 대한 십자군의 공격으로 로

마 카톨릭은 '베지에르' 주민 2만 여명을 살육함.

[로마 카톨릭의 십자군 운동을 끝냈을 때까지, 남 프랑스 주민들의 대부분이 알비파였는데, 그들 대부분이 멸종됐으며, 6(10세기 주장도 있음)세기 동안에 교황의 종교심문을 통해서 5천만 여명이 살육을 당함.]

1236년 : 서. 프랑스의 안주와 뽀아뚜의 유대인들을 로마 카톨릭이 살육했고, 세례를 거부하는 3천명의 유태인들을 말 발굽으로 짓밟아서 살해함.

1243년 : 로마 카톨릭의 폭도들이 독일, 벨리츠[베를린 부근]의 모든 유태인들을 산채로 태워죽였음.

1298년 : 로마 카톨릭 폭도들이 독일 로틍겐의 모든 유태인들을 산채로 태워죽임.

1348년~1349년에 있었던 흑사병에 대하여 유태인들이 그 원인이라고 책임 추궁을 하게 됐고, 그와 같은 책임을 물어 수천 명의 유태인을 학살했다.

1389년 : 로마 카톨릭은 프라하에서 침례를 거부했다고 하여 3천여 명을 죽였음.

{1481년 ~ 1945년 아돌프 히틀러와 '티소' 주교 같은 로마 카톨릭 독재자들로부터 2차 세계대전 직전까지의 학살 부분에 대해서는 생략을 하겠습니다.}

위의 내용은 역사가 증명 하고있는 대량 학살 사건의 일부분만을 밝혔습니다.

그 이유는, 로마 교황이 너무나도 참혹한, 학살자였음을 위의 내용만으로도 여러분들께서는 추정할 수 있다고 생각이 되기 때문에 위의 내용 부분만으로 축소하게 됐습니다.

육체의 생명은 피에 있음이라 내가 이 피를 너희
에게 주어 단에 뿌려 너희의 생명을 위하여 속하게
하였나니 {생명이 피에 있으므로} 피가 죄를
속하느니라 (레위기 17 : 11)

위의 말씀을 볼 때에도 '생명이 피에 있으므로' 그 피가 죄를 속하게 된다고 한 말씀은, 장차 예수님께서 오셔서, 그 분의 피를 통하여 우리 모든 인간들의 죄를 용서해 주시겠다고 예언하신 말씀으로서, 당시에는 사람들의 모든 죄를 용서해 주시기 위해서 짐승의 피를 "예표"로 우리에게 교훈해 주신 말씀인데, 로마 카톨릭의 교황들은 왜, 그렇게도 1천(6세기 설도 있음)년의 세월 동안 세계인들의 피를 그렇게도 많이 흘리게 하면서 교황의 자리를 지키고 있었을까요 !!

교황들이 악마가 아니고, 성경의 말씀대로, 사도 베드로의 신앙을 계승한 로마 카톨릭의 올바른 지도자들이었더라면, 1천년 동안 그러한 피비린내가 나는 로마 카톨릭이라고 하는 종교집단의 역사는 우리 지구상에 결코 없었을 것입니다.

주는 죄악을 기뻐하는 신이 아니시니 악이 주와
함께 유하지 못하며
오만한 자가 주의 목전에 서지 못하리이다 주는
모든 행악자를 미워하시며
거짓말 하는 자를 멸하시리이다 여호와께서는
{피 흘리기를} 즐기고 속이는 자를 싫어 하시나이다
(시편 5 : 4 ~ 6)

하나님께서는 피 흘리기를 즐기는 자들을 싫어 하신다고 말씀하셨
는데,
피를 흘리게 하는 자들은 주님의 심판이 뒤따르게 된다고 경고 하시
는 말씀으로 받아들여야 할 것입니다.

나의 주변에 많은 목사들이, 사이비, 이단에 관련된 사역을 하고 있습
니다.
이단들의 교리가 정통 교단들로부터, 이단시 되어 서로간에 논쟁은
할 수 있겠지만, 이단이라고 해서 그들의 생명을 직접 해친다고 하는
것은 잘못된 신앙이라고 말할 수가 있습니다. 우리의 이단과 싸움은
'영적인 전쟁'이 되기 때문에 분개하는 마음에서 물리적인 방법으로
그들의 생명을 직접 해치는 것은 반드시 주님으로부터 심판을 받게
된다고 하는 사실을 우리는 분명히 알고 신앙생활을 해야 합니다.

선한 자나 악한 자들 모두의 생명은 창조주가 되시는 우리 주님의 소유물이 되기 때문에, 그 분께서 이 땅에 보내주셨고, 또한, 그 분께서 그들의 생명을 거둬 가시게 된다는 사실을 우리들은 알아야 합니다.

03 로마 카톨릭의 "묵주" 란,

불교의 염주는 불교 신자들이 108배를 하거나 그들만의 기도할 때에 사용하는 도구인데, 구슬의 수에 따라 수행을 할 수 없는 사람들에게 부처가 권하는 기도의 도구라 합니다.

모든 사람에게는 108가지의 번뇌를 가지고 있는데, 108개의 번뇌를 하나씩 없애고 그만큼의 깨우침을 하나씩 얻는다는 뜻이 담긴 108주가 가장 많이 사용된다고 하는데, 그 외에도 54주, 27주, 14주의 염주가 있다고 하는데, 어찌! 우리 인간들의 번뇌가 108가지만 있겠습니까?

그러나 불교의 108개의 번뇌의 문제를 해결하기 위한 염주와는 달리
…

로마 카톨릭의 묵주는 1090년부터 사용돼 왔는데, 원래 '묵주'는 장미 화관, 장미 꽃다발이라고 하는 라틴어 '로사리움'에서 유래가 됐다고 하는데, 그들은, 그들의 기도를 하느님께 전해달라고 성모님께

청 할때에 사용하고 있으며, 또한 그들은 묵주 목걸이 외에도 묵주 반지까지 만들어서 돈벌이하는 종교적인 장사꾼들이지요.

성경 어느 말씀에 성모 마리아에게 기도하면 우리들의 죄가 용서받게 된다고 하는 말씀이 기록돼 있습니까?

다른 이로서는 구원을 얻을 수 없나니 천하 인간에
구원을 얻을 만한 다른 이름을 우리에게 주신 일이
없음이니라 하였더라 (사도행전 4 : 12)

우리의 성경 66권 어느 말씀에도 성모 마리아에게 기도하게 되면 우리들의 모든 죄가 사함을 받게 된다고 하는 말씀은 전혀 찾아볼 수가 없음에도 불구하고, 묵주를 '성물' 화 시켜서 장사 수단으로 돈벌이를 하고 있다고 하는 사실을 전혀 모르면서, 천주교인이라고 하는 말을 자랑스럽게 하고 있다는 현실입니다.

04 면죄부 [Indulgence]의 효력은?

성 베드로 성당의 건축 기금을 마련하기 위해서 '레오 10세'는 면죄부를 판매하게 됐는데, 이에 대하여 당시의 종교 개혁가였던, 말틴

루터 95개 조항의 반박문 중,

86조 : 시골의 졸부들보다 더 졸렬하고 악랄하게 교황은 약탈을 자행하고 있다.

베드로 대성당을 건축하려면 교황 자신의 돈으로 해야지, 왜 가난한 신도들의 돈으로 하려 하느냐? '교황'은 세계에서 제일가는 부자인데,…

당시에 낭비벽과 타락한 생활 때문에 전 유럽에서 '레오 10세' 는 그 위신이 땅에 떨어지게 됐는데, 그가 시작한 면죄부로 인하여 '말틴 루터'의 종교 개혁 운동의 기폭제와, 도화선이 되고 말았습니다.

당시에 면죄부는 로마 카톨릭의 "부" 를 축적할 수 있는 아주 좋은 방법이 되기도 했지요.

그래서 교황 레오 10세[1513 ~ 1521]가 대대적으로 면죄부 판매를 계획하고 있을때에, 시장 조사를 해 보고 면죄부의 소비량이 막대하다고 하는 것을 알게 된, 독일의 브란덴부르크의 '대주교인 알버트'(Albert, 1511~1568)는 좋은 기회를 놓칠세라, 교황에게 거금을 바치고, 독일의 세 주교구 안에서 면죄부 총판권을 독점하는 소유권자가 되는 행운을 얻게 되어서 그는 면죄부 판매로 얻어지는 총금액의 반을 자기의 수입으로 가져가기도 했다고 전해지고 있지요.

당시에 면죄부 판매 책임자였던 수도사이며 웅변가였던 '요한 테첼'(Johann Tetzel : [1465 ~ 1519] 은 막대한 수입을 올리려고 다음과 같은 설교를 했지요.

그는 면죄부가 하나님의 좋은 선물이라고 찬양하면서, 지금은, 맬수도 있고 풀 수도 있는 권세를 받은 로마 카톨릭 교회가 천국과 지옥의 문을 열어놓았다고 하고, 면죄부를 사는 사람은 과거, 현재, 미래의 모든 죄가 이 자리에서 곧 사함을 받게 될 것이요, 회개의 필요가 없이 현재 살아 있는 자뿐만이 아니라, 죽은 자나 또한, 연옥에 있는 자를 위하여 이 표를 사게 된다면 그 돈이 헌금 궤 속에 쩔 렁 하는 소리를 내며 떨어지는 그 순간에, 그 소리와 함께 그는 곧 천국으로 올라가게 될 것이다, 라고 했습니다.

당시에 그 설교를 들은 순박한 신도들은 그러한 사기꾼을 마치 하늘에서 내려온 천사처럼 믿고 하나님을 친히 맞이하는 심정으로 환영을 하고 다투어 가며 가산을 팔아서 자기의 죄를 위하여 또한 사랑하는 자녀들과 친척들을 위하여 면죄부를 사려고 장터를 이루었다고 합니다.

참으로 황당무계한 교황과 사제들의 사기 행각이었지만, 당시에 어느 누가 감히 반대하는 자가 없었는데,

이에 대하여, 말틴 루터가 단호하게 반대를 하고 나섰지요.
그는 자신이 시무하던 성당의 신도들이 면죄부를 사가지고 와서,…
루터에게 고해성사를 받으러 왔을 때, 이를 거절했습니다.
루터는 그들에게 말하기를, 아무리 면죄부를 많이 사가지고 와도 회개하고 변화된 삶이 없으면 멸망 할수 밖에 없다고 경고하며 되돌려 보냈습니다.

그렇게 더러운 면죄부의 판매로 사제들의 재산은 계속 증가하게 됐고 그들의 화려한 저택과 사치스러운 식탁은 신도들을 빈곤하게 만들었지요.

이러한 사건이 생기기 약 100여 년 전에 이미 영국의 '존 위클리프'(John Wycliffe) 은, 그 당시의 로마 카톨릭에 대하여, 로마의 사제들은 "암"처럼 우리를 좀 먹고 있다.
하나님께서 우리를 구원하지 않으면 백성들은 멸망하게 될 것이다.
라고 말했어요.
이와같이 당시의 로마 카톨릭은 사회 전반에 걸치는 암적 존재가 되어 많은 백성들을 괴롭히고 빈곤과 멸망으로 끌고 가는 집단임에도 불구하고 이렇게 악한 일을 하느님의 이름으로 자행했던 자들이었습니다.

여기서 참고로 말틴 루터의 95개 조항중 몇가지만을 소개 합니다.

5번 : 교황은 자기 교회가 만든 법을 범한 죄 외에는 아무의 죄도 사면할 의지도 권한도 없다.
10번 : 신부가 사망자의 연옥의 고통을 사죄하여 면케 한다고 함은 못된 짓이요 무식에서 나온 소치이다.
27번 : 면죄부 판매자들이 설교하기를 돈이 헌금 궤에 쩔 렁 떨어질 때마다 영혼이 연옥에서 천국으로 날아온다고 하였다.

36번 : 참된 그리스도인은 살았거나 죽었거나 면죄부가 없어도 고통과 정죄를 면할 수가 있다.

86번 : 교황은 "거부" 인데, 왜! 자기 돈을 쓰지 않고 신도들의 돈으로 베드로 성당을 지으려고 하는가.

87번 : 하나님 앞에서 회개하고 사죄받은 사람을 어찌 교황이 또 사죄 할 수 있다는 말인가.

90번 : 신도들이 질문을 하면 설명하지 못하고 어찌 폭력만으로 나가는가, 교회는 원수들의 비방거리가 될 것이다.

———

너희는 너희 아비 마귀에게서 났으니 너희 아비의
욕심을 너희도 행하고자 하느니라 저희는 처음부터
살인 한 자요 진리가 그 속에 없으므로 진리에 서지
못하고 거짓을 말할 때마다 제 것으로 말하나니 이는
저가 거짓말장이요 거짓의 아비가 되었음이니라

(요한복음 8 : 44)

———

교황이라는 칭호를 맨 처음 사용하게 된 것은 580년부터였습니다. 그 후부터의 그들의 행적과 수많은 제도를 우리가 심도 있게 검토해 볼 수 있습니다. 788년에 유골 숭배 사상도 도입됐는데, 우리가 잘 살펴보면 교황의 실체를 바로 분별할 수가 있었습니다. 그러나 오늘날까지도 로마 카톨릭을 참된 기독교로 우리 개혁교회의 일부 지도자들이나 교인들이 참으로 많이 알고 있다는 현실을 우리가 보고 있지 않습니까?

또한, 800년에는 성모 마리아에게 기도하는 제도를 만들었으며, 850년에는 성수(소금물)공인의 제도를 만들었고, 1184년에 종교재판소를 설치해서, 얼마나 많은 사람을 이단자로 정죄해서 처형을 했던가요!

위의 말씀 곧 "너희는 너희 아비 마귀에게서 났으니 너희 아비의 욕심을 너희도 행하고자 하느니라"와, 같이 교황 제도를 통해서 한 사람의 독재적 종교 통치권자가 자신의 자리를 지키기 위해서 수많은 제도를 만들게 됐지요.

로마 카톨릭의 교황은, 처음부터 살인한 자요 진리가 그 속에 없던 자로서 수 많은 제도를 통해서 신도들을 억압시키는 방법으로 그들의 재산을 갈취하는 자이며 또한, 거짓된 많은 제도로서 현재까지도 지속이 되고 있다는 말입니다.

05 교황의 무류성이 성경적인가

'토머스 홉스'는 그의 대표적인 저서 '리바이어던'에서 로마 카톨릭 교황의 무류성을 비판했는데,

그는 말하기를, 예수그리스도가 그에게 주겠다고 한 하늘나라의 열

쇠는 베드로뿐만이 아니라, 모든 사도에게 준 것이며, 베드로에게 준 것은 또한 동시에 기독교로서 정치적 통치권자들인 최고의 목자들에게도 준 것이며 '교황의 무류설' 역시 성경에 전혀 없는 내용이라고 일축한 글을 통해서 비판을 하기도 했습니다.

또한, 그는 교황의 보편적 권력을 옹호한 예수회의 "로베르토 벨라르미노" 추기경의 논거를, 성경에 근거하여 다음과 같이 논박을 하였습니다.

우리 구주는 교회 지도자들에게 '강제력'을 넘겨 준 일이 없다.

우리 구주가 그들에게 넘겨준 권력은, 그리스도의 나라를 선포하고 사람들이 그 나라에 복종하도록 설득하고 하나님 나라에 들어가기 위해 어떻게 해야 하는지를 교시와 충고로서 가르치는 권력뿐이다. 그러므로 12사도와 기타 복음 전도자들은 교사들이지 사령관이 아니며, 그들의 가르침은 법이 아니라 유익한 충고일 뿐이다.

가) 학계에서 보는 교황의 무류성

'퓰리처'상을 수상한 미국의 역사 학자이자 신학을 공부 한 카톨릭 신자인 '게리 윌스'는 '교황의 죄'라 고 하는 책에서, 유태인 소년 납치 사건에 개입한 교황 '비오 9세'와 나치의 유태인 학살을 외면한 '비오 12세' 등의 사례를 들며, 교황 무류성의 허구임을 지적 한바가 있습니다.

나) 교황 무류성의 기원

미국의 역사학자 : '브라이언 티니어'의 주장

교황의 무류성의 기원은 사실상 정통이 아니다.

12C ~ 13C의 교회법 학자들과 교회법 학자 출신의 교황들은 극단적 교황 주의자들이었다.

우리가 지금까지 추측해 왔던 것과는 달리 이러한 교설의 토대를 제공하지 않았으며 오히려 엄격한 법률적 논리에 따라서 이러한 '무류성' 교설을 배격 해야만 했다.

이단 혐의로 고발된 '페트루스 올리브'[1298년] 이름을 가진, 괴팍한 '프란치스코' 회의 수사 한 사람이 1280년경에 '피오레 요하킴'의 묵시록에 근거하여 교황의 무류성을 떠들고 다녔던 것이, 그 시발점이라고 보는 견해도 있습니다.

모든 카톨릭 신자들은 신앙 및 윤리에 관계되는 모든 사안에서 교황에게 순종해야 된다고 하는 것이다.

그렇다면, 그러한 규범을 거스리는 교황은, '올리버'와 다른 여러 사람의 말에 의하면, 묵시록에 예언된 시대들에 나타나게 돼 있는 거짓된 교황이다.

그러나, 교황의 무류성과 수정 불가능에 관한 초기의 교설을 당시의 로마 카톨릭은 진지하게 취급하지 않았고, 교황들도 그 부분에 소홀했다고 볼 수가 있었다.

'아비뇽' 교황 22세는, 1324년의 '칙서'(579) : "Quia Quorundam"

에서 교황 무류성의 교설은 필경, 모든 거짓말의 아비인 악마의 소행이라고 단죄를 하기도 했습니다.

교황의 무류성의 교설은 점진적으로 생성된 것으로서, 13세기 말에 갑자기 만들어진 것이 아니기 때문에, [정치적 설명은 불가능하다] 당시에 이단 혐의로 고발된 한 사람의 '프란치스'회의 한 '수사'에 의해서,
교황의 무류성 교설은 "모든 거짓말의 아비인" 악마의 소행이라고 단죄한 '아비뇽' 교황 22세를 도리어, 이단자로 몰아가기 위해서 교황의 무류성 교설을 적극적으로 옹호하게 됐어요.

———

그러므로 내가 한 법을 깨달았노니 곧 선을 행하기 원하는
나에게 악이 함께 있는 것이로다
내 속 사람으로는 하나님의 법을 즐거워 하되
내 지체 속에서 한 다른 법이 내 마음의 법과 싸워
내 지체 속에 있는 죄의 법 아래로 나를 사로잡아
오는 것을 보는도다
{오호라 나는 곤고한 사람이로다} 이 사망의 몸에서
누가 나를 건져내랴
우리 주 예수 그리스도로 말미암아 하나님께 감사
하리로다 그런즉 내 자신이 마음으로는 하나님의
법을 육신으로는 죄의 법을 섬기노라
(로마서 7 : 21 ~ 25)

———

우리 믿음의 선진이라고 말할 수 있는 사도 바울은 어느 사도보다도
주님의 복음 전도사역을 많이 했지만,
오호라 나는 곤고한 사람이로다 이 사망의 몸에서
누가 나를 건져내랴, 라고 하는 탄식의 말씀을 남겼는데,

사도 바울과, 교황을 어찌 우리가 비교 할 수가 있겠습니까?
또한, 교황이 어떻게 무흠하며, 오류가 없는 사람이라고 말할 수가
있겠습니까?
위의 내용에서 볼 수가 있듯이 모든 교황이 악마의 짓을 했던 동료가
되지는 않았음을 역사적으로 알 수는 있습니다.

앞에서 언급한, '아비뇽' 교황 22세는 자기도 교황이었지만,
교황의 무류설은, 모든 거짓말의 아비인 악마의 소행이라고 까지 단
죄했던,
담대하며 용기있는 교황도 있었음을 참조하시길 부탁드립니다.

그러나, 11C 이후 대부분의 교황들과 많은 사제들은 자기 개인들의
"부"를 축적하며 모든 신도들에게는 면죄부등을 판매하는 사기행각
을 통해서 신도들을 노예화시키기 까지 한 자가 바로, 로마 카톨릭의
대부분의 교황들이었는데.
그들 모두에 대하여 오늘날 우리들은 '성인'으로 볼 수가 있을까요?
우리는 그들의 악행과 거짓 위선을 모방하며 그러한 종교인의 삶을
살게 된다면 결코 주님의 심판을 면할 길이 없습니다.

또한, 로마 교황청 건물은 웅장한 건물이라고는 하지만, 그 안에는 많은 흉물과 모든 더러운 것들로 가득히 채워져 있음에도 불구하고 오늘날 우리 개혁교회의 많은 지도자들이 교황을 흠모하고 있다는 말을 내가 직접 들은바가 있어요.

06 개혁교회 목사들의 교황흠모!!

나는 얼마 전에 통합총회의 증경 총회장들과 교황과 함께 찍은 유튜브의 사진을 본적이 있는데, 그들이 과연 로마 카톨릭 교황의, 본성과 실체를 알고 있는 목사들인가 !!

참으로, 예장 통합 총회의 총회장급들의 목사들이야말로, 로마 카톨릭 의 실체에 대해서는 너무나도 무지한 지도자들이었음을 나는 확인을 하게 됐지요,
또한, 통합총회 거물급이라고 하는 목사들 중 대부분이 교황을 한번 "알현" 하기를 소망하는 자들이 있다고 하는데,
그러한 목사들이 한국의 대 교단 총회에 소속된 목사들이라고 하는 사실은 우리 개혁교회들의 대다수가 악마의 패거리와 하나가 되어 가고 있는 증표라고 볼 수가 있지요,

사랑하는 교우 여러분들이여…

목사인, 설교자가 너무나도 과격한 용어를 사용했다고 보신다면 이
해를 해 주시길 부탁합니다.

1천년 이상의 역사속에 기독교의 이름을 빙자하여, 5천만명 이상을
학살한, 로마 카톨릭의 교황들은 사실상 악마의 집단인데, 그들에
대하여, 존칭어 또한, 경어를 사용함이, 성경적인 거룩함의 설교자
의 행태라고 볼 수가 있겠습니까?

성경 어느 말씀에도, 사탄과 악귀들에 대해서 존칭어는 사용하지 않
았어요.

위에서 언급한 교황의 무류성 에 대하여 '아비뇽'교황 22세의 말과
같이 "모든 거짓말의 아비"인 악마의 소행이라고 말 한 바와 같이,
우리 개혁교회의 지도자들도 그들의 실체를 이제라도 깨닫고 올바
른 신앙으로 살아가시길 바랍니다.

───

이 일 후에 내가 들으니 하늘에 허다한 무리의 큰
음성 같은 것이 있어 가로되 할렐루야 구원과 영광과
능력이 우리 하나님께 있도다
그의 심판은 참되고 의로운지라 음행으로 땅을 더럽게
한 큰 음녀를 심판하사 자기 종들의 피를
그의 손에 갚으리라 (계시록 19 : 1 ~ 2)

───

로마 카톨릭의 모든 교황은, 성인들이 아닙니다. 대부분의 교황들은 1천년의 역사에 걸쳐서 지구촌의 많은 유대인들을 포함한 개혁 교인들을 살육한 자들로서 성직자가 아닌, 악마들의 실체라고 하는 사실을 올바로 인지하시기를 바랍니다.

공의가 되시는 우리 주님께서 우리 개혁교회를 1천년 동안 핍박했던, 로마 카톨릭에 대한 마지막 심판이 있게 된다고 하는, 계시록의 말씀을 확신하시는 믿음을 통해서 승리하시는 여러분들의 신앙이 되시길 기원 합니다.

개혁을 위한 영감적 설교

02
대한민국의 운명은 기독교가 결정한다.

———

디모데 전서 2 : 1 ~ 4

그러므로 내가 첫째로 권하노니 모든 사람을 위하여
간구와 기도와 도고와 감사를 하되
임금들과 높은 지위에 있는 모든 사람을 위하여 하라
이는 우리가 모든 경건과 단정한 중에 고요하고 평안한
생활을 하려 함이니라
이것이 우리 구주 하나님 앞에 선하고 받으실 만한 것이니
하나님은 모든 사람이 구원을 받으며 진리를 아는데
이르기를 원하시느니라

———

본문 말씀을 볼 때에, 우리 그리스도인들은 기도할 때에 임금들과 높은 지위에 있는 자들을 위해 하라는 말씀으로 기록돼 있습니다.

지난해 4월 15일에 총선거[국회의원]가 있었는데, 오늘의 우리 나라는 2017년 5월에 문재인이 주사파를 동원하여 불법적인 촛불혁명을 통해서 박근혜 정부를 몰아내고, 또한 헌법재판관 들에게 협박을 하여 박 대통령을 불법적으로 탄핵했다는 사실을 이제는 국민 대부분이 알고 있습니다.

그리하여 나는 4·15 총선 이전인 2020년 2월 1일에 위의 제목으로 유튜브에 [설교 동영상을] 업로드 한적이 있습니다.

1년 만에 위의 제목으로 설교문을 보정하여 전하게 되었습니다.

01   기독교와 박정희 정권의 관계

우리나라는 일제 36년의 침탈역사가 끝난 후인 1945년 8·15 해방을 맞이했지만, 남·북으로 갈라지는 한반도의 운명이 결정되어 38 이북은 공산주의 정부로, 38 이남은 미국의 간섭 아래에서 대한민국의 정부를 수립함에 있어서, 이승만 대통령이 초대 대통령으로서 건국할 때에 그의 기독교 신앙을 토대로 한 대통령의 기도를 통해서 세워진 대한민국이라고 하는데, 오늘날 우리 기독교인들은 그러한 국가관에 대하여 너무나 소홀히 여기면서 안일한 가운데 신앙생활을 하고있는 현실입니다.

세계 기독교 역사에서도 볼 수 없던 최단기간, 즉 우리 기독교의 외적인 성장기라고 볼 수 있었던 1970 ~ 1980년대에 1천만 기독교인, 2000년 초까지만 해도 1200만으로 성장케 해 주셨지만, 오늘날의 실제 기독교인의 인원은 800여 만명으로 줄어들었다고 하는 통계 자료가 나온 바 있었지요,

5·16 군사혁명으로 대통령이 된 박정희. 그가 비록 독재를 한 것은 사실이었지만, 그 당시의 우리나라는 단계적으로 개혁이 되어, 오늘날과 같은 국제무대에서의 중진국의 대열에 합류하게 되는데, 그 이면에 숨은 우리 기독교인들의 역할을 결코 소홀히 생각해서는 안 된다고 봅니다.

박 대통령이 독재정치를 하게 된 것은, 당시 반공교육을 강화하다 보니 부득이했는데, 오늘날 대다수의 역사가들은 그에 대하여 긍정적인 재평가를 하고 있지 않습니까!

박 대통령의 사상은 절대적인 반공주의자로서의, 장기 집권을 하다 보니 여러 가지의 현상적인 문제점도 드러나게 됐지요.
그런데 오늘날 우리가 살고있는 대한민국이 왜 이렇게 좌경화가 되어 지금의 문재인 대통령에 대해서는 공개적으로 '공산주의자'라고

하는 말까지 서슴지 않는 나라에서 우리 국민들이 살아가고 있는 안타까운 현실이 됐는지요!

제3 공화국 시대 또한, 유신헌법의 독재 시대라고 하며 반정부운동을 했던, 당시의 대학생들 가운데 일부는 우익 권으로 돌아섰지만, 그 당시에 반정부운동을 했던 대다수에게는 공산주의의 뿌리가 깊이 박혀서, 바로 오늘날 우리가 말하고 있는 주사파 집단이, 김대중의 정부로부터 성장을 하여, 노무현 대통령 밑에서 밥을 먹고 살아오다가 또다시 문재인의 정부 요직의 자리에 앉아서, 그들의 붉은 발톱을 드러내놓고 주사파 노릇을 하면서, 동시에 북한의 젊은 지도자 김정은의 심복 노릇을 하고있는 한심스러운 나라에 우리가 살아가고 있다는 말입니다!

2년 전에 유튜브의 한 채널에서 6·25 당시에 목포지역의 경찰관으로 근무했던 90대의 한 어르신의 말에 의하면, 김대중을 빨갱이로 붙잡아서 경찰서에서 조사, 처벌하려고 하다가 당시에 미군 측의 요청으로 그들에게 넘겨주었다 합니다. 그러한 사상을 가졌던 김대중은 군사정권 시대에 민주화 운동이라는 허울 좋은 이름으로 정치 생명을 이어 가다가 대통령까지 하지 않았던가요!
위의 김대중이 공산주의의 씨앗을 많이 계속해서 뿌려왔던 바로 그 결과로, 오늘날의 주사파의 대통령 문재인이 북한 김정은의 하수인이 됐다고 하는 사실입니다.

요즈음은 광화문 한 복판에서 "대통령인 문재인은 빨갱이다. 공산주의자이다." 라고 하는 말을 해도, 경찰들이 옆에서 듣고는 있지만, 그러한 사람을 붙잡아가지 않는 나라가 됐으니, 참으로 이상한 나라가 됐지요.

과연, 문재인을 민주주의 국가인 대한민국의 정통성 있는 대통령이라고 인정해주는 자가 얼마나 될까? 하는 의구심까지 들기도 합니다. 우리 모든 국민은 박정희 정권 시대에는 철저하게 반공 교육을 올바로 받았기에 그 교육사상이 오늘날에도 우리 국민 모두의 뇌리에 뿌리가 깊이 박혀있지요!!

더욱이 6.25 남침 전쟁을 경험한 우리 70대의 세대들은 철저한 반공주의 국민들인데, 김대중 정부가 들어서게 되면서부터 그의 공산주의 사상 (개구리 작전법)이 먹혀들어 가게 되었고, 노무현 정권에 걸쳐서 학교의 많은 교과서가 좌경화됐으며, 드디어 문재인은 국민 앞에서 본인 스스로 공산주의자를 지지하는 언어와 행태를 두려움 없이 국민들 앞에서 표출시킴으로써 공산주의자가 됐음을 자인했습니다.

'더욱 심각한 것은' 한 나라의 왕은, 하나님이 세웠다는 비 신약 적이고 해괴망측한 성경해석을 통해서 문재인 공산주의 사상을 옹호하고 있는 목사들이 우리 개혁 교계 안에 많이 분포돼 있다고 하는 현실이 더욱 큰 문제점이지요.

나의 주변에 재직하고 있는 목사들 가운데도 문재인 대통령이 무슨 잘못을 하고 있느냐? 는 반문을 하는 자들을 요즈음도 자주 볼 수가 있다는 현실이 참으로 안타까울 뿐입니다.

그러한 목사들이 과연 이 나라를 위해서 진정으로 기도했던 목사들인가!

아니면! 강단에 서서 설교하며 존경받고, 밥먹고 살기 위한 목사들인가 !!

나는 자주, 깊은 상념에 빠져 보기도 합니다.

02 북한의 대남전략, 한국의 10대 대형교회 죽이기

수년전에 세상을 떠난 '황장엽씨' : 전 김일성 종합대학 총장은 현재 남한에 북한 공작원이 5만명 정도가 있다고 하면서, 남한이 이런 상황에서도 적화되지 않은 것은 "한국의 교회" 때문이라고 밝힌 바가 있지요.

지난 2007년 대선에서 친북 대통령이 당선되지 않자, 김정일은 2008년 2월에 남한의 친북 단체들을 총괄하는 통일 선전부장 우리나라의 국정원장급의 기관장에게 책임을 물어 총살시켰다고 하는 말을 탈북자인 유튜버로부터 들은바가 있습니다.

남한은 교회 때문에 통일을 이룩하지 못한다.

남한의 기독교 세력을 1/10로 줄이면 통일된다.

그렇게 하기 위해서는 먼저 "10대 대형교회를 파괴 하는 작전이다."

즉, 그들의 전략은 한국의 대형교회 10개만 파괴한다면 소형 교회들을 파괴하는 것쯤은 어렵지 않게 그들 뜻대로 해낼 수 있다는 계산 아래, 북한의 지령을 통하여 우리의 기성교회에 "남한에 있는 고정 간첩" 들을 투입시켜서, 목사 또는 장로 혹은 집사들로 세워 교회에서 봉사하게 하고 있다는 말입니다.

국회의원 가운데에도 고정간첩이 많이 포진되어 있다는데, 그게 정설일까요?

또한, 천주교 사제들 대부분은 빨갱이들이라고 하는 사실이 대한민국의 하늘 아래에 모두 드러났다고 볼 수 있습니다.

요즈음의 흔한 말로, 정통교회 목사들의 일부분도 주사파이며, 공산주의자가 이미 되어 있다는 사실이 백일하에 드러난 현실이기도 합니다.

이미 고인이 된 문익환 목사는 박정희 정권 때에, 불법적으로 북한에 들어가서 김일성에게 충성맹세 했다는 사실은 대부분 국민들은 잘 알고 있지요,

또, 수년 전부터 나에게도 들려오는 말에 의하면, 그의 아들 문성근 이는 전남 어딘가에 '인민학교'를 세워서 학생들을 교육하고 있다는 말을 들은바가 있습니다.

여호와께서 예후에게 이르시되 네가 나 보기에 정직한 일을
행하되 잘 행하여 내 마음에 있는대로 아합 집에 다 행하였은즉
네 자손이 이스라엘 왕위를 이어 4대를 지나리라 하시니라
(열왕기 하서 10 : 30)

여호와께서 예후에게 말씀하여 이르시기를 네 자손이
이스라엘 위를 이어 4대까지 이르리라 하신 그 말씀
대로 과연 그렇게 되니라 (열왕기 하서 15 : 12)

위에서 언급함과 같이 오늘날 일부 목사들은 성경 해석함에 있어서 자기의 주관대로
또한, 편리한 대로, 성경해석을 하는 경향이 많은데, 우리 기독교 이단 들도 바로 성경 해석이 잘못 되는데서 비롯되고 있는 현실이 아닌가요!

위의 열왕기서 말씀을 볼 때에도
여호와의 보시기에 합당한 사람을 왕으로 세우신다고 하는 말씀의 뜻을 올바로 이해하지 못하고 있는 목사들이 우리 주변에 많이 있음을 보는데, 주사파 문재인이의 본성을 전혀 모르면서. 대통령은 하나님께서 세우셨으므로 우리들이 그의 하는 일에 대하여 판단을 하면 않된다고 말하는, 무지하고 어리석은 목사들이 우리 기독교계에 많이 있다는 사실이 최근에 밝혀지고 있어요,

우리는 성경에서 악한 왕들도 볼 수가 있고 또한, 하나님의 뜻을 거역한 왕들도 볼수가 있는데,

오늘날 우리 목사들은 문재인을 하나님이 세우신 대통령으로 보아야 할까요?

주사파 문재인은, 대통령을 도적질한 자라고 요즈음, 유튜브TV 채널에 공개적으로 올라오고 있는 현실입니다.

[본문 말씀으로 돌아가서 볼 때]

모든 사람을 위하여 간구와 기도와 도고와 감사를 하되 임금들과 높은 지위에 있는 모든 사람들을 위하여 하라.

그 이유는, 우리가 모든 경건과 단정한 중에 고요하고 평안한 생활을 하려 함이라.

기독교인들이 나라의 대통령을 위한 기도는 당연함이 아닌가요!

성경을 올바로 깨닫는 신앙인들이 내가 살아가고 있는 나라를 위해서 기도하는데, 왜, 대통령 문재인은 그 뿌리에서부터 공산주의 사상으로 포장된, 위장된 사상으로 대한민국의 대통령 행세를 하게 됐는가가 참으로 의문시되고 있습니다.

03   나단 선지자와 같은 목사가 있는가

―――――――

나단이 다윗에게 이르되 당신이 그 사람이라 이스라엘의 하나님 여호와께서
이처럼 이르시기를 내가 너로 이스라엘 왕을 삼기 위하여 네게 기름을 붓고
너를 사울의 손에서 구원하고
네 주인의 집을 네게 주고 네 주인의 처들을 네 품에 두고 이스라엘과 유다
족속을 네게 맡겼느니라 만일 그것이 부족 하였을 것 같으면 내가 이것
저것을 더 주었으리라
그러한데 어찌하여 네가 여호와의 말씀을 업신 여기고 나 보기에 악을 행하
였느뇨 네가 칼로 헷 사람 우리아를 죽이되 암몬 자손의 칼로 죽이고 그 처를
빼앗아 네 처를 삼았도다
이제 네가 나를 업신 여기고 헷 사람 우리아의 처를 빼앗아 네 처를 삼았은즉
칼이 네 집에 영영히 떠나지 아니 하리라 하셨고
여호와께서 또 이처럼 이르시기를 내가 네 집에 재화를 일으키고 내가 네
처들을 가서 네 눈앞에서 다른 사람에게 주리니 그 사람이 네 처들로
더불어 백주에 동침하리라
너는 은밀히 행하였으나 나는 이스라엘 무리 앞 백주에 이 일을 행하리라
하셨나이다
다윗이 나단에게 이르되 내가 여호와께 죄를 범하였노라
하매 나단이 다윗에게 대답하되 여호와께서도 당신의 죄를 사하셨나니
당신이 죽지 아니 하려니와
이 일로 인하여 여호와의 원수로 크게 훼방할 거리를 얻게 하였으니
당신의 낳은 아이가 정녕 죽으리라 하고
나단이 자기 집으로 돌아가니라. (사무엘 하서 12 : 7 ~ 15)

―――――――

위의 말씀은 다윗왕이 '우리아' 장군을 죽이게 한 것은, 그의 처인 밧세바 여인을 범한 후에 그 남편 장군인 '우리아'를 죽이게 한 범죄에 대하여 선지자 나단을 통하여 심판적인 책망을 듣게 됐을때에 ,

위의 말씀중, 13절에
다윗이 나단에게 이르되 내가 여호와께 죄를 범하였노라…
이와같이 다윗은 왕이었음에도 불구하고, 나단 선지자 앞에서 자기의 범죄에 대하여 잘 못을 인정하고 거짓없이 여호와 앞에 중심으로 뉘우쳤을 때 용서를 받았다는 말씀입니다.

그 후에 저희가 왕을 구하거늘 하나님이 베냐민 지파 사람
기스의 아들 사울을 40년간 주셨다가
폐하시고 다윗을 왕으로 세우시고 증거하여 가라사대 내가
이새의 아들 다윗을 만나니 내 마음에 합한 사람이라
내 뜻을 다 이루게 하리라 하셨더니
하나님이 약속 하신대로 이 사람의 씨에서 이스라엘을 위하여
구주를 세우셨으니 곧 예수라 (행 13 : 21 ~ 23)

사무엘 하서 12장 11절의 말씀을 보면,
범죄 한 다윗 왕이 자기의 죄를 고백하기 전에는 여호와께서 내가 네 집에 재화를 일으키고 내가 네 처들을 가져 네 눈 앞에서 다른 사람

에게 주리니 그 사람이 네 처들로 더불어 백주에 동침하리라. 고 진노의 말씀을 하셨지만, 다윗은 나단 선지자 앞에서 자기의 범죄를 시인하며 진정으로 뉘우쳤기에, 여호와 하나님으로부터 사죄함을 받게 됐지요.

그래서, 사도행전 13장 22절 말씀에 : 다윗을 만나니 내 마음에 합한 사람이라 위와 같은 말씀이 기록 되어졌음을 우리가 올바로 이해를 해야 합니다.

우리나라에는 수 만명이 모인다고 자랑하는 초대형교회들이 서울과 수도권에 많이 있습니다. 그중에 누구 하나, 앞장서서 문재인 정부의 정치적 이념, 사상에 대한 문제점을 지적하면서, 올바른 대한민국의 민주주의 국가 개념을 가지고 목회 사역을 하는 목사는 찾아보기가 어렵습니다.

문재인이 이 나라를 북한의 김정은의 뜻에 따라서 북한의 공산주의 국가로 끌어 들어가고 있는 상황으로 바꿔지고 있는 현실인데.
2년 전부터 한국 기독교 총연합회 회장이었던, 전광훈 목사가, 이 나라 대한민국의 미래를 위해 주님 앞에 기도를 하던 중에, (대한민국은 망한다! 나라를 위해 기도하라)는 주님의 지시를 듣게 된 직후에 광화문에서의 구국 기도회 행사와 공산주의 주사파 사상의 문재인을 설득하는 일을 시작하게 되었고, 얼마 후에는 '광화문'에 나라가 공산화로 끌려가고 있음을 직감적으로 알게 된 전국, 각 지역에 있는 모든 애국 국민들이 토요일마다 모여서 결국에는, 문재인 퇴진운동을 하기까지에 이르렀습니다.

전광훈 목사는, 그의 언어에 대하여 사려가 깊지 못한 부분이 드러나게 된 것은 사실이었지만, 일부 목사들은 그에 대하여 이단이라고까지 함부로 대하고 있음을 우리가 알고 있습니다.

그렇지만, 이 나라 대한민국의 문재인이 이 나라를 공산주의 국가로 이끌어 들어가고 있는 상황에서 그가 앞장서서 애국 운동을 하다가 감옥을 마다하지 않고, 애국 투쟁을 하고 있지 않은가?
문재인 주사파 정권을 우리 대한민국에서 몰아내자고…

나는 일부 기독교계에서 말하고 있는 전 목사의 이단성에 대하여는 "오직 하나님께서" 만이 그의 언어에 잘못된 부분이 있었다 하면, 심판을 하시게 될 일이지만, 그가 주님 앞에서 회개의 기도를 했다는 유튜브 방송을 본 기억이 있습니다.
그렇다면, 그에 대하여 이단으로 정죄한 자들이나 목사들은 그들 각자가 하나님 앞에서 어떠한 신앙으로 살아가고 있는지, 저 자신을 포함해서 생각해 본 바 있습니다.

[본문 말씀 중]
임금들과 높은 지위에 있는 자들을 위한 기도의 필요성은 !
우리 모든 국민들이 "고요하고 평안한 생활을" 위함이라고 기록되어 있기때문에 우리가 민주국가인 이 나라를 위해 구국 운동을 하고 있다고 보여졌기에 본편에서 이와 같은 말씀을 전 하게 되었습니다.

위와 같이 전광훈 목사가 이단이라고 정죄한 목사들에게,
나는 질문하고 싶은 부분이 있습니다.

지난 2013년 WCC 세계대회가 부산에서 있었는데, 당시에 그 대회는 무늬만 세계교회 협의회[WCC] 행사였을 뿐, 당시의 WCC의 행사는 우리가 말하는 기독교의 행사가 아니었습니다!
WCC는 옛 소련의 "스탈린"이 우리 개혁교회의 세계적 공산화를 위해서 만든 위장된 교회의 기구였기 때문에, 혼합주의적 악마들의 행사였지요!

당시에 대회장이었던 김삼환 목사는 통합총회의 총회장을 역임한 자이기도 한데, 위 행사의 동영상을 본 우리 많은 기독교인의 분노가 폭발했던 악마적인 행사였습니다. 대표로서 그 행사를 주관했던, 김삼환 목사를 우리 보수적인 목사들과 교인들이 어떻게 생각했을까요? 그를 과연 목사라고 인정을 할 수가 있었을까요?
총회장까지 역임했다는 김삼환이는 부산의 WCC 대회를 통해서 10일 동안 무슨 짓들을 했던가를, 자세히 알고 싶으신 교우 여러분들께서는 "당시의 동영상"을 보시기를 권합니다.

교우 여러분들이여,

사탄, 악마의 앞잡이에게도, 그가 목사라고 해서, 그에게 존칭어를 사용해야 합니까?

당시의 김삼환이는 무당들의 앞잡이요, 지구상에 있는, 귀신과 악마들의 대변인들을 모두 불러다 놓고, 그들에게 제삿밥을 준비해 준 대표회장이 바로 김삼환 목사였습니다.

그런데, 그러한 김삼환 목사에 대해서 어느 누가 공개적으로 이단이라고 정죄를 했던가요?

'위에서 언급한, 전광훈 목사에 대해서 이단이라고 정죄한 자들이여
...

통합총회의 김삼환 목사에 대하여 이단이라고 공개적으로 정죄해 보았던가?

나는 전광훈 목사가 몇 번 실수 했던 언어와, 김삼환 목사의 "악마들의 잔치 행사"였던, WCC 부산대회를 비교, 대조를 해서 생각을 해 보기도 했습니다.

우리는 광화문에서 전개된, 전광훈 목사의 "애국 운동과" 2013년 부산에서 전개된 WCC의 악마집단을 대표한 김삼환 목사를 주님께서 비교해 보셨다면, 두 사람에게 어떠한 말씀을 하셨을까? 여러분들은 깊이 한번 생각을 해 보아야 되지 않을까요!

광화문의 전광훈 목사를 이단으로 공격하며 정죄한 그들 모두는 위의 김삼환이와 같은 길을 가고 있는 자들로 보입니다.

04 분별력이 없는 목사들

어찌하여 형제의 눈 속에 있는 티는 보고 네 눈속에
있는 들보는 깨닫지 못하느냐
너는 네 눈속에 있는 들보는 보지 못하면서 어찌하여
형제에게 말하기를 형제여 나로 네 눈 속에 있는 티를
빼게하라 할수 있느냐 외식하는 자여 먼저 네 눈속에서
들보를 빼어라 그 후에야 네가 밝히 보고 형제의 눈 속에
있는 티를 빼리라 (누가복음 6 : 41 ~ 42)

위의 말씀과 같이 김삼환 목사와 함께 악마의 길을 가며 동행하는 자들이, 자기들의 눈 속에 있는 들보는 깨닫지 못하면서, 전광훈 목사의 티를 뽑아내라고 하는 자들이 아닌지요!

나는 본 설교에서, 전광훈 목사의 편을 들고 있음이 아니고, 다만, 나의 조국인 대한민국의 민주주의의 소중함을 알고 있는 주님의 종인, 목사이기 때문에, "애국 운동"의 동참자인 설교자로서 이러한 말을 하게 됐습니다.

나라가 없으면 교회가 존재할 수 없기 때문입니다.

오늘의 문재인이 대통령이 된 것은, 촛불과 세월호 사건으로 도적질

한 대통령이었음을 대부분의 국민들은 모두가 잘 알고 있었지만, 그가 정직하게 대통령 직무 수행을 했다면, 전광훈 목사의 광화문 애국운동은 없었을 것입니다.

문재인, 그는 대통령이 되어 청와대에 들어가서, 청와대의 모든 직원을 주사파 빨갱이들로 모조리 채워 놓고, 또한 언론 방송을 장악했으며, 북한 김정은의 하수인 노릇을 계속하면서, 지난 4·15 총선까지 전국적으로 부정선거를 통하여 이 나라를 공산주의 국가로 끌어가고 있습니다. 그 견인차 역할을 앞장서서 해준 자들 대부분이 바로이 나라의 대형교회 목사들이었음을 우리는 올바로 깨달아야 되겠습니다.

오늘날 우리 개혁 교회들이 열심을 다하여 교회를 성장시킨 것은 사실이었지만, 외적인 교회, 물량적인 교회로만 성장시켰을 뿐, 주님의 뜻 안에서 우리의 내면적인 신앙은 퇴폐시키지 않았는가를 되돌아볼 기회로 삼아야 되겠습니다.

나는, 그 이유를, 지난 2000년 초기에는 우리 기독교 신앙인의 숫자가 1200만명이라고 주장을 했지만, 내가 기억하기로 10여년 전쯤에는 1000만여명, 지금은 800여 만명으로 추산된다고 합니다.

왜, 이렇게 교인들의 인원이 급속도로 감소 되고 있는가에 대하여 우리 지도자들이 깊이 생각하면서 함께 기도해야 되겠습니다.

우리 주님의 뜻에 합당한 교회로 성장시키지 못한, 어떠한 원인이 있었는지를 재점검 해보는 교회의 지도자들이 별로 없다는 말이지요,

오늘날의 우리 개혁 교회도 부익부, 빈익빈의 상태라고 하는 말이 일반 사회인들에게도 "회자" 되고 있다는 사실을 우리 대형 교회의 목사들이 깊이 생각을 해 보아야 되지 않을까요?

정치인들의 대부분은 대형교회를 선호하는데, 그 이유는 국회에 들어가려면 선거에서 표를 많이 얻어야 되기 때문이지요.

그들이 국회에 들어가게 된 후에는 대형교회의 목사들은 그들의 식욕거리로 전락하고 말게 되지요, 특히 여당 국회의원들이 나가는 교회의 목사들은, 그들이 기도하지 않아도 정치 권력이라고 하는 힘으로 목사 노릇을 할 수가 있다고 해도 과언은 아닐 것입니다.

또한, 얼마전에는 여의도 순복음교회의 이영훈 목사, 합동 총회장인 소강석 목사, 통합 총회장, 기독교 감리회 총 감독인 목사등이, 남북간의 협력 기구를 만들자고 하는 제안을 한, 통일부 장관, 이인영이의 하수인들이 되어 주사파에게 굴종을 하고 있는 현실입니다.

본문의 말씀대로

올바른 국가관을 가진 대형교회 목사들이 광화문의 전광훈 목사와 같은 심정으로 우리 주님 앞에서 올바른 기도를 함께 했더라면, 저들이 결코 부정선거를 할 수가 없었고, 또한, 그 이전에 문재인과 같은 주사파가 결코 대통령이 되지 못했을 것입니다.

위와 같은 결과는 모두 우리 목회자들이, 나라를 위한 기도가 부족했고, 영적인 소경이었음을 깨닫게 해주시는 계기가 되었다고밖에는 달리 해명할 길이 없다는 말이며, 지금의 이 나라가 완전히 공산주의 국가가 된 것은 결코 아닙니다.

아직까지도 우리 주님께서는 주님의 뜻에 합당한 우리들의 기도를 기다리고 계십니다.

우리가 드리는 기도가 우리 주님께 상달 된다면, 그때는 문재인의 공산주의 주사파 정권이 종말을 맞을 수 있다는 사실을 우리가 믿고, 주님께 기도드리면서 신앙인의 삶을 살아가도록 최선을 다해야겠습니다.

우리 애국 성도들의 기도를 통해서만 문재인이 코로나 전염을 핑계로 교회의 예배를 제한하는 방역 정치를 멈추고, 모든 거짓되고 악한 일들이 종식될 것입니다.

[우한 코로나] 바이러스는 문재인이 고의적으로 지난 4·15의 부정선거를 계획적으로 획책하기 위한 악한 계략이었음이 모두 밝혀지지 않았던가요?

또한, 교회를 말살 시키기 위한 방법으로, 지금까지도 이용하고 있음을 일부 목사들은 아직도 깨닫지 못하고 있다는 현실이 참으로 안타까울 뿐입니다.

05 한국 교회의 운명은 주님의 장중에,

문재인의 공산주의 사상의 주사파 정권과 무늬만, 민주당[공산당 사상]이 모든 표결권을 가지고 "여대야소"의 국회를 공산국가 체제로 이끌어 가고 있지만, 4·15 부정선거의 전모가 정상적인 포렌식으로 낱낱이 밝혀져서, 대선과 새로운 총선이 정상적인 방법으로 진행이 된다면, 이 나라가 다시 올바른 민주주의 국가로 개혁되어 나아갈 수 있습니다.

더 나아가 모든 "악법인, 공산화 법도" 개정하여 공산주의, 주사파를 정리하게 될 때, 모든 교회의 20명 이상의 예배 제한의 악법도 고쳐질 것입니다.

우리 모든 기독교 신앙인들은 이 나라가 공산화되지 않도록 진실한 마음으로 우리 주님께 드려지는 기도가 될때에, 주님께서는 결코 우리의 기도를 외면하지 않으시고 응락 하셔서 문재인의 주사파 정권이 끝나게 되고 정상적인 자유 민주국가인 대한민국으로 회복시켜 주시게 될 것입니다.

우리는 지금부터라도 경건한 믿음의 자세를 통해서 주님께 기도함으로 우리 민족이 고요하고 평안한 생활을 하기 위해서 신실한 마음으로 다 함께 기도하게 된다면 공산주의가 아닌, 평화로운 민주국가로 회복시켜 주실 줄 믿습니다.

그러나 악인이 만일 그 행한 모든 죄에서 돌이켜
떠나 내 모든 율례를 지키고 법과 의를 행하면
정령 살고 죽지 아니할 것이라 (에스겔 18 : 21)

개혁을 위한 영감적 설교

03
예장 통합총회는 사탄의 연합체인가 !!

베드로 후서 2 : 1 ~ 4

그러나 민간에 또한 거짓 선지자들이 일어났었나니
이와 같이 너희 중에도 거짓 선생들이 있으리라
저희는 멸망케 할 이단을 가만히 끌어들여 자기들을
사신 주를 부인하고 임박한 멸망을 스스로 취하는
자들이라
여럿이 저희 호색하는 것을 좇으리니 이로 인하여
진리의 도가 훼방을 받을 것이요
저희가 탐심을 인하여 지은 말을 가지고 너희로 이를
삼으니 저희 심판은 옛적부터 지체하지 아니하며 저희
멸망은 자지 아니 하느니라
하나님이 범죄한 천사들을 용서치 아니하시고 지옥에
던져 어두운 구덩이에 두어 심판때까지 지키게 하셨으며,

말씀의 제목 가운데, 예장 통합 총회가 "사탄의 연합체인가"라고 하는 의미를 설명하기 위해, 우선 WCC (세계 교회 협의회)와의 관계성에 대하여 말하려고 합니다.

01 WCC (세계교회 협의회)의 정체는!

개혁교회들 중, WCC(세계 교회협의회)에 가입한 교단은, 예장 통합 총회, 기독교 감리회, 기독교 장로회, 침례회, 오순절[순복음]총회, 루터회, 성공회, 구세군, 한국 정교회, 기독교 대한 복음회 등의 교단[총회]들이었던 상황이었지만, 위의 교단에 속한, 모든 교회의 지도자들이, 저들의 사상을 교인들에게 가르친다고 말하는 것은 아닙니다.

중요한 문제점은 각 교단에 소속된 대형교회들과 각 교단[총회]에서 정치하는 목사들의 대부분이 WCC의 리더 격으로 활약을 하면서 총회 산하의 많은 목사와 교인들에게 공산주의 사상 등을 포함한 혼합주의 사상인, 악의 씨앗을 뿌려 주고 있다는 것이 더욱 심각한 문제로 대두되고 있는 현실이기 때문입니다.

본 편의 말씀은 본문 중, 거짓 선지자와 거짓 선생들이라고 하는 말씀을 중심 해서 독자 여러분들에게 말씀을 전하려고 합니다.

또한, 다음 말씀을 보면 저희는 멸망케 할 이단을 가만히 끌어들인 자, 라는 말씀이 기록돼 있어요.

위의 말씀 중, 거짓 선지자와 거짓 선생들이라는 말씀은,

오늘날의 "거짓 목사들과 거짓된 신학교 교수" 들이라고 하는 말씀으로 이해를 해도 됩니다.

오늘날 우리 기독교계 지도자들 중 많은 사람은 WCC라고 하는 기구[단체]의 성격을 전혀 모르고 있다고 하는 것이 참으로 답답한 마음입니다.

위의 WCC(세계교회 협의회)를 기독교 지도자들이 만든 '협의회'로 착각하고 있는 우리 교회의 지도자들이 대부분이라는 현실이 참으로 안타까울 뿐이지요.

위의 WCC (세계교회협의회)는 소련 공산당의 지도자였던 '스탈린'이 1939년 4월에 프랑스 공산당 서기장 '모리스 토레'를 시켜서 프랑스 카톨릭 교회에 대하여 독일 나치에 대한 공동전선을 펼치자고 제안을 한 다음에 1941년 9월 4일에 세계의 전쟁 중임에도 불구하고 소위 '스탈린의 내명서'라고 하는 자료를 만들어서 전국에 반포하고, 당시에 소련 "정교회"의 대주교인, "세르기우스"를 시켜서 그것을 찬성하는 분위기를 조성케 한 후에 1941년 11월 6일에 '스탈린'은 공산혁명 제 24 기념의 '붉은 광장'의 대 연설에서 "기독 신도를 가장 양심적인 사람들"이라고 위장술의 찬사를 보낸 바가 있었지요 .

그후 스탈린은 1943년 7월 4일에 "정교회"의 주교인 '세르기우스'와 '알렉세이' . '니콜라이'등 3명을 자기의 크렘린 궁전에 초대하여 {서방교회} 침투전략을 숙의한 끝에, 1944년 8월 15일에는 '세르기

우스'를 시켜서 '스탈린' 자신을 "하나님이 명하신 지도자"라고 위장된 광포를 하게 한 사실이 있었습니다.

02 평화연맹 조직과 침투준비와 공작

서방교회 지도자들이 모여서 세계교회 협의회[WCC]의 조직 준비위원회를 열어서 최종회의를 끝낸 후에, 1946년 2월의 발표문은 다음과 같습니다.

1] WCC는, 1948년 8월 13일 ~ 9월 2일 사이에 '암스테르담'에서 조직한다.

2] 주제는, "인간의 무질서와 하나님의 설계"로 한다.

3] 초청장은, 1947년 여름까지 각국에 발송한다.

4] 세계 전쟁 전, 1939년 7월 암스테르담에서 모였다가 전쟁 발발로 중단된 "기독 청년 세계대회"를 오슬로에서 소집하고 WCC 참가 동의를 묻는다.

5] WCC 조직 이전에 국제사회 문제 교회위원회[CCIA]를 조직하여 활동 하다가 앞으로 조직 될 WCC에 반영한다.

6] 제네바 근교 '보세이'에 에큐메니칼 훈련원을 설치하여 인재를 교육한다.

는 등의 구체적 WCC 조직의 발표가 있자, 스탈린은 이에 대한 대비책과 영구적인 기독교 세계적화 전략의 사령부 격인 조직을 구상한 후 1947년 9월 '폴란드의 바르샤바'에서, 주로 소련 공산주의 지도자들과 위성국 공산주의자들 만으로서 소위 "평화연맹"을 조직하고 회장에 '니콜라이'를 임명하여 그 임무를 수행하게 했지요.

위에서 언급한 평화연맹에서 1년간의 숙의 전략 끝에 1948년 8월 13일에 WCC, 제1회 총회가 암스텔담에서 소집될 때, 위성국 공산주의자들을 교회 대표라고 {위장하여} 60~70명 가량의 인원을 파견하여, 무난히 WCC 회원으로 받아들이게 했는데, 바로 이것으로써, 스탈린의 숙원이었던, 서방교회에 대한 "공산주의의 침투"를 성공적으로 시작하게 됐고, 이때부터 서방교회 내부의 공작이 시작됐습니다.

[이 하 생 략]

위의 간략한 내용을 볼 때에, WCC의 발상은 어느 기독교 지도자들이 만든 "세계교회협의회"가 아니라, 공산주의자인 '스탈린'의 위장된 기독교 사상에서 기인 됐음을 우리는 상세히 알 수 있음에도 불구하고, '세계교회협의회'라고 하는 그 이름에 유혹받아, 오늘날에도 이끌려 가고 있음에 대하여, 우리 대다수의 개혁교회 목사들은 전혀 그 뿌리를 모르고 있는 현실입니다.

위에서 언급함과 같이 WCC에 가입된 많은 교단(총회)이 있지만, 그 중에서도 가장 앞장서서 맹활약 하고 있는 교단이라 한다면 바로, 예장 통합총회라고 말할 수가 있지요.

위의 본문 말씀 중, 1절의 말씀에 민간에 거짓 선지자들이 일어났었나니, 이 말씀은 시제가 과거형으로 기록돼 있지만, 다음의 말씀을 보게 되면, "너희 중에도"라고 기록이 됨은 오늘날 우리에게도, 거짓 선지자들과 거짓 선생들에 대하여 관계되는 말씀이 된다고 봅니다. 위의 '양자' 는 아직 이단이 아닌 거짓 선지자들과 거짓 선생들로서, 멸망케 할 이단을 가만히 끌어들이는 자들이라고 하였습니다.

역설적으로 말하자면 위의 거짓 선지자들과 거짓 선생이란, 오늘날 우리가 말하는 정통적 또는 보수적인 선지자와 선생들인데, 그 중에 거짓된 자들이라고 하는 말입니다.

그러기 때문에 전자인 거짓 선지자들이란, 오늘날 우리 모든 개혁교회의 교단[총회]에 소속된, 일부의 거짓 목사들을 일컫는 말씀이에요.

03 예장 통합총회 설립의 배경

우리 장로교회의 분열사를 보자면 1952년, 1953년, 1959년의 분열로 이어졌습니다. 특히 그중에서도 1959년 합동총회와 통합총회의 분열상황이 두드러진 사건이었는데, 오늘날 교회사 학자들은 두 개의 총회로 분열된 원인에 대하여 각각 다른 주장을 하고 있습니다.

그렇다면 먼저 예장통합 총회에 속한 교회사 학자들의 주장하는 입장은, 양대 총회가 분열되기 전에 '박형룡' 교장과 관련된 3000만환 사건 때문이었다고 하는데, 당시에 박형룡 교장은 학교를 운영하는 책임자로서 학교부지를 마련하여 교사[건물]를 신축하기 원했는데, 당시에 숭의여고 부지를 불하받는데, 중간 역할을 해 준다고 하는 사람에게 학교 이사회와 상의 없이 총무처장과 의논하여 몇 차례에 걸쳐 지불 한 총금액이 3000만 환이 되었는데, 1957년 무렵에 결국 금융사기 사건으로 물의를 빚게 된 사건 때문에, 당시 박형룡 교장은 사직을 하게 됐고, 결국 예수교 장로회 총회가 분열하게 되었다는 주장이 있는 반면에, 지금의 합동총회 측에서 주장하는 바에 의하면, WCC[세계교회 협의회]는 용공 적인 사상이었기 때문에, 한국교회의 보수성과 순수성 보존의 기치 아래 WCC에서 탈퇴할 것을 외쳤어요.

그로 인하여 1959년, 44회 대전 총회는 일단 정회가 되고, 동년 11월 24일 승동교회에서, 소위 합동총회를 결성하게 되었으며, 한국 장로교 원류의 전통성을 주장한 총회는 당장에 WCC에서 영구 탈퇴하고 이와 관련된 어떠한 형태의 '에큐메니칼' 운동도 절대 반대하며, 미국의 교회 연합회와도 인연을 끊어야 한다고 결의를 하게 됐습니다. (현재의 합동총회)

그러나 WCC의 노선을 지지하는 총대들은 1960년 2월 17일에 서울 연동교회에서 별도의 모임으로 통합총회를 개최하여 완전히 분열되어 오늘에 이르게 된 것입니다.

당시에 교회 정치를 하는 목사들이 우리 주님께 진실한 기도를 했더라면, WCC라고 하는 공산주의 사상을 배격하여 결코 총회는 분열되지 않았을 것입니다.

교회의 정치 논리는 교회들의 외적으로 표출된, 현상적인 부분만을 가지고, 조직, 판단, 판결을 하고 있지 않았던가! 싶습니다.

———

이 때에 예수께서 기도하시러 산으로 가사 밤이 맞도록
하나님께 기도하시고
밝으매 그 제자들을 부르사 그 중에서 열둘을 택하여
사도라 칭하셨으니 (누가복음 6 : 12 ~ 13)

———

위의 말씀을 볼 때에도 예수님께서는 당시에 12제자를 선택하실 때에도 밤이 맞도록 기도하신 후에 제자들을 결정하셨다고 했는데,

오늘날 우리 교회의 지도자 [목사]들은 주님 앞에서 진정한 기도를 하지 않고 이론적인 회의만을 통해서, 교회 정치를 하게 된 결과물이라고 나는 말하고 싶습니다.

당시에 통합총회의 구성원 목사들은, 반대 측에서 WCC는 용공 주

의자들이라고 주장했던, 그 동기에 귀를 기울여서 확인을 해 보았더라면, 당시의 장로회 총회는 분열을 막을 수 있었음에도 불구하고, '박형룡' 학장의 신학교 부지 매입과 관련된 3000천 만환 사기당한 사건을 조건으로 구실을 삼아서 예장 총회가 분열됐다고 주장하는 현재의 통합 총회의 주장은 어느 누가 들어봐도 진실한 설득력이 없음을 알게 될 것입니다.

내가 전기에서 언급함과 같이 WCC를 누가 만들었는가?
분명히 공산주의자인, 옛 소련의, '스탈린'이 (세계교회 협의회)를 만들지 않았던가!

예수께서 가라사대 하나님이 너희 아버지였으면 너희가 나를
사랑하였으리니 이는 내가 하나님께로 나서 왔음이라 나는
스스로 온 것이 아니요 아버지께서 나를 보내신 것이니라
어찌하여 내 말을 깨닫지 못하느냐 이는 내 말을 들을 줄을
알지 못함이로다
너희는 너희 아비 마귀에게서 났으니 너희 아비의 욕심을
너희도 행하고자 하느니라 저는 처음부터 살인한자요 진리가
그 속에 없으므로 진리에 서지 못하고 거짓을 말할 때마다
제 것으로 말 하나니 이는 저가 거짓말 장이요 거짓의 아비
가 되었음이니라 (요한복음 8 ; 42 ~ 44)

위의 말씀과 통합총회의 생성 과정을 비교해서 보게 된다면, 당시의 정치 목사들을 통해서, WCC의 이름으로 된, '스탈린'의 공산주의의 사상이라고 하는, 마귀의 소굴로 통합총회라고 하는 거대한 집단을 이끌고 자청해서 들어가게 됐다는 사실인데,

그렇다면, 오늘날의 통합총회의 상태는 어떻게 변질 되고 있는가요!!

04   2013년, WCC 부산대회의 실상

WCC 부산총회가 끝난 후, 사탄의 회 WCC 부산총회 반대를 위한 부산 성회[승리백서]라고 하는 책의 (2013년 12월 1일 자로 발간된) 글에 의하면, WCC의 이단성에 대하여 : 이번 WCC 부산총회를 통해서 얻어진 가장 큰 수확은 WCC의 이단성이 확증적으로 드러났고, 한국교회와 목회자들은 물론, 이제는 성도들도 우리에게 가만히 들어온 거짓 형제이자 포도원[한국교회]을 허는 여우[사탄]인 WCC의 실체를 명확히 인식하고 경계심을 갖는 계기가 되었습니다.

위의 승리백서 62쪽에 '이종윤' 목사[한국 기독교 학술원 원장]의 기고문 중, 그의 강조점을 간략하게 기술 하자면, 이목사는 "북한 인권에 침묵하는 WCC"라고 하는 글에서 …

"사실 제네바 WCC 본부에서 나를 이번 총회에 특별 초청했다. 하지만, 나는 대의원이 아니니 전체 회의에서 발언권을 얻을 수 없었다. 그런 가운데 나름대로 노력했지만, "WCC 내 좌파 세력이 너무 강했다"고 주장을 했는데, 이 목사도 WCC를 소련 공산당의 스탈린이 만들었다는 사실을 전혀 모르고 있었음을 나는 알 수가 있었습니다. 이처럼 '이종윤' 목사 같은 주요 인사도 WCC에 대한 무지함으로, 공산주의, 좌파의 소굴에 스스로 찾아 들어가서, "좌파의 세력이 강했다!"라고 항변을 하고있는 모습이 참으로 안타까울 뿐이었습니다. 이목사와 같이 대형교회의 목회자로 활동했던 지도자가 WCC의 뿌리를 전혀 모르고, 세계교회 협의회라고 하는 기독교의 '겉옷'을 입고 활약하지만, 내면은 공산주의 사상을 토대로 한 혼합주의의 지도자들의 행사였음을 전혀 몰랐다는 말입니다.

또한, 당시에 부산 행사를 반대하는 쪽에서는 '용공 주의 사상'이라고 반박을 하면서도, 왜!! 용공 주의 사상인지, 또한, 그 뿌리가 어디서 기인 됐는지에 대해 전혀 알지 못하는 상황에서, 그들의 현상적인 부분만을 가지고서 힘든 투쟁을 했던 반대 운동이었다는 것이 너무도 우리 기독교계에 아쉬움을 남겼습니다.

만일, 당시에 WCC의 조직을 최초에, 옛 소련의 스탈린이 세계의 개혁교회들을 '공산화' 시키기 위하여 만들었다고 하는 사실을 확실하게 알았더라면, 당시 부산대회도 많이 축소됐을 것이며, 또한, 많은 목사들이 당시에 가담하지 않았을 것이라는 생각이 들기도 했습니다.

부산대회가 끝난 지 8년이 되고있는 오늘날에도 우리 개혁교회의 많은 목사는 WCC의 그 뿌리의 실체를 아직도 전혀 모르고 있다는 말이지요.

당시의 WCC[세계교회 협의회] 행사는 교회의 행사가 아니라, "세계적인 악마들의 협의회" 행사였다고 하는 사실은 당시의 모든 행사 진행 상황을 통해서 확인된 바가 있지 않습니까? [지면 관계상 생략하오니, 당시의 행사 자료를 인터넷 검색 가능함.]

———

너희는 믿지 아니하는 자와 멍에를 같이 하지말라 의와
불법이 어찌 함께하며 빛과 어두움이 어찌 사귀며
그리스도와 벨리알이 어찌 조화되며 믿는 자와 믿지 않는
자가 어찌 상관하며
하나님의 성전과 우상이 어찌 일치가 되리요 우리는 살아
계신 하나님의 성전이라 이와같이 하나님께서 가라사대
내가 저희 가운데 거하며 두루 행하여 나는 저희 하나님이
되고 저희는 나의 백성이 되리라 하셨느니라
그러므로 주께서 말씀하시기를 너희는 저희 중에서 나와서
따로 있고 부정한 것을 만지지 말라 내가 너희를 영접하여
너희에게 아버지가 되고 너희는 내게 자녀가 되리라
전능하신 주의 말씀이니라 하셨느니라
(고린도후서 6 : 14 ~ 18)

———

위의 말씀을 볼 때에 "믿지 아니하는 자와 멍에를 같이 하지 말라" 하셨고, "빛과 어둠이 어찌 사귈 수 있느냐" 라고 하는 말씀을 하셨는데, 당시의 대회장이었던 예장 통합총회 소속의 김삼환 목사는 원수를 사랑하고 포용한다고 하는 믿음이 좋아서, 그러한 악마들을 소집하여 대회장 노릇을 했던가요?

우리 주님께서, 원수를 사랑하라, 하신 말씀의 [원수]란, 사람을 뜻하는 의미였지, 주님의 교회를 파괴하고 주님을 대적하는 원수인 "사탄, 악마"들의 사상을 사랑하라고 하신 말씀은 결코 아님에도 불구하고, 김삼환 목사는 성경을 너무나도 모르며 지금까지 목사 노릇을 한 자로 보입니다.

그가 명성교회를 성장시킨 것은 확실했지만, 성경의 내면적인 뜻은 너무나도 어두웠기 때문에 악령들의 소굴에 찾아 들어가서 그들에게 목덜미가 붙잡혀서 끌려다니고 있음을 방증하는 계기가 됐어요.

또한, 그가 WCC 행사의 대회장이라고 하는 직임을 받은 후에 주님 앞에 WCC의 정체가 무엇인지 진정한 마음으로, 간절한 기도를 했더라면, 성령님을 통해서 올바로 깨닫게 해 주셨을텐데, 그에게 그러한 기도가 전혀 없었다고 하는 결과의 방증이라고도 말하고 싶습니다.

그건 바로 자기의 명예라고 하는 욕심의 함정에 빠져 들어가게 된 결과입니다.

―――――

너희가 너희를 모든 재난과 고통중에서 친히 구원하여 내신
너희 하나님을 오늘날 버리고 이르기를 우리 위에 왕을 세우라
하도다 그런즉 이제 너희 지파대로 천명씩 여호와 앞에 나아오라
하고 사무엘이 이에 이스라엘 모든 지파를 가까이 오게 하였더니
베냐민 지파가 뽑혔고
베냐민 지파를 그 가족대로 가까이 오게 하였더니 마드리의
가족이 뽑혔고 그 중에서 기스의 아들 사울이 뽑혔으나 그를
찾아도 만나지 못한지라
그러므로 그들이 또 여호와께 묻되 그 사람이 여기 왔나이까
여호와께서 대답 하시되 그가 행구 사이에 숨었느니라
그들이 달려가서 거기서 데려오매 그가 백성 중에 서니 다른
사람보다 어깨 위나 더 크더라
사무엘이 모든 백성에게 이르되 너희는 여호와의 택하신 자를
보느냐 모든 백성중에 짝할이가 없느니라 하니
모든 백성이 왕의 만세를 외쳐 부르니라
(사무엘 상 10 : 19 ~ 24)

―――――

―――――

여인이 가로되 내가 누구를 네게로 불러 올리랴
사울이 가로되 사무엘을 불러 올리라 (사무엘 상 28 : 11)

―――――

위의 말씀은 이스라엘의 초대 왕이었던 사울에 관계되는 말씀입니다.
그가 처음 왕이 될 당시에는 위의 말씀을 볼 때에, 그의 삶 자체가 겸

손했음을 보여주는 말씀으로 기록됐지요, 그래서 하나님께서는 이스라엘 12지파의 많은 사람들 중에서 사무엘 선지자를 통해서 사울을 왕으로 세우게 하셨는데.

다음의 말씀 [28 : 11]의 내용을 볼 때에는 사울 왕의 마음속에 악령이 들어가서 결국에는 그의 종말이 비참하게 됐던 한 단면의 말씀입니다.

우리나라 기독교 단체들 중에 WCC에 가입된 여러개의 총회[단체]가 있지만, 그중에 가장 앞장서서 악마들과 하나가 된 총회 집단은 예장 통합 총회와 기독교 감리회라고 하는 단체들입니다.

지난 2013년 부산대회에는 여의도 순복음 교회 이영훈 목사도 악마들의 행사에 앞장서서 많은 지원과 활동을 했다고 하는 글을 본바가 있지요.

05 그리스도의 "이단" WCC 정체의 내력

제1차 총회 : 1948 , 8 , 3 [네덜란드, 암스테르담]

주제 : 공산주의는 가난과 불완전으로부터 구원의 수단

　　　{용공 주의 사상}

제2차 총회 : 1954 , 8월 [미국 에번스턴]

주제 : 세상의 모든 악을 퇴치하기 위한 A World Community를 위
한 투쟁.

제3차 총회 : 1961 , 7 [인도 뉴델리]

주제 : 마르크스 주의는 정의로운 사회구현을 위한 필수 이념이라고
하는 성명서 채택.
{종교 다원주의, 혼합주의 시도한 해방신학 이념}

제4차 총회 : 1967 , 7 [스웨덴 웁살라]

주제 : 혁명가(게릴라)들에게 자금 지원을 위한 모금운동 시작
{ 공산 게릴라 지원}

제5차 총회 : 1975 , 11 [케냐 나이로비]

주제 : 마르크스 게릴라 운동 묵인, 각각 다른 성생활 묵인 }

제6차 총회 : 1983 , 7 , 24 [캐나다 밴쿠버]

주제 : 오직 예수를 부인, 종교 다원주의
{예수 믿지 않아도, 다른 종교에도 구원이 있음}

제7차 총회 : 1991 , 2 [호주 캔버라]

주제 : 무속신앙 접목, {범신론적 종교 혼합주의}

제8차 총회 : 1998 , 12 , 3 ~ 14 [짐바브웨 하라레]

주제 : 일부 다처제 주장 및 촉구 & 묵인함.

제9차 총회 : 2006년 , 2, 14 ~ 23 [브라질 포르토 알레그레]

주제 : 성적 소수자들 (동성애자들)에게도 성직을 허락하는 제도적
　　　구조의 변화가 있어야 한다고 주장함

　　　{동성애 성직자 지지, 묵인함}

제10차 총회 : 2013 , 10 , 30 ~11 , 8 [대한민국 부산]

주제 : 북한 동포 인권 무시, 용공주의, 동성애 지지, 종교 다원적 통
　　　합주의 표방.

위의 자료는 : 사탄의 "회" WCC 부산총회 반대를 위한 부산성회
승리백서의 내용임

위와 같은 역사적 사실들만 보더라도, 완전한 혼합 주의적인 '배교
적 사상'의 악마적 집단임을 확인할 수가 있었습니다. 그런데도 김
삼환 목사가 기꺼이 대회장 역할을 거절하지 않고, 수락했다는 것
은, 그 자신뿐 아니라 통합총회의 대형교회들, 그밖에도 감리교단의
정치 목사들을 중심한 대다수 목사들이 과연, 천국과 지옥이 있다는
사실을 올바로 믿고 가르치는 목사들이라고 말할 수가 있을까요?

성경을 중심 해서 본다면, WCC에 소속이 돼서 그들과 함께하는 목

사들은 천국과 지옥이 있다고 하는 우리 주님의 말씀에 근거한 신앙은 전혀 없는, 무신론자들이라고 볼수 밖에 없습니다.

또한, 예장 통합 총회는 로마 카톨릭[천주교] 과 같은, 이단 집단이라고 말할 수 있는 사탄의 연합체가 됐다는 사실을, 우리 기독교인들은 직시해야 될 것입니다.

단, 통합총회 산하의 모든 교회의 목사들을 지칭하는 의미는 결코 아니라고 하는 점을 참고 하시기를 바랍니다.

본문으로 돌아가서 결론의 말씀을 드리겠습니다.

1절에 보면, 너희 중에도 거짓 선생들이 있으리라 저희는 멸망케 할 이단을 가만히 끌어들여 자기들을 사신 주를 부인하고 임박한 멸망을 스스로 취하는 자들이라,…

고 하셨는데 ,

2013년 WCC[세계교회협의회] 행사를 부산에서 주관한 통합총회의 정치 목사들과 그 행사에 직접 관여했던 모든 자는 "주님 앞에 진정으로 회개를 하고" 그 악하고 더러운 사탄, 악마의 자리에서 나와야 만이 그들의 영혼이 구원을 받게 될 것입니다.

말씀을 멸시하는 자는 패망을 이루고 계명을
두려워하는 자는 상을 얻느니라 (잠언 13 ~ 13)

개혁을 위한 영감적 설교

04
현대교회의 종말이 다가오고 있다

디모데 전서 6 : 10

돈을 사랑함이 일만악의 뿌리가 되나니 이것을 사모하는
자들이 미혹을 받아 믿음에서 떠나 많은 근심으로서
자기를 찔렀도다

'다이애나 버틀러배스'가 쓴 '교회의 종말'이라고 하는 글 가운데, (약세시장 : 종교의 대불황)이라고 하는 작은 제목의 글 중에서, 미국과 같은 나라에서 종말을 말하는 것은 지나치게 호들갑스러운 것으로 보일지 모른다.

그러나 최근 다수의 저명한 학자와 작가는 우리가 지금 발견하고 있는 종교적 변화에 대하여 글을 썼습니다.

[예를 들어 말하자면]

하버드 대학교의 '하비콕스'교수는 '신앙의 미래'라고 하는, 그의 글을 통해서, 믿음 시대의 종말에 대하여 글을 썼고, '브라이언 맥라렌'이라고 하는 저자는 새로운 종류의 기독교에 관한 책을 저술했는데, 이들 모두는 "종교가 종말을 맞는 것인가" 라고 하는 질문을 공통 적으로 던진 바가 있는데, 위의 글 중에서 여러 제목이 교회에 대한 표현으로서, 믿음의 시대, 기독교 세계의 종말, 새로운 기독교에 관한 글을 통해서, 우리 기독교회들을 [약세시장] 즉 종교의 대불황이라고 하는 작은 제목으로 글을 쓰게 된 것은,

우리 기독교회들을 돈으로 거래하는 어떠한 회사나, 물건을 매매하는 시장으로, 보고 있다는 현실임에도 불구하고 이에 대하여 오늘날 우리 기독교계와 교인들은 그들의 시각에 대하여 어떠한 반론이나 이의를 제기하지 못하고 있는 현실 가운데 처하고 있습니다.

그렇다면, 이러한 교회의 현상이 미국교회에 국한된 상황으로만 보아야 되겠습니까?

아니면, 우리나라의 교회도 예외로 볼 수 없는 현실이라고 인정을 해야 되겠습니까? 이제부터라도 우리나라의 교회도 예외일 수가 없다면 인정을 하고 앞으로 올바른 대책을 세워 나가야 되겠습니다.

현재 우리나라에는 6만여개의 교회가 있다고 하는데, 그 숫자가 정확하다고는 볼 수가 없지요, 그 이유는 매년 교회가 새롭게 설립되는 수와, 재정난으로 인하여 문을 닫게 되어 없어지는 수를 정확하게 파악하기가 어렵기 때문입니다.

01 헌금의 본질

우리 교회들 가운데 일부 대형교회들은 헌금이 너무 많이 들어와서 그 돈으로 하여금 많은 문제점들이 야기되어지는 일들이 비일 비재한 현실 속에서 신앙생활을 하고 있고, 반면, 교회 재정이 빈약한 임대건물 등의 소형교회들은 헌금이 약하다 보니, 건물 임대료의 문제를 해결하지 못하여 문을 닫게 되는 교회들도 많아서, 매년 교회의 숫자가 일정하지 않다는 말입니다.

돈이란! 우리 인생 삶에 있어서 여러 가지 의미를 가지게 하지요 !!
선한 사람의 주머니 돈은 가난한 자들을 도와주게 되고, 악한 사람의 주머니 돈은 악의 씨앗을 계속 뿌려서 악과 독을 제공 해주며 권력 있는 자의 돈은 권력과 돈으로 많은 하수인을 굴종시키며, 그들만의 권좌의 즐거움으로 살아가고 있다고 말할 수가 있겠지요!

기업을 하는 기업가의 돈은 자기 기업을 계속하여 확장 하게되고, 도적의 주머니에 있는 돈은 자기보다 더 큰 도적을 만들어서 결국에는 많은 사람들을 죽이는데, 일조를 하여 함께 비참한 종말을 맞이할 수가 있다는 사실입니다.

공산주의자들에게 돈이 들어가게 되면 그 돈으로 민주주의를 파괴시키게 되지요.

오늘날, 중공의 돈으로 미국이라고 하는 나라를 그들의 수하에 끌어들이려고 발버둥을 치고 있다는 현실이 드러나고 있어요.

작년 11월 3일에 미국의 대선이 있었는데, 중공의 천문학적인 돈이 미국의 의회 의원들과 정부 관료들에게 들어가서 부정투표를 하여 민주당의 '바이든'을 대통령으로 만들었습니다.

선거가 끝난 후 8개월여 동안에 미국의 대부분 지역에서 중공 캐나다 이탈리아 등 해외 서버를 통해서 개표 조작을 한 것까지 여러 지역에서 드러나고 있습니다.

미국 의회의 "대부분의 의원들이 기독교인들"이라고 하는데, 그들도 중공의 뇌물성 돈을 많이 받았다고 하는 사실이 최근에 밝히 드러나게 됐습니다.

주님을 믿는다고 하는 신앙은 다 버리고, 중공에서 '트럼프' 대통령을 떨어뜨리고, 민주당의 '바이든'을 당선시켜서 미국이라고 하는 나라를 자기들의 입맛대로 공산주의 국가로 만들기 위한 '중공의 돈 다발에' 끌려다니는 미국의 정치인들과 관료들이 많이 밝혀져서, '트럼프' 대통령 재임시에 만들어 놓은 행정명령 13848호에 근거해서 미국의 군부에서는 지난 대선에서, 중공의 돈을 받고서, 부정투표에 관련됐던 자들을 붙잡아 그들의 책임을 묻고 있다고 합니다.

미국이라고 하는 나라가 기독교 국가라고 알고 있음에도 불구하고, 그들도 돈에 얽매여서 자기들의 나라를 중국의 공산주의 국가에 넘겨주려고 했던 정치인 중 기독교인들이 많았다고 하는 현실이 드러나게 됐는데, 위의 내용을 좀 더 구체적으로 말하자면, 악한 자들의 "돈"의 위력은 세계의 모든 나라와 국경을 초월한 강력한 힘을 가지고 있음이 드러나고 있지요.

[지난 11월 3일에 미국의 대통령 선거가 있었는데]
위의 선거에서 민주당의 '바이든'후보를 당선시키기 위해서 민주당 측에서는 중국의 공산당과 손을 잡고 중국 본토에서 시진핑이 약 4억달러[한화 :4천5백억여원]을 미국의 민주당 쪽의 많은 자에게, 선거전 수개월 전부터 지원해 준 사실이 선거 후에 속속히 드러나고 있으며, 또한, 중공에서 미국 대선 투표용지까지 인쇄하여 미국으로 공수를 해 와서, 미국의 민주당 측에서는 부정한 방법으로 바이든을 당선시킨 후에, 미국을 중국 공산당의 입맛대로 서서히 미국의 모든 지역의 정보를 빼돌린 후에, 중국 공산당의 뜻대로 미국 전체를 공산

화 시키기 위한 작전에 들어갔지만,

공화당 후보였던 '트럼프' 쪽에서 퇴임 후에 조사[감사]를 의뢰하여, 모든 부정투표, 상황이 날마다 밝혀지고 있는데, 이러한 일은 중국의 공산당에서 자기들의 돈으로 미국의 좌파세력이라고 볼 수 있는 민주당과 결탁하여 그들에게 돈을 뿌려서, 민주당 주요 인사들을 1차로 매수하여 미국을 좌파 국가로 만들고 좀 더 나아가서는 공산화 시키기 위해서, 앞에서 언급함과 같이 천문학적인 그들의 자금을 침투시켰다는 말입니다.

본편의 말씀 제목을, "현대교회의 종말이 다가오고 있다" 라고 하는 설교문에 왜!! 미국의 정치에 관한 말을 하게 됐을까요?

오늘날 우리가 살고있는 지구촌에서 가장 모범적인 기독교 국가는, 대통령 취임식을 할때에, 대법원장 앞에서 성경책에 손을 올려놓고 취임선서를 하는 신실한 기독교 국가가 미국이라고 하는 인식이 세계적으로 보편화 돼 있기때문에, 미국의 여. 야. 정치인들은 대부분이 기독교인임에도 불구하고, 중공의 돈을 받으면서 미국의 정치인 행세를 하고있는 자들이라고 함이 이번에 드러나게 된 것이지요.

본문 말씀 중에서, "돈은 일만 악의 뿌리"라는 의미는, 돈을 우리가 정직하게 잘 사용하게 된다면 인류 모두에게 생명의 젖줄이 되는 많은 산업체를 만들어서 우리가 살아갈 수 있는 양식을 생산하게 되지만, 공산주의 국가에 돈이 들어가게 된다면 그 돈을 일부 권력층이라고 할 수 있는 개인, 소수자들만이 활용하게 되고 그 돈으로 하여금 사람을 죽이는 독소를 생성시키게 하는 악의 뿌리가 됩니다.

즉, 돈이란 선한 자들의 손에 들어가게 될 때에는 생명을 살려주는 역할을 할 수가 있지만, 악한 자들의 손에 들어가게 될 때에는 선하게 살려고 노력하는 자들에게 까지도 악을 행하게 되며 또한 선한 자들까지도 죽이는 공격의 살인 무기가 된다는 의미의 말이지요.

02 우리는 가룟유다가 되지말자

예수님께서 12제자를 택하실 때에도 밤새도록 기도하신 후에 선택하셨는데, 어떻게 돼서, 그 12제자중 한 사람인 가룟유다가 주님을 배반하게 됐습니까?
3년동안 주님과 12제자들이 동고동락 하면서 천국의 영생 할 수 있는 복음을 전파했는데, …
그중에 한 사람인 가룟유다가 은전 30개를 받고 예수님을 팔았어요.
당시에 은전 30개를 현재 우리나라 화폐의 값어치로 환산해 보게 된다면, 현재 우리나라의 하루 임금을 10만원으로 계산을 해 본다면, 약 1200만원 정도밖에 않됩니다.
좀 더 구체적으로 말하자면, 그 당시 은 1세겔은, 그 당시에 노동자 4일의 임금에 해당됐기 때문에, 30세겔 x 4명의 임금[40만원]을 계산하게 된다면, 1200만원 정도가 된다는 말입니다.

가룟유다는 이렇게 적은 돈에 눈이 어두워져서 예수님을 팔아 넘겼습니다.

───

그때에 열둘중에 하나인 가룟유다라 하는자가
대제사장들에게 가서 말하되 내가 예수를 너희에게
넘겨 주리니 얼마나 주려느냐 하니 그들이 은 30을
달아주거늘 저가 그때부터 예수를 넘겨줄 기회를 찾더라
(마태복음 26 : 14~16)

───

이렇게 가룟유다가 은전 30세겔을 받은 뒤에는, 그의 마음 눈이 어두워져서 예수님을 팔아 넘겼는데,

당시에 그는 오직 "돈" 한가지 만을 생각했어요.

그 다음에 되어 질 또 다른, 어떠한 일에 대해서는 전혀 깊이 생각을 않했다는 말입니다.

───

그 은 30을 대 제사장들과 장로들에게 도로 갖다주며
가로되 내가 무죄한 피를 팔고 죄를 범하였도다
(마태복음 27 : 3)

───

가룟유다는 뉘우쳤습니다. 깨달았습니다. 회개하는 마음이 생겼습니다.

그 후의 가룟유다는 마태복음 27장 5절 말씀에서 본다면,
유다가 은을 성소에 던져넣고 물러가서 스스로 목매어 죽은지라.

03 교회와 성전의 개념

오늘날 우리 교계를 보면, 대형교회들은 헌금이 너무많이 들어와서, 계속 사용 할 수 있는 교회의 건물임에도 불구하고 그 건물을 철거한 후에 바벨탑과 같은 현대식, 초 호화스러운 건물을 몇천억 원을 들여서 신축하는 현실을 볼 수가 있는데, 이렇게 화려하고 웅장한 건물을 지어놓고 그 건물에 대하여 주님의 성전이라고 말하는 자들도 볼 수가 있지요,
우리가 지금 살아가고 있는 지구상에는 주님의, 성전은 어느곳에 단 하나도 없다는 현실을 올바로 깨닫고 교회를 통한 신앙생활을 해야 됩니다.

웅장하고 호화스러운 건물이지만, 오직 예배드리는 장소의 건물일 뿐입니다. 이러한 건물에 대하여 우리 주님의 성전이라고 하는 호칭을 부끄러움 없이 사용하고 있는데, 위와 같은 건물들이 주님의 성전

이라면 어떻게 이 세상의 돈을 받고 팔아넘길 수가 있겠습니까?

우리는 2020년에 접어들어 살면서, 대통령이라고 하는 문재인이가 중공의, "우한" 지역에서 폐렴 종균을 끌여들여 정권 연장을 위한 도구로 활용하고 있는 우한폐렴, 코로나라고 하는 전염병 때문에 마스크 시대에 우리 국민 모두는 하루하루를 힘겹게 살아가고 있는데, 또한, 그 문재인의 좌파 정권이 코로나 방역을 구실 삼아서 교회의 문을 닫게 하며 통상적인 교회 예배 제한을 하게 되어 교인들이 교회에 나오지 못하게 되는 현상이 장기화 되다 보니, 빈약한 교회들은 재정난 때문에 많은 교회가 문을 닫게 되고 중형 교회들까지도 헌금이 들어오지 않게 되어 교회들이 금융기관의 대출금 이자를 납부하지 못하여, 지난해 8월에 유튜브의 한 채널에 올라온 자막을 보니, 중, 대형교회 18개가 법원 경매 사이트에 올려져 있다는 자막을 보았을 때, 나의 마음이 괴로워서 그 내용을 열어 보지 못하고 지난 적이 있었습니다.

우리 목회자들은 지금부터라도 교회의 올바른 개념을 재정립하는 목회 사역을 해야 될 시점에 도달해 있습니다.
마지막 때에, 사탄. 마귀가 최후 발악을 하는 시대가 되고있는 것이 아닐까요!

여자가 가로되 주여 내가 보니 선지자로소이다 우리
조상들은 이 산에서 예배하였는데 당신들의 말은 예배
할 곳이 예루살렘에 있다 하더이다 예수께서 가라사대
여자여 내 말을 믿으라 이 산에서도 말고 예루살렘에
서도 말고 너희가 아버지께 예배 할 때가 이르리라 너희는
알지 못하는 것을 예하고 우리는 아는 것을 예배 하노니
이는 구원이 유대인에게서 남이니 아버지께 참으로 예배하는
자들은 신령과 진정으로 예배 할 때가 오나니 곧 이때라
아버지께서는 이렇게 자기에게 예배하는 자들을 찾으시느니라
하나님은 영이시니 예배하는 자가 신령과 진정으로 예배할지니라
(요한복음 4 : 19 ~ 24)

우리 주님께서 하신 위의 말씀을 볼때에도 예배할 장소에 대하여 상
세하게 말씀하셨습니다.

위의 말씀 중 '예루살렘에서도 말고'의 말씀은 몇가지 의미가 있겠
지만, 본문 말씀을 중심으로 우리가 이해를 해야 될 부분이 있다면,
당시에 예루살렘 성전은 유대인들이 제사[경배] 드릴 수 있는 유일
한 제단이 그 안에 있었던 아름답고 웅장한 건물이었기 때문에, 예수
님 당대에도 유대인들은 예루살렘 의 성전에 찾아가서 제사 드리는
제도에 대하여 사마리아 여인에게 하신 말씀인데, 예수님께서 이 땅
에 강림하실 때까지는, 예루살렘 성전을 통해서 제사를 드리게 될 때
만이 백성들의 모든 죄가 용서함을 받게 됐지만, 그분께서 이 땅에

오신 후부터는 제사 드림으로 모든 죄가 용서받게 된다고 하는 모든 의미가 없어지게 됐기에. '예루살렘에서도 말고' 라는 말씀을 하시게 됐어요.

위의 말씀에서 뜻함과 같이 오늘날 우리가 신앙하는 그 주님께서는 외형적인 건물을 결코 중요시 하지 않았습니다.

그럼에도 불구하고 목회자들의 대부분은 교회가 어느 정도 성장하여 교인들의 수가 많아지게 된 후에는, 경쟁적으로 교회 건물 확장에만 집중하다 보니 교인들 가정의 생활 형편은 전혀 고려하지 않고 건축헌금을 강요하게 될때에 기존 교인들마저 다른 교회로 이동하거나 교회 밖, 세상으로 나가게 된다는 말입니다.

우리가 살아가고 있는 지구촌에서, 주님의 복음을 세상 끝날까지, 즉 우리 주님께서 이 땅에 다시 오실 때까지 먼저 믿은 우리 모든 교인들이 주님의 복음을 전파하기 위해서는 지상의 교회는 절대로 필요합니다.

그러나 각 교회의 재정에 합리적인 방법으로 교회의 건물을 확장해 나가는 것이 올바른 방법이라고 보여집니다.

본편의 말씀 제목의 의미는, 우리가 살아가고 있는 '세상의 종말'을 뜻함이 아니고, 외형적인 교회에 관하여 말씀을 드리려고 합니다.

교회 건물 자체를 우리 주님께서 중요하게 여기지는 않습니다.

그렇다고 해서 또한, 모든 교회 건물을 소홀히 여기라는 말은 더욱이 아닙니다.

교인들 중에 돈 많은 부자들이 많이 있다면, 주님의 교회를 아름답게 건축하는 믿음도 주님으로부터 칭찬을 받게 되는 신앙인이라 말할 수도 있겠지만, 생활이 어려운 교인들에게 교회의 건축헌금을 부담시켜 주는 방법은 결코 합리적이라고 할 수가 없어요.

물론 생활이 어려운 교인이지만 본인 스스로가, 자원하는 건축헌금은 주님께서도 기뻐하시는 헌금이 될 수가 있기 때문이지요,

서울의 한 초 대형교회에서는 성전건축을 빙자해서 헌금을 하도록 했는데, 먼저! "아 멘"을 하게 하고 난 후에, 믿음으로 헌금을 하게 하는 방법인데, 심지어 그 교회에서 수년 동안 신앙생활을 해 온 처녀 교인이 직장생활을 하여 저축해 두었던 결혼 준비자금 모두를 성전건축 헌금 명목으로 바치게 했다는 글을 읽은바가 있습니다. [장래에 천국에 가서 큰 상급을 받게 된다는, 위험한 욕심 때문에…]

우리 주님께서는 이러한 방법까지 동원하여 교회 건축 하라고 하신 말씀이 성경 어디에도 기록되어 있지 않습니다.

나의 기억으로는 2~3년 전쯤 기독교계의 한 방송에서 뉴스 시간을 잠시 보던 중에 우리 교회들 중에서 1년에 수십여 개의 큰 교회 건물들이 법원의 경매를 통해서 팔려 지게 되는데, 그 중에서도 중 대형 교회 건물들 대부분이 "사이비, 이단 집단들에게" 팔려지고 있다는 뉴스를 본적이 있어요.

물론, 먼저 교회의 건물을 건축하기 위해서 수년 동안 준비 기도를 한 후에 그 기도의 응답을 받은 교회의 건축물들은 우리 주님께서 함

께하시며, 그 교회를 성장시켜 주시게 되지만, 반면에 준비기도 없이 사람의 욕심에 이끌려서 금융기관의 많은 자금으로 신축, 개축한 교회의 어려움 당하는 경우를 우리는 자주 볼 수 있게 됩니다.

앞에서 언급했듯이, 우리 주님의 성전 건물이었다고 한다면 결코, 이 세상의 어떠한 금전으로 매매의 거래행위를 할 수가 없습니다.

그럼에도 불구하고 일부 교회에서는 성전건축 헌금이라고 하는 잘못된 용어로 교인들을 유혹하며, 주님 앞에서 부끄러움도 깨닫지 못하는 지도자들이 있다는 말인데, 우리 교회의 지도자들은, 교회와 성전을 올바로 구분해서 교인들에게 가르쳐 주어야 되며, 우리 주님께서 찾고 계시는 올바른 성전은, 우리 모든 그리스도인들 개인의 마음이 주님의 성전이 되기를 원하고 계심에 대해서 올바르게 가르쳐 주어야 합니다.

너희가 하나님의 성전인 것과 하나님의 성령이 너희안에
거하시는 것을 알지 못하느뇨
누구든지 하나님의 성전을 더럽히면 하나님이 그 사람을
멸하시리라 하나님의 성전은 거룩하니 너희도 그러하니라
(고린도 전서 3 : 16 ~ 17)

이 세상에 있는 어떠한 건물도, 우리 주님께서 찾고 계시는 성전은 결코 될 수가 없습니다.

다시 한번 말씀을 드리자면, 장성한 교인 즉 성도들의 마음이 바로 우리 주님께서 찾고 계시는 성전이 된다는 말입니다.

본 편의 본문 말씀 중, "돈을 사랑함이 일만 악의 뿌리가 된다"는 말씀을 우리는 올바로 깨달아야 합니다.
우리가 이 세상에서 육신의 삶을 살아가기 위해서는 돈이 없으면 살아갈 수가 없어요.
그럼에도 불구하고 왜 위의 말씀이 기록되어 졌을까요?
우리 그리스도인들도 신앙생활을 하는 중에 돈을 잘 못 사용하게 될 때에, '악의 뿌리'가 된다는 말씀이요,
또한, 자기의 능력 이상으로 물질에 대한 과도한 탐욕이 바로 악의 뿌리가 된다는 말입니다.

━━

이 개들은 탐욕이 심하여 족한 줄을 알지
못하는 자요 그들은 몰각한 목자들이라
다 자기 길로 돌이키며 어디 있는 자이든지
자기 이만 도모하며..(이사야서 56 : 11)

━━

우리가 주님께 예배드려야 할 처소는 필요하지만, 각자의 능력에 적합한 건물을 마련함이 주님 앞에서 합당한 지도자와 신앙인의 자세라고 말할 수가 있지요.

"일그러진 한국교회의 얼굴"이라고 하는 책을 쓴 박영돈 목사는 그의 저서에서, 오늘날 교회가 하나님의 말씀을 대중의 기호와, 욕구와, 취향에 맞추어 '상품화' 하고 있다. 라고 말했습니다.

위의 말은, 복음 본래의 진수를 올바로 이해시키지 못하는 설교를 통해서, 하나님께 영광 찬양을 드림에 목표 설정이 제대로 되지 못한 교회에서의 드려지는 예배의 현상에 대하여, 소비자 중심에 맞춰지게 될때에, 라고 하는 의미로 이해를 해야되며, 소비자 중심 이란, 교인들의 눈과 귀를 즐겁게 해주는 것, 헌금을 많이 하게 하는 "좋은 상품화" 하기 위해서 교인들의 기호, 욕구, 취향에 맞는 설교를 하고 있다고 하는 표현을 지적한 것이라고 말할 수가 있겠습니다.

즉 예배의 본질은, 먼저 하나님께 영광 찬양을 드려야 함에도 불구하고, 소비자 즉, 교인들의 입맛대로, 또한 교인들의 귀를 즐겁게 설교한다는 의미입니다.

04　올바른 예배의 본질

예배의 본질이란, 먼저 하나님께 영광과, "사람에게만 주신 말을" 통해서 찬양을 드리게 됨이 올바른 예배라고 할 수가 있음에도 불구하고, 교인들의 귀를 먼저, 즐겁게 해주는 예배행위는 개선돼야 할, 예배라고 말할 수가 있습니다.

오늘날 대부분 교회에서의 헌금에 관한 설교를 들어 본다면, 대부분이 조건적이며, 또한 상대적 개념이 내포되어 있음이 사실이지요! 즉, 감사헌금 십일조 잘하게 되면 큰 축복을 받게 된다. 고 하는 일반적인 개념이 성경적인 것은 사실이지만,

하나님의 형상대로 지음 받았다고 하는 아담의 후손이라는 사실을 올바로 인지하고, 장성한 신앙생활을 하는 그리스도인이라고 한다면! 감사, 헌금, 헌신은 주님 앞에서 조건적, 상대적 개념으로 접근하고 판단할 신앙의 개념이 아니라, 주님 앞에서 절대(당연적)의 개념으로 접근함이 올바른 신앙인의 자세라고 말할 수 있습니다.

우리 주님께서는 우리들의 영혼까지 살려 주시기 위해서 십자가의 죽으심까지, 당하셨고, 아버지 하나님께 복종하셨음을 깨닫는 장성한 신앙인의 진정한 감사의 생활을 뜻하게 된다면, 결코 조건적인 감사헌금, 십일조 생활의, 신앙인의 자리에 항상 머물러 있어서는 않되며, 자원하는 마음의 감사를 드릴 수 있는 지속적으로 성장하는 신앙인이 돼야 합니다.

―――

토기장이가 진흙 한 덩이로 하나는 귀히 쓸 그릇을
하나는 천히 쓸 그릇을 만드는 권이없느냐
(로마서 9 : 21)

―――

위의 말씀을 볼 때에도, 하나님의 절대적인 권한에 대한 말씀이기에
인간의 생명을 주관하시는 창조주 하나님께 조건적인 접근법으로
신앙생활을 하는 교인들은 그들의 신앙이 결코 끝까지 올바르게 유
지되기가 어렵다고 말할 수도 있겠습니다.

그 이유는 교회에, 십일조, 감사, 헌금을 수년 동안 충실하게 잘했음
에도 불구하고, 그러한 교인들의 가정에 어려운 일들이 계속된다면,
그는 다니던 교회를 떠나게 될 수가 있다는 현실입니다.

그러한 교인들은 주님앞에 조건적인 헌금을 했기 때문이지요,

———

다만 이뿐 아니라 우리가 환난 중에도 즐거워
하나니 이는 환난은 인내를
인내는 연단을 연단은 소망을 이루는 줄 앎이로다
(로마서 5 : 3 ~ 4)

———

교우 여러분들이여 !!

우리 죄를 대속해 주신 주님을 믿는 신앙인이라면, 여러분들이 출석
하는 교회 앞에서 말한, "조건부" 적인 헌금은 하지 마십시오.

진정과 감사의 마음으로 하십시오, 또한 인내하십시오. 주님께서 응
답을 주실때까지, 조건부적인 감사헌금의 신앙이란, 주님을 시험 해
보자는, 잘못된 신앙의 태도입니다.

여호와께 감사하라 그는 선하시며 그 인자하심이
영원함이로다   (시편 136 : 1~)

다음으로 2절 이하의 모든 말씀을 볼 때에도 인자하신 하나님이 되심에 대한 말씀을 볼 때에도 우리는 우리 하나님께 어떠한 조건을 앞세우는 감사, 헌금의 신앙은 아직 우리가 유아기의 신앙에 머물러 있다는 증거라고도 말할 수가 있습니다.

현대의 우리 모든 교회의 지도자들이 이제 부터라도, 지도자인, 관리자의 개념에서, 어린양들[교인들]에게 성경의 순수한 양식을 공급해 줄 수 있는 '목양자'의 개념으로 올바른 사역을 하지 못하게 될 때에, 그러한 모든 교회들은 종말을 맞이할 수밖에 없다는 말인데,

다른 말로 표현하자면 교회의 모든 지도자들이 오늘날 이 세상 문화의 코드와 기호에 맞추지 않고, 성령님의 역사 하심을 통해서 성경 말씀을 중심한 설교가 돼야 만이 먼저 영적인 성장을 통해서 우리 외형적 교회가 성장으로 개혁될 수가 있지만, 위와 같은 개혁이 없는 교회들은 종말을 피할 수가 없다는 내용이며, 또한 강단의 설교가 앞에서 언급함과 같이 "세상의" 문화와, 자본주의 사상으로 이끌려 가게 된다면 그 교회 역시 종말을 피하여 존속 될 수가 없다는 의미가 오늘 말씀의 결론이라고 말할 수 있겠습니다.

오직 성령님께서 함께 역사하시는 주님의 교회는 영속 되어지게 됩니다.

또한, 우리 모든 교회의 설교자들은 강단에서 교인들의 귀를 즐겁게 하는 설교가 아닌 교인들의 마음에 성령님의 내주하심을 통해서, 그분의 역사하심으로 복음을 올바로 깨닫게 하여, 자원하는 마음의 십일조, 감사, 헌금, 봉사, 충성을 하게 하는 교회의 모든 교인들의 마음으로서 우리 주님께서 찾고 계시는, 주님의 성도(성전)가 되는 것입니다.

위와같은 교회는 계속 성장하게 되며 그러한 교회는 결코 종말이 올 수가 없습니다.

여러분들이 출석하여 주님께 예배드리는 주님의 모든 교회들이 종말의 교회가 아닌 날마다, 해마다 더욱더 성장하여 땅끝까지 전파하는 교회들이 되어질 수 있도록 성도의 삶을 살아가시기를 기원합니다.

또 내가 네게 이르노니 너는 베드로라 내가 이 반석
위에 내 교회를 세우리니 음부의 권세가 이기지
못하리라 (마태복음 16 : 18)

개혁을 위한 영감적 설교

05
십자가만이 올바른 예정교리인가!

마태복음 21 : 35 ~ 39

농부들이 종들을 잡아 하나는 심히 때리고 하나는
죽이고 하나는 돌로 쳤거늘
다시 다른 종들을 처음보다 많이 보내니 저희에게도
그렇게 하였는지라
후에 자기 아들을 보내며 가로되 저희가 내 아들은 공경
하리라 하였더니
농부들이 그 아들을 보고 서로 말하되 이는 상속자니 자
죽이고 그 유업을 차지하자 하고
이에 잡아 포도원 밖에 내어 쫓아 죽였느니라

예수님께서 우리 땅에 강림 하심은 십자가에 죽으시기 위해서 강림 하심이 아니고, 둘째 아담의 사역을 아버지의 뜻대로 완성 시키기 위해서 오셨습니다.

주님께서 우리 땅에 강림하지 않았다면 우리 모든 인류는 어느 누구도 심판을 면할 길이 없었기 때문이었지요.

01 예수님의 세가지 십자가

가) 성육신 하심의 십자가

요 1 : 14 말씀이 육신이 되어 우리 가운데 거하시매 우리가 그 영광을 보니 아버지의 독생자의 영광이요 은혜와 진리가 충만하더라

우리 주님께서 우리 땅에 강림하시기 전에는 요 1 : 18의 말씀대로, 아버지 하나님의 품속에 있었다고 했는데, 그 예수님은 선, 악이라고 할 수 있는 어떠한 개념이 없는, 영광 자체로 하나님 아버지와 함께 존재 하심이었기 때문이지요.

요 1 : 1 이하의 말씀에 태초에 말씀이 계시니라 이 말씀이 하나님과 함께 계셨으니 이 말씀은 곧 하나님이시니라 그가 태초에 하나님과 함께 계셨고 만물이 그로 말미암아 지은바 되었으니 지은 것이 하나도 그가 없이는 된 것이 없느니라 앞에서 말한바 와 같이 만물의 창

조주가 되시는 주님께서는 우리 땅에 강림하시기 전 아버지의 품속에서는 선, 악이라고 하는 어떠한 개념이나 사상이 없었을때에, 아버지의 뜻을 따라서 모든 만물을 창조하셨다고 3절의 말씀에 기록돼 있습니다.

즉 창세기 1장과 2장의 창조 사역을 하셨던 예수님이었는데, 에덴동산에서의 아담의 불순종으로 말미암아 사망이 초래됐고, 그 문제를 해결하기 위해서,…

요 1 : 14절의 말씀대로 육신으로 변화되어 우리들의 땅에 강림하셨는데, 출생하신 후에 아기 예수님이 애굽으로 피난가는 과정을 겪었지요.

마 2 : 1절 이하의 말씀에서,…
헤롯왕 당대에 점성가라고 하는 동방박사들은 천체의 별들을 통해서 메시아가 출현했다는 현상적인 부분에 대하여 확신한 끝에 특이한 그 별의 이동 방향을 따라가다가 예루살렘에 도착해서 유대인의 왕으로 나신이가 어디있느뇨 라고 하는 말로 인하여, 예루살렘이 소동을 했다고 했어요.
당시에 그 말을 듣게 된 헤롯왕은 모든 대제사장과 서기관들을 불러서,…
그리스도가 어디서 났겠느냐? 했을 때, 유대 베들레헴이라고 하자 헤롯왕은 아기 예수를 죽이기 위해서, 아기에게 경배를 드리기 위해서 찾아 온 박사들에게 부탁해서 당신들이 경배를 드리고 돌아오면서 나에게 알려주면 나도 그에게 경배하게 하겠다고 그들에게 부탁을 했지만, 그 박사들은 아기 예수께 경배하고 바로 고향으로 돌아갔지요.

그 후에 헤롯왕이 아기 예수를 잡아 죽이기 위한 계략이 있다고 하는 사실을 아버지 요셉에게 꿈을 통해서 천사들이 알려 주면서 애굽으로 피난을 가도록 해서 애굽으로 피난을 가서 생활하다가 헤롯왕이 죽은 후에 이스라엘 땅으로 돌아왔다고 하는 말씀을 볼 수가 있는데 이와같이 예수님께서는 아기 때에 애굽으로 피난을 갔다 온 그 과정은, "주님의 첫 번째 십자가"였다고 하는 사실을 우리 그리스도인들은 알아야 합니다.

주님께서는 이렇게 말씀이 육신으로 오심에 대하여, 주님의 신성을 부인하는 자들과, 주님의 성육신을 부정하는 현대 신학자들이 많이 있는데.

주님의 '신성'을 부인하는 '아리우스' 학설과, '소시니안'파의 학설이 오늘날에 와서는 자유주의 신학 사상으로 연계가 돼서 성육신을 부정하게 되는 현대신학의 또 다른 이단 사상이 계발됐다고 보아야 합니다.

나) 광야 40일 동안의 십자가

마 4 : 1절 ~ 그 때에 예수께서 성령에게 이끌리어 마귀에게 시험을 받으러 광야로가사 40일을 밤낮으로 금식하신 후에 주리신지라.
3절 말씀을 보면, 배곪음의 고통을 당하는 주님에게 마귀가, 하는 말이 네가 하나님의 아들이라면, 이 돌들로 떡을 만들어라.
다음의 말씀을 보면, 주님은 마귀에게 이끌려가서 성전 꼭대기에 세우고, 네가 하나님의 아들이라면 뛰어내리라…
여기서 "세 번째 시험은" 마귀가 지극히 높은 산으로 주님을 데리고 올라가서 천하만국과 영광을 보여 주면서 자기에게, 경배를 하게 되면 이 모든 것을 네게 주겠다고 했는데, 이 말은 세상의 모든 것이 마귀들의 소유물이라는 말이지요.
에덴동산의 아담은, 주님의 첫번째 시험이었던, 먹는 음식이라고 할 수 있는 선악과를 먹고 죽었는데, 주님께서는 먹는 음식의 과정을 지나 두 가지의 시험을 통과 했을때에, 10절의 말씀에서, "이에 예수께서 말씀하시되" 사탄아 물러가라 기록되었으되 주 너의 하나님께 경배하고 다만 그를 섬기라 하였느니라…

위의 세 가지 시험이 끝난 후에 마귀는 주님을 떠나가고 천사들이 와서 수종들더라. 했는데, 이 말씀의 의미는 위에 계신 아버지께서도 주님의 그러한 시험을 통과하시기 전까지는, 예수님을 마귀의 뜻대로 맡겨 두셨지만, 세 가지의 시험을 통과 했을때에, 천사들의 도움을 통해서 공생애의 새로운 사역을 하게 했습니다.

만물을 창조하신 주님께서 마귀에게 이끌려 다니면서 시험을 받았다고 함은 성경을 어느정도 읽었다고 하는 교인들이라면 도저히 이해를 할 수 없는 말씀이라고 볼 수가 있어요.

그렇지만, 주님의 이 땅에서의 모든 행적은! 깨닫지 못하는 우리들에게 구약성서에서 예언된대로 이 땅에서 그 분의 역사를 이룩했다고 하는 것을 알게 된다면 이해를 하게 되는데, 위의 말씀도, 창조주가 되시는 주님께서 어떻게, 왜, 마귀에게 이끌려 다니면서 시험을 받았을까!!

그것은 우리들이 겪어야 할 모든 고통을 대신해서 공생애 직전부터도 낮은 자리에서 고통을 당하셨어요.

다) 골고다(갈보리)의 나무 십자가

우리 모든 그리스도인들이 잘 알고 있는 나무 십자가의 죽으심이었습니다.

위의 말씀과 같이 영원 하시는 아버지와 함께 계시던, 그 예수님께서 우리들의 땅에 강림하셔서 십자가의 죽음을 당하심은 예정론을 이룩하시기 위함이 아니고, 당시에 유대인들이, 구약성경의 약속대로 오셨던 주님의 말씀을 부정하고 믿지 못했기 때문에 그 결과로 십자가의 죽으심을 당하게 됐는데, 당시에도 그 십자가는 저주의 상징이었지요.

―――――

나무에 달린자는 하나님께 저주를 받았음이라
고 말씀이 기록 돼 있습니다.(신명기 21 ; 23)

―――――

위의 말씀과 같이 십자가는 본래 저주의 상징이었습니다.
그러나, 예수님께서는 우리의 죄를 위하여 그 십자가에 죽으셨기에
십자가는 우리 모든 그리스도인들 에게는 영광의 상징이 됐습니다.

―――――

십자가의 도가 멸망하는 자들에게는 미련한 것이요
구원을 얻는 우리에게는 하나님의 능력이라
(고린도전서 1 : 18)

―――――

주님께서 이 땅에 오신 목적은 오직! 인류의 모든 죄를 용서해 주시고
그 모든 영혼들을 영생의 길로 이끌어 주시기 위한 강림이었습니다.

대표적으로 예언됐던 말씀가운데, 고난, 즉 장차 오실 예수님의 십
자가를 예언하신 말씀이라면, 이사야서 53장1절 이하에 기록된 말
씀을 통해서 알 수가 있는데, 그중에서도 5절에서는, 그가 찔림은 우
리의 허물을 인함이요 그가 상함은 우리의 죄악을 인함이라.
그가 징계를 받음으로 우리가 평화를 누리고 그가 채찍에 맞음으로
우리가 나음을 입었도다. 라고 기록돼 있습니다.

또, 다른 예언의 말씀은

이는 한 아기가 우리에게 낳았고 한 아들을
우리에게 주신바 되었는데 그 어깨에는 정사를
메었고 그 이름은 기묘자라 모사라 전능하신
하나님이라 영존하시는 아버지라 평강의 왕이라
할 것임이라. (이사야서 9 : 6)

이사야 선지자 한 사람이 왜! 위와 같은, 두 가지의 내용[의미]으로 예언을 했던가 에 대해서 오늘날 우리는 깊이 생각해 보아야 될 큰 문제점이 있다고 보여집니다.

위와 같은 두 부류의 예언에 대하여, 일반적인 신학적으로는 2000년 전, 강림 하셨던 예수님은, 이사야 53 :1절 이하의 예언한 말씀대로 십자가를 통해서 성취 하심이었고, …

장차 즉, 우리가 지금 고대하고 있는 말세의 재림 예수님에 관한 예언, 이사야 9: 6의 말씀으로 알고 있는 우리 신앙인들이 많이 있습니다.

그러나, 나는 두가지 부류의 에언서에 대하여, 본문 말씀을 중심해서 위의 이사야서 53장 1절 이하의 말씀과, 이사야서 9장 6절 이하의 말씀을 대조해서 말씀을 드리도록 하겠습니다.

전자인, 이사야서 53장1절 이하의 예언된 말씀의 의미는, 이스라엘 백성들이 하나님의 말씀에 불순종하는 경우를 대비한 예언서의 말씀이었고, 후자인, 이사야서 9장 6절 이하의 예언된 말씀의 의미는, 이스라엘 백성들이 하나님의 말씀에 순종할 경우를 대비한 예언서의 말씀이라고 알고 있습니다.

02 잘못된 십자가의 예정교리

칼뱅주의의 잘못된 예정론자 중 한 사람인, [R C 스프롤]은 "알기 쉬운 예정론" 이라고 하는 그의 저서를 통해서 주장한 일부의 내용을 보면,

[예수님의 십자가 죽으심에 대하여]
1. 가룟유다는 의로운 사람이었지만 하나님의 강요로 그리스도를 배반하게 되었으며, 그 배반한 죄 때문에 처벌을 받은 것이 아니다. 즉, 위의 주장대로 생각해 보게 된다면, 하나님이 가룟유다를 지옥심판을 받을 수 있도록, 강요(예정) 했다고 하는 교리로서 아주 비성경적임을 우리가 잘 알 수가 있습니다.
2. 가룟유다는 은전 30개를 원했기 때문에 그리스도를 팔았다. 그래서 그는, 처음부터 멸망의 자식이었다.
3. 가룟유다 없이는 십자가도 없다.

4. 십자가 없이는 구속도 없다.

이러한 주장은 예수님의 십자가는 필연적인 속죄방법이었다는 주장인데, 위와 같은 예정론자들의 주장이 옳다면, 그들은 위의 "본문 말씀"을 올바로 깨닫지 못했기에 그러한 잘못된, 예정교리가 만들어지게 된 것입니다.

2000년전 예수님께서 이 땅에 강림하신 목적이, 인류의 모든 죄를 대속해 주시기 위해서, 강림하신 그 역사적인 사실임에는 틀림이 없지만, 필연적으로 십자가 죽으심을 통해서만이, 인류의 모든죄를 구속해 주심의 계획된, 예정은 결코 아니었음을 우리 신앙인들은 올바로 깨달아야 되겠습니다.

그래서, 위에서의 언급함과 같이 본편의 성경 본문과, 칼뱅의 예정론자인 '스프룰' 이 주장하는 속죄의 교리를 약간 비교해서 살펴 보도록 하겠습니다.

'스프룰'의 주장대로, 가룟유다 없이는 십자가도 없다! 라고 했는데, 그렇다면, 주님께서 하신 말씀 중 누가복음 6장 12~13절 말씀에, 이때에 예수께서 기도 하시러 산으로 가사 밤이 맞도록 하나님께 기도하시고 밝으매 그 제자들을 부르사 그 중에서 열둘을 택하여 사도라 칭하셨으니…

위의 말씀을 볼 때에, (밤이 맞도록 기도하신 후에) 12제자를 선택
하셨다는 말씀으로 기록이 되어 있는데,

만약 그 당시에 예수님께서 가룟유다를 택하지 않했더라면,
예수님께서 십자가의 고난이 없었다는 논리가 성립 되게 됩니다.

또한, 위의 내용을 역설적 논리로 다시 한번 생각을 해 본다면,
주님께서 (가룟유다를 제자로 선택하심은) 가룟유다의 손에 팔려서
죽으시고, 가룟유다를 '지옥으로 보내기 위해서' 가룟유다를 택하셨
다는 논리가 성립이 될 수가 있는데,

그렇다면, 가룟유다가 아닌 다른 한 사람을 '가룟 유다' 대신 열두제
자 중 한 사람으로 선택 하셨다면, 예수님의 십자가 고난은 결코 없
었다는 결론의 의미가 될 수 있습니다.
가룟유다를 제자로 선택하신 주님의 실수 하심이었습니까?
창조주가 되시는 우리 주님은 결코 실수하지않았습니다.

"본문" 말씀 중에서
저희가 내 아들은 공경하리라, 고 하신 말씀을 보면,
여호와께서 이스라엘 백성들을 선택하심 같이 주님께서도 당시에
가룟유다를 신뢰 하셨기에 열두제자 중 한 사람으로 선택을 하시게
되었습니다.
그럼에도 불구하고 위에서 말한 '스프룰'이라고 하는 예정론자의 주

장하는 관점에서 성경을 본다면 주님께서는 가룟 유다를 지옥에 보내기로 예정 해 놓고, 주님의 제자로 선택 하셨다는, 아주 잘못된 성경 해석의 예정교리를 만들었다는 의미입니다.

당시에 가룟 유다는 제자로 선택함을 받고서 '처음부터 날마다' 주님께서 사용하시는 재정관리를 하다가 보니, 주님과 다른 제자들 모르게 돈을 훔쳐 가는 습관이 계속되어 졌는데, 그 나쁜 버릇(습관)을 고치지 않았습니다. 그러한 그의 마음속에, 사탄. 마귀가 들어가서 결국에 은전 30개를 받고 주님을 팔아넘기게 되는 가룟유다의 배반 행위, 즉 사제 지간의 비극이 벌어지게 됐지요.
가룟유다가 이렇게 회개를 하지않고 계속해서 3년 동안에 주님의 돈을 훔쳐가는 도둑이 돼 가고 있을 때에…
요한복음 12장 6절 이하의 말씀에서, '저는 도적이라' 돈궤를 맡고 거기 넣는 것을 훔쳐 감이라.
위의 말씀을 통해서 당시의 가룟유다에 대하여 "처음부터 돈을 훔쳐 간자라"고 기록된 말씀에 대하여! 우리는 깊이 생각 해 보아야 될 필요성이 있음을 우리 모두는 올바로 알아야 되겠습니다.

여기에 나오는 '처음부터'의 그 시점을!
우리가 어떻게, 성경을 이해 해야 되겠는가,
아주 큰 문제점이 있다는 말이지요.

위의 처음부터가 예정론에 근거한 의미라고 본다면,
위에서 짧게 언급한 대로 주님께서 밤이 맞도록 기도하시고, 가룟유다를 택하여 제자로 삼으셔서 지옥 심판을 받게 하셨다는 논리입니다.

결코, 그러한 내용의 처음부터가 아니고,…

가룟 유다가, 예수님과 제자들의 매일 사용할 "돈 궤를 처음부터 맡아서" 관리했었는데, (그 때부터가) '처음부터' 돈을 훔쳐 간 자라고 하는 말씀으로 이해함이 올바른 성경의 해석이라고 말할 수 있습니다.

본문 말씀으로 돌아가서 본다면
당시에, 유대의 종교 지도자들이라고 말할 수 있는 농부들이 많은 선지자들을 죽였지만, "내 아들은 죽이지 않고," 공경할 줄 알고서 아들이신 예수님을 보내셨다는 비유의 말씀을 하심은 당시에 대제사장들, 서기관 바리새인들이 주님의 말씀을 끝까지 배척함을 보시고, 예수님께서 "예지"의 말씀을 하시게 됐다고 하는 부분에 대해서, 예정론 자들이 말하는, 가룟유다가 예수님을 팔기로 예정이 됐기 때문이라고 강변을 하고 있다면, 본 편의 본문 말씀을 여러번 읽어 보시기를 부탁드립니다.

당시의 종교 지도자들이 주님을 잡아서 죽이기 위한 기회를 호시탐탐 노리며 기다리고 있었던 때에, 그들은 돈을 좋아하는 가룟유다를 알게 되었고, 그, 가룟유다가 그들을 찾아가서 은전 30개를 받고 3

년 동안 주님 안에서 다른 제자들과 함께 동고동락하셨던 그 주님을 팔아넘기게 되었는데, 그렇게 돈을 좋아하여 도적질을 잘하는 습성을 가지고 함께 생활하던 가룟유다의 심성을 주님께서는 처음부터 잘 알고 있었지만, "가룟유다"그가 스스로 회개하고 변화되기를, 주님께서 기다렸음에도 불구하고 끝까지 회개하지 않고 그들과 은밀하게 결탁하여 주님을 팔아넘기는 무서운 범죄를 저지르게 되었는데, 위와 같은 당시의 상황을 인지하신 주님께서는 얼마 후에는,… 가룟유다가 돈을 받고 주님 자신을 팔게 될 것을, 앞에서 언급함과 같이 "예지" 하시게 됐을때에, "처음부터"라고 하는 말씀을 하셨습니다.

즉, 주님 자신이 이사야서 53장 1절 이하의 예언된 말씀대로 십자가 고난의 죽으심을 "예지"하시게 되었다고 하는 성경으로 이해를 해야 되겠습니다.

[위의 말씀은 두가지 예언의 말씀 중]

이는 한 아기가 우리에게 낳았고 한 아들을 우리에게
주신바 되었는데 그 어깨에는 정사를 메었고 그 이름은
기묘자라 모사라 전능하신 하나님이라 영존하시는
아버지라 평강의 왕이라 하실 것임이라…
(이사야 9 : 6)

위의 말씀과 같이 전능, 영존, 평강의 예수님에 관한 말씀이 아니고, 이사야서 53장 1절 이하의 예언된 말씀대로 십자가 고난에 관한 아래의 말씀을 보면, 3인의 회담 관련된 말씀이지요.

03   예수님께서 결정하신 십자가의 고난

이 말씀을 하신 후 8일쯤 되어 예수께서 베드로와
요한과 야고보를 데리시고 기도하시러 산에 올라가사
기도하실 때에 용모가 변화되고 그 옷이 희어져
광채가 나더라
문득 두 사람이 예수와 함께 말하니 이는 모세와
엘리야라
영광중에 나타나서 장차 예수께서 예루살렘에서
별세 하실 것을 말씀 하실새
베드로와 및 함께 있는 자들이 인하여 졸다가 아주
깨어 예수의 영광과 및 함께 선 두 사람을 보더니…
(누가복음 9 : 28 ~ 32)

예수님께서, 모세와 엘리야 와의 회담을 하게 되었다는 위의 말씀을 우리가 살펴보아야 합니다.

그 회담의 내용은 31절의 말씀을 볼 때에, 장차 예수님께서 예루살렘에서 "별세"하시게 된다고 하는 말씀의 내용으로, 모세와 엘리야와 예수님 세 사람간의 대화를 나누시게 된 말씀인데,

{당시에 유대 종교 지도자들이 예수님의 말씀에 순응하여 그 뜻을 따랐더라면} 이사야서 9장 6절 이하의 말씀이 성취 됐을 텐데, ..
그렇지 못하게 될 것을 예수님께서 알고 계셨기에 십자가를 통한 죽으심을 "예지"하시게 된 후에 위에서 언급한 3인의 회담이 이뤄지게 됐다는 말입니다.

본문 말씀중, "내어 쫓아 죽였느니라"
위에서 말한대로 예수님께서 자신의 죽음을 "예지"하신 후
십자가의 고난을 "예상" 하시면서 기도하신 말씀 중,

━━━━━

지금 내 마음이 민망하니 무슨 말 하리요
아버지여 나를 구원하여 이때를 면케 하여
주옵소서 그러나 이 일을 위하여 이 때에 왔나이다.
(요한복음 12 : 27)

아버지여 만일 아버지의 뜻이어든 이 잔을 내게서
옮기시옵소서 내 원대로 마옵시고 아버지의
원대로 하옵소서. (누가복음 22 : 42)

━━━━━

위의 말씀들을, 우리가 기도드리는 마음으로 자세히 살펴보게 된다면 예수님께서는 !

[아버지의 원대로] 라고 할 수 있는, 이사야서 53장1절 이하의 말씀과 [예수님의 원대로] 라고 할 수 있는, 이사야서 9장 6절 이하의 말씀 두가지 중에서 선택권이 예수님에게 있었는데, 예수님께서는 자신의 모든 선택권을 내려놓고, 하나님 아버지의 뜻을 따르기로 하는 결정 즉, 하나님 아버지께 절대적인 복종의 기도문이었습니다.

만일! 예수님 자신만의, 안위함과 편리한 생각대로만 주님의 앞길을 결정하였다면. 십자가 고난을 당하지 않을 수 있었음에도 불구하고,

예수님께서는 하나님 아버지의 그 뜻을 먼저 따르기로 자신이 결정을 하셨기에 죽기까지 복종을 하셔서 우리들의 모든 죄를 대속해 주셨습니다.

그 당시에 유대인들, 종교 지도자들의 대부분이 예수님의 말씀을 배척했지만,

그러한 유대인들의 불순종함까지도, 예수님께서는 자신의 복종하심을 통하여 고통스러운 그 십자가상에서도, 저들의 죄를 용서하여 주옵소서, 라고 기도하셨습니다.

04　아담의 불순종과 예수님의 복종하심

그는 근본 하나님의 본체시니 하나님과
동등됨을 취할 것으로 여기시지 아니하시고
오히려 자기를 비어 종의 형체를 가져 사람
들과 같이 되었고
사람의 모양으로 나타나셨으매 자기를 낮추
시고 죽기까지 복종하셨으니 곧 십자가에
죽으심이라 (빌립보서 2 : 6 ~ 8)

아담과 하와는 그들에게 첫 번째 시험이라고 할 수 있는, 먹지 말라고 했던 그 선악과를 먹음으로 그 후손 모든 인류에게 사망을 초래시켰지만, 둘째 아담으로 오신 예수님께서는 광야 40일 기도 기간에 3가지의 시험을 승리하시고, 십자가를 통해서, 죽으심 까지의 복종하심으로 우리의 모든 죄를 대속하여 주셨습니다.

본문의 말씀대로, 포도원 즉, 선택된 민족의 밖으로 내어 쫓김을 통해서 죽임을 당하게 되었습니다.

그렇기 때문에 오늘날 [예정론자들의] 주장하는 교리와 같이

십자가 죽으심을 통해서 만이 우리 죄를 대속하기 위해 오신 예수님은 결코 아니라고 하는 말입니다.

요한복음 10 : 18, 하반절 말씀을 볼때에,

내가 스스로 버리노라 나는 버릴 권세도 있고 다시 얻을

권세도 있으니 이 계명은 내 아버지에게서 받았노라.

위의 말씀과 같이 예수님께서는 십자가의 고난을 거절할 수도 있었

지만, 자신의 모든 뜻을 내려놓고 하나님 아버지의 뜻만을 따라서 십

자가의 죽으심으로 온 인류의 죄를 대속해 주셨습니다.

─────

이 후에 예수께서 모든일이 이미 이룬 줄 아시고

성경으로 응하게 하려하사 가라사대 내가 목마르다

하시니 거기 신 포도주가 가득히 담긴 그릇이 있는지라

사람들이 신 포도주를 먹음은 해융을 우슬초에 매어

예수의 입에 대니 예수께서 신 포도주를 받으신 후

가라사대 다 이루었다 하시고 머리를 숙이시고

영혼이 돌아 가시니라. (요한복음 19 : 28 ~ 30)

─────

예수님께서 이 땅에 오신 근본적인 목적은,

아담의 후손인 인류의 모든 죄를 속죄 하시기 위함었지만,

십자가를 통해서 당연한 죽으심으로 구속해 주시겠다는 본래의 계

획은 아니었다고 하는 성경의 본질적인 의미를 "본문 말씀을 통해

서" 알아야 되겠습니다.

이사야서 9장 6절 이하의 말씀대로, 전능하신 하나님 영존하시는 아

버지 평강의 왕으로서, 영원무궁한 나라를 세우기 위해서 2000년 전에 우리에게 강림 하셨지만, 선민이라고 하는 이스라엘 백성들이 믿지않고 주님을 배척했기 때문에, 예수님께서 위의 (요한복음 19장 28절~30절 말씀대로, 십자가 죽으심을 통하여 모든 것을 다 이룩하신) 창조주, 하나님이 되시며, 인류의 구세주가 되심을 올바로 깨닫고, 성령님의 인도해 주심을 따라서 여러분들도 이 세상 악의 권세를 이기고 올바른 신앙인의 삶을 통하여 주님의 백성들, 즉 영원한 천국의 성도들의 삶을 살아 가시기를 바랍니다.

내가 진실로 진실로 너희에게 이르노니 한 알의
밀이 땅에 떨어져 죽지 아니하면 한 알 그대로
있고 죽으면 많은 열매를 맺느니라
(요한복음 12 : 24)

개혁을 위한 영감적 설교

06
지옥 갈 자를 예정했다는 칼뱅의 불의한
교리(상편)

요한복음 3 : 16 ~ 18

하나님이 세상을 이처럼 사랑하사 독생자를 주셨으니
이는 저를 믿는 자마다 멸망치 않고 영생을 얻게 하려
하심이니라
하나님이 그 아들을 세상에 보내신 것은 심판하려 하심이
아니요 저로 말미암아 세상이 구원을 받게하려 하심이라
저를 믿는자는 심판을 받지 아니하는 것이요 믿지 아니하는
자는 하나님의 독생자의 이름을 믿지 아니함으로 벌써
심판을 받은 것이니라

우리가 살고있는 지구촌에 성경책 한 권을 통해서 만들어진 종교단체의 수가 무려 2000여개가 더 된다고 합니다.

그 수많은 집단체들 가운데 정통성을 가지고 있는 개혁 교회 중의 한 단체인 장로교단을 설립한 '쫀 칼뱅'은 교회사적으로도 길이 남을만한 기독교 강요 4권의 대작을 남긴 것은 사실입니다.

그러나 오늘날 우리 개혁 교계의 지도자들이 냉철한 눈으로 성경과 칼뱅의 기독교 강요 4권을 대조, 비교해 보게 된다면 여러 교리가 성경과 충돌하고 있으며 또한, 그가쓴 기독교 강요 4권의 내용 부분에서도 서로 간의 모순되고 있는 문제점에 대해서 말씀을 전해드리겠습니다.

나는, 1978년에 예수교 장로회 총회 중, 한 교단의 "남서울 노회"에서 목사 안수를 받았으며, 지금도 장로교단의 노회에 소속된 목사이기 때문에, 오래전부터 '칼뱅'의 예정교리 중 구원론 교리에 대하여 성경적이 아니라고 하는 사실을 알고 있었지만, 내가 현직 장로교단에 소속된 목사였기에 망설이면서 엄두를 내지 못했는데, 늦은 감이 있지만, 성경대로의 구원교리를 올바르게 밝혀드리기 위해서 위와 같은 제목으로 말씀을 전하게 되었습니다.

01   "베자"의 칼뱅 신봉론

베자{Theodore Beza : 1519~1605년}는 1519년 프랑스에서 태어났고 1548년에 로마 카토릭에서 개종하여 칼뱅의 개혁운동에 동참하였습니다.

그는 1555년에 카스텔리오[Sebastian Castelio]에 대항하여 모든 기독교 신앙의 핵심(Sum of All Christianity)과 예정론(Tabula praedestinationis)이라고 하는 책을 써서 칼뱅의 예정교리를 변증하였고, 1559년에는 제네바 아카데미의 책임자가 되었는데, 1564년 칼뱅이 죽자 '베자'는 '칼뱅의 생애'(Life of Calvin)를 저술한 바 있습니다.

그는, 칼뱅의 제자답게 철두철미한 예정론자로서, 하나님이 모든 인류를 출생 전에 어떤 사람은 구원하시기로 작정하셨으나, 다른 이는 죄악 가운데 내버려 두기로 작정하셨다는, 이중예정론을 주장하였습니다.

그 후에 칼뱅의 후예라고 할 수 있는 다른 "제자들이" 칼뱅주의 5대 교리를 만들게 된 근간이 되기도 했습니다.

우리 모든 기독교인들이 왜 교회에 나가서 신앙생활을 하게 됩니까? 이 땅에서 살다가 우리의 육신의 삶이 끝난 후에, 우리의 속사람이라고 말할 수 있는 각자의 영혼이 지옥의 형벌심판을 면하고 천국의 영생을 위해서 교회를 통한 신앙생활을 함이 아닌가요.

너희는 저를 죽은자 가운데서 살리시고 영광을
주신 하나님을 그리스도로 말미암아 믿는 자니
너희 믿음과 소망이 하나님께 있게 하셨느니라

(베드로전서 1 : 21)

위의 말씀과 같이 우리 모든 사람들에게 그리스도로 말미암아 하나님을 믿는, 그 믿음을 통해서 그 나라에 대한 소망을 가지고 살아 갈 수 있도록 불러 주셨습니다.

나는 위의 글을 통해서, 나와같은 장로교단에 소속이 되어서 목회 사역을 하는 모든 목회자들과 그에 따른 교인들에 대하여 성경적인 구원관을 올바르게 전하기 위해서 위와 같은 말씀의 제목을 선택하게 되었습니다.

'칼뱅'의 저서중, 대표작이라고 할 수 있는 [기독교 강요] 4권의 책 중에서 제 3권 21장 영원한 선택 : 하나님께서는 영원한 선택에 의해 사람을 구원에, 또 어떤 사람은 멸망에 처하도록 예정하셨다.

[예정론의 중요성 때문에 추측이나 침묵은 불가하다]

1] 선택 교리의 필요성과 그 유익, 호기심의 위험성 생명의 언약이 모든 사람에게 동등하게 전해지지 않는다는 것은 명백한 사실이며 전해진 사람들 사이에서도 끊임없이 또한 같은 정도로 받아 들여지는 것은 아니다.

이러한 다양성에서 하나님 판단의 놀랄만한 깊이가 드러난다.

이 다양성이 하나님의 영원한 선택의 결정에 봉사한다는 것은 의심할 여지가 없기 때문이다.

어떤 사람들에게는 값없이 "구원이 제공되고", 다른 사람들에게는 "구원의 길이 막히는 것이" 하나님의 명령으로 되는 일임이 분명하다면 심각하고 곤란한 문제들이 즉시 생겨나지만,…

경건한 마음으로 선택과 예정에 대해 이해할 수 있는 것을 확정된 것으로 간주할 때에는 비로소 문제가 해결된다.

많은 사람이 이것은 이해할 수 없는 문제라고 생각한다.

왜냐하면, 무수한 시련들 가운데서 어떤 사람들은 구원으로 예정되고, 어떤 사람들은 멸망으로 예정된다는 것 같이 불합리한 일이 없다고 느끼기 때문이다.

그러나 그들이 그릇된 생각으로 스스로 문제를 복잡하게 만든다는 것은 앞으로 논의에서 밝혀질 것이다.

그 뿐만, 아니라 그들을 놀라게 하는 그 흑암의 속에서 이 교리의 유용성 뿐 아니라 그것의 심히 향기로운 열매까지도 알려진다.

하나님의 영원한 선택을 알기까지는 우리는 우리의 구원이 하나님의 값없이 베푸시는 자비의 원천에서 흘러 나온다는 것을 결코 충분하고 분명하게 확신하지 못할 것이다.

(영원한 선택은 하나님께서 모든 사람에게 구원의 소망을 무차별적으로 주시는 것이 아니라,)

어떤 사람들에게는 주시고, 다른 사람들에는 거절 하신다. 는 이러한 대조를 통해 하나님의 은혜를 조명한다.

후자의 내용대로 '거절 하신다' 함은, 하나님께서 구원해 주시기를 거절 한다는 뜻으로서 지옥에 보내어질 자가 예정되어 있다는 심판적인 교리인데, 그렇다면 위의 교리 내용 중 하나님께서는 모든 사람에게 구원의 소망을 무차별적으로 주심이 아니라는 말을 인정 해주는 말로서, 주님의 말씀에 배치되는 말입니다.

주님께서 하신 말씀 중, 요한복음 3장 16절 말씀을 전면적으로 부인하는, 잘못된 구원교리라는 사실을 올바로 이해하지 못하고 가르친다면, 가르치는 지도자들에게 주님께서 어떠한 말씀을 하실까요?…

이러므로 너희도 예비하고 있으라 생각지 않은때에 인자가 오리라

충성되고 지혜 있는 종이 되어 주인에게 그 집 사람들을 맡아 때를

때를 따라 양식을 나눠 줄 자가 누구뇨

주인이 올 때에 그 종의 이렇게 하는 것을 보면 그 종이 복이

있으리로다

내가 진실로 너희에게 이르노니 주인이 그 모든 소유를 저에게

맡기리라

만일 그 악한 종이 마음에 생각 하기를 주인이 더디오리라 하여

동무들을 때리며 술친구들로 더불어 먹고 마시게 되면

생각지 않은 날 알지 못하는 시간에 그 종의 주인이 이르러

엄히 때리고 외식하는 자의 받는 율에 처하리니 거기서 슬피 울며

이를 갊이 있으리라 (마태복음 24 : 44 ~ 51)

위의 말씀 가운데 45절의 말씀을 보게되면, "충성되고 지혜있는 종
이되어" 또한

"때를 따라 양식을 나눠 줄 자가 누구냐" 라고 하셨는데,

칼뱅의 비성경적이며 잘못된 "지옥 갈 자를예정 했다는" 그 교리를
믿고 가르치고 있는 장로교단에 소속된 지도자들이여!

이 글을 읽어 보신 후부터는 칼뱅의 예정교리를 신뢰하지 마시고, 충
성되고 지혜있는 종으로서 우리 주님의 말씀대로 맡겨주신 목양 사
역을, 성경을 중심 해서 하시기를 바랍니다.

다시 한번 부탁합니다. 우리 주님께서는, "어느누구 한 사람도" 지옥에 보내기로 "예정"을 하시지 않았다고 하는 성경을 올바로 읽어 보시고, 그 다음에 칼뱅의 예정교리를 읽어 보시기를 부탁합니다.

칼뱅의 이렇게 잘못된 예정교리는 어디에서 기인이 됐는가.

칼뱅보다 약 1100여년 전의 사람 "어거스틴[아우구스티누스 : 354~430년]"이라고 하는, 사제[교부]가 '이중 예정론'이라고 하는 구원교리를 제정했습니다

02 어거스틴의 후계자 칼뱅주의자들

'최덕성' 교수의 글을보면 구원론에 있어서 어거스틴 사상과 칼뱅주의 사이에 미묘한 차이가 있다고 했어요.

어거스틴에 따르면 자유의지는 하나님께서 사람과 천사에게 자율권을 주셨기에 선과 악을 선택할 수 있는 자유의지를 부여하셨다. 자유의지는 선과 악을 자유롭게 선택 할 수 있는 하나님의 완전한 선물이다.

불행하게도 첫사람 아담은 악을 택하였고 그 이유로 인간은 하나님께 범죄하였다.

하나님께서는 자유의지라고 하는 선물을 주셨지만, 우리 인간은 그 자유의지로 선이 아닌 악을 택했다.

그러한 이유로 악이 세상에 유입됐는데, 그것에 대한 모든 책임은 자유를 누린 인간에게 있다.

자유의지와 악의 기원은 인간의 원죄와 직결된다.

어거스틴은 인간의 타락으로 인간의 상태가 완전히 달라져서 아담이 영원히 살 수 있는 능력을 상실했기 때문에, 그와 같은 아담의 범죄로 인하여 인류 전체가 오염이 됐으며 악의 침해를 받았기 때문에 이로 말미암아 인류 전체가 정죄를 받고 불경스러운 배반에 대한 합당한 형벌을 치러야 했다.

그러나 하나님은 선한분이 되시기에 인류의 생명을 중단시키지 않았다.

그로 인하여 인류는 아담으로부터 원죄를 상속받았다.

그와 같은 범죄로 인하여 아담과 같이 구원을 가져다 주는 선을 행할 수 있는 자유의지, 하나님의 정의를 만족시킬 수 있는 행위의 기능은 마비가 됐다.

다음으로 어거스틴의 구원론과 칼뱅의 구원론에는 약간의 차이점을 보자면, 어거스틴의 구원론은 인간의 노력과 행위를 중요하게 여긴다.

하나님의 은총이 인간 선행의 공로에 따라 주어지는 것이 아니라 성령의 역사로 선행을 할수 있는 능력이 생기고 그 선행의 공적으로 우리가 구원으로 인도된다고 하는 사상을 통해서 그는 구원하는 하나님의 성령 사역을 이해했다.

반면, 칼뱅주의자들에 따르면 구원은 전적으로 하나님의 은혜이다.

인간의 선행과는 무관하다.

칼뱅주의 예정론은 고도의 유신론적 논의의 결과이다.

또한, 예정론에 서 볼때에 하나님은 고도의 지혜로 세상만사를 예정하셨다.

누가 구원을 받고 누가 유기될 것인지조차 그 전지한 하나님의 청사진 안에 담겼다.

칼뱅주의자들은 어거스틴의 신학 전통에 따라서 인간의 죄악을 심각히 여기며 인간의 전적 부패를 강조한다. 죄로 인해 인간이 하나님을 선택하는데, 자유롭지 못하다고 보는 이같은 확신은 바울과 어거스틴, 루터와 칼뱅주의와 개혁주의 신앙고백서들에 공통적으로 나타난다.

어거스틴의 추종자들과 칼뱅주의자들은 인간이 전적으로 부패했다는데 일치하는 견해를 가지고 있다.

위에서 본다면, 칼뱅주의 신학사상이 어거스틴의 사상과의 차이점이 있었지만, 칼뱅의 기독교 강요 3권 1장의 천국 갈 자와 지옥 갈 자의 2분법의 교리는 어거스틴의 예정론 관련 자료를 인용했음을 알 수가 있습니다.

하나님께서는 구원 받을자와, 지옥심판 받을 자들을 창세 전부터 예정{작정}해 놓았다고 하는 아주 잘 못된 교리를 만들었는데, 좀 더 구체적으로 그의 주장을 살펴보자면, 모든 인간이 태어나기도 전에 하나님께서 구원 받을자와 심판 받을자로 구분을 해 놓았다는, 예정교리입니다.

그렇다면 "어거스틴" 자신은 창세전부터 지옥 심판이 아니고, 천국 구원을 받게 될 수 있다는 어떠한 증표를 받았기에 그러한 예정교리를 만들었을까요!

그렇게 잘못된, 어거스틴의 '이중 예정론이' 약 500년 후쯤인 848년에 독일 서부지역의 "마인츠"[Mainz]의 종교회의에서, 이단으로 정죄 받았다는 역사적인 사실을 오늘날 우리 장로교회 지도자들이 얼마나 올바르게 알고 있으며, 심지어 우리 개혁교계에서도 그에 대하여 '성 어거스틴'이라고 하는 호칭까지 사용하고 있다는 현실 가운데, 우리는 기독교인으로서 신앙생활을 하고 있습니다.

'어거스틴'이 많은 저서를 남겼다 할지라도 우리 기독교의 가장 중요한 핵심적인 교리는 구원론 교리라 할 수 있음에도 불구하고, 그렇게 비성경적인 '이중 예정론'을 근간으로 하는 구원론 교리가, '어거스틴'이 정죄 받은 후 약 700여년 만에, 어거스틴의 교리를 승계하여 칼뱅이 기독교 강요 3권 21장을 통해서, 천국 갈 자와 지옥 갈 자를 예정했다는 교리를 만들었어요.
위의 두 사람이야말로, 요한복음 3장 16절 말씀을 짓밟는 자들이 아니었던가요!
참으로 거짓된 선지자들이며 비성경적인 자들인데, 위의 두 사람에 대하여, 우리는 양자의 구원론 교리의 맥락은 같다고 볼 수 있지만, 전자인 '어거스틴'은 자기가 이중 예정론 교리를 제정하기는 했지만, 그 교리에 반대하는 자들을 처형했다는 글을 나는 아직 까지는 읽어 본 바가 없습니다.

그러나 후자인 칼뱅은 자기가 만들어 놓은 예정교리를 반대하는 자들을 칼뱅 자신이 만든 종교법원을 통해서 모조리 처형, 처벌을 하는 방법으로, 최상의 정통교리 수호의 길로 믿고 교회를 관리하는 방법을 통해서 제네바시를 통치한 것은 어느 누구도 부인할 수 없는 당시의 상황이었는데, 그는, 그가 세운 종교법원을 통해서 58명을 사형에 처하고 76명을 추방하거나 감옥에 투옥 시켰음을 알 수가 있습니다.

또한, 칼뱅은 제네바시에서 성경 해석권을 독점하여 그의 교리에 어긋나는 부분의 모든 교리를 구분하여, 이단으로 낙인을 찍게 되면 처형도 서슴치 않았다 함은, 그의 행태가 중세기 이전부터 로마 카톨릭의 교황권이나 그들의 참혹한 종교재판을 모방했던 칼뱅의 독선적인 행태였지요.

즉, 당시에 제네바시에서는 유일무이한 통치권자로서, 자신을 로마 카톨릭의 교황권자로 착각을 한데서 그 많은 사람들을 처형, 처벌을 하지 않았을까! 라고 생각이 들기도 하는 내용의 부분이 있습니다.

우리 모든 인간의 생명은 창조주이신 하나님께서 주관 하심인데, 어떻게, 칼뱅이 자기의 뜻과 자기가 만든 교리에 반하는 많은자들을 그렇게도 잔인하게 죽였을까요?

그렇다면, 정통교인이 보기에 아무리 이단에 속한 자라고 할지라도,

우리가 직접 그들의 생명을 제거한다고 함이 주님의 창조질서를 파괴하는 행위가 되기 때문에, 그러한 행위도 성경적이라고 이해를 해서는 안 됩니다.

───

생물들의 혼과 인생들의 영이 다 그의 손에 있느니라
(욥기 12 : 10)

우주와 그 가운데 있는 만유를 지으신 신께서는 천지의
주제시니 손으로 지은 전에 계시지 아니하시고
또 무엇이 부족한 것처럼 사람의 손으로 섬김을 받으시는
것이 아니니 이는 만민에게 생명과 호흡과 만물을 친히
주시는 자이심이라 (사도행전 17 : 24 ~ 25)

───

위의 말씀을 볼 때에도 인생들의 영이 다 그 손에 있고, 만민에게 생명과 호흡을 주시는자 라고 말씀이 기록돼 있기 때문에, '이단에 속한 자들도' 우리가 그들의 생명을 직접 해치는 것은 결코 성경적이 아닌, 살인행위가 된다는 사실을 알아야 합니다.
우리는 다만, 비성경적인 이단들에 대해서도 그들, 생명의 창조주이신 주님의 심판을 기다릴 뿐입니다.

03 "도르트" 종교대회의 논쟁

또한, 칼뱅주의자들이 제정한 5대 교리가 성경의 진리에 합리적인 교리였는가를 우리는 심사숙고 하여 살펴 보아야 될 많은 문제점이 있습니다.

1618년 11월 13일에 네델란드의 '도르트'에서 종교대회가 있었는데, 그 대회는 1619년 5월 9일까지 6개월 가까이 장기간에 걸쳐서 회의를 진행했는데, 참석자들은 주변 국가들의 종교인 84명의 대표와 또한 18명의 비종교인 대표들로 구성이 되었는데, [위의 18명은] 칼뱅주의자들이 투표를 통해서 자기들의 교리가 옳다고 하는 주장의 승산을 위하여 편법적으로, 우리 기독교 신앙이 전혀 없는 자들을 끌여들여 회원으로 참석하게 하여 종교대회를 하게 되었다는 내용인데… 위의 종교대회에서는[알미니안 주의와], [칼뱅주의의]의 교리논쟁을 주제로 한, 종교 대회였지요. 양측의 교리논쟁의 표결 절차에 있어서, 중대한 문제점이 발생 됐습니다.

문제점이란, 종교대회에서 교리논쟁을 하려면 성경을 중심으로 한 논쟁이 돼야 함에도 불구하고 정치적인 논리를 통해서 성경을 모르는 칼뱅주의자들이 뽑아온 18명을 위와 같은 종교대회의 대의원으로 포함 시켜서 알미니안 교리와, 칼뱅의 교리중 어느 교리가 성경적으로 합리적인가를 6개월 동안 난상토론을 하여 최종적으로 대의원의 표결로 그 숫자가 많은 칼뱅주의가 정통교리라고 하는 결정을 내리게 됐다는 사실입니다.

즉, 결과는 칼뱅주의자들 측에서 비종교인 18명을 끌여 들여서 알미니안 교리를 배제하고, 칼뱅주의를 정통 교리화 시킨 것이 바로 '칼뱅주의 5대 교리'로 채택하게 됐다는 사실입니다.

오늘날 모든 장로교단의 지도자들과 교인들이 이렇게 잘못된 칼뱅의 구원론 교리를 성경과 비교해서 읽어 보게 된다면 위에서 말한 5대 교리가 얼마나 비성경적인가를 어렵지 않게 발견할 수 있게 될 것입니다.

위의 5대 교리중 다섯 번째인 교리를 살펴보게 된다면 …
그 내용에, "우리는 이 세상에서 어떻게 살든지" 하나님께서는 나를 천국 구원으로 이끌어 주신다고 하는 '성도의 견인'교리인데, 이 교리야말로 참으로 비성경적인 교리임을 알아볼 수 있음에도 불구하고 이러한 교리를 따르고 믿는 목사들과 교인들이 장로 교회안에 많이 있다는 현실입니다. [하편: 참조]

─────

하나님이 그 아들을 세상에 보내신 것은 세상을 심판하려
하심이 아니요 저로 말미암아 세상이 구원을 받게 하려
하심이니라 (요한복음 3 : 17)

─────

위의 말씀을 보더라도 예정된 자를 구원해 주심이 아니라, 주님의 말씀을 올바로 깨닫고 믿는 모든 자에게 구원의 약속을 주신 말씀이 아닌가요!

위에서 언급함과 같이 우리 주님께서는 한 사람도 지옥심판을 하시기로 예정하지

않았다는 위의 말씀을 인정하며 믿고 전파해야 됩니다.

하나님의 공의성

아담의 후손 가운데

지옥 심판 받게 될자들을 창세전부터 예정 [작정]했다고 하는 '어거스틴의'이중 예정론이나

지옥 갈 자를 예정했다고 하는 칼뱅의 예정론을 믿고 따르는 자들은 하나님의 공의성을 부정하는 자들이 된다는 사실을 올바로 깨닫고 신앙생활을 해야 합니다.

07
지옥 갈 자를 예정했다는
칼뱅의 불의한 교리(하편)

요한복음 3장 16절 ~ 18절

하나님이 세상을 이처럼 사랑하사 독생자를 주셨으니
이는 저를 믿는 자마다 멸망치 않고 영생을 얻게 하려
하심이니라
하나님이 그 아들을 세상에 보내신 것은 세상을 심판하려
하심이 아니요 저로 말미암아 세상이 구원을 받게 하려
하심이니라
저를 믿는자는 심판을 받지 아니하는것이요 믿지 아니하는
자는 하나님의 독생자의 이름을 믿지 아니함으로 벌써
심판을 받은 것이니라

상편에서도 같은 제목으로 말씀을 드린바가 있었는데,
"하편"으로 분리해서 말씀을 드리려고 하는 부분이, 상편과 약간의 중복되는 부분이 있음에 대하여 먼저 양해의 부탁을 드리고저 합니다.

본문 말씀 중 17절 말씀을 볼 때에, 아들을 보내심은 세상을 심판하려 하심이 아니요, 세상이 구원을 받게 하려 하심이라…

01   칼뱅의 기독교 강요 3권 24장의 내용

[12. 버림받은 자들에게 대한 하나님의 공정한 처리]

하나님께서 선택된 자들을 효과적으로 부르심으로서 영원한 계획에 의해 그들에게 예정하신 구원을 완성하시는 것과 같이 버림받은 자들에 대한 계획도 그들에 대한 심판으로서 수행하신다.
그러면 현세에서 치욕을 받으며 사후에 멸망하도록 창조하신 사람들, 그의 진노의 도구가 되며 준엄하심의 본보기가 되도록 창조하신 사람은 어떻게 되는가?

그들에게 예정된대로 하나님께서는 그들에게서 말씀듣는 능력을 빼앗으시며 혹은 말씀 선포를 위하여 그들의 눈을 어둡게 하고 지각을 마비시키신다.

듣는 능력을 빼앗으시는 예는 무수하지만, 그중에서 가장 명백하고 현저한 것 하나만 들겠다.

[그리스도께서 오시기 전에 경과 한 약 4천년 동안에 그 분께서는 구원 교리의 빛을 모든 이방인들에게 숨기셨다. 그들을 무가치 하다고 보셨기 때문에 이 위대한 은혜를 나눠주시지 않았다고 대답하는 사람이 있다면, 이방인들의 후손들도 조금이라도 더 가치가 있지 않을 것이다. 이 문제에 대해서는 경험적인 사실 뿐만 아니라, '말라기'가 유력한 증인이 된다. 그는 그들의 불신앙과 심한 신성 모독적인 행위를 폭로 하면서 구속자가 오리라고 선언한다. [말라기서 4장 1절 이하]

그러면 왜 구속자가 전 세대 사람들에게는 오시지 않고, 후세대 사람들에게만 오셨는가?
여기서 하나님의 은밀하고 측량 할 수 없는 계획을 넘어 더 깊은 원인을 추구하는 사람은 쓸데없이 고통만 당할 것이다… [중략]

최고의 심판자께서는 어떤 사람들을 정죄하시고 그 빛에 참여하지 못하게 하시고 그들의 눈을 어두운 상태에서 "내버려 두심으로써" 그의 예정을 이루어 가신다.
라고 "하는 칼뱅의 주장은" 결코 올바른 성경적 교리라고 할 수가 없습니다.

[위의 예정론에 대한 성경적인 반증]

이렇게 많은 표적을 행하셨으나 저를 믿지 아니하니 이는
선지자 이사야의 말씀을 이루려 하심이라 가로되 주여
우리에게 들은 바를 누가 믿었으며 주의 팔이 뉘게
나타났나이까 하였더라 저희가 능히 믿지 못한 것은 이
까닭이니 곧 이사야가 다시 일렀으되 저희 눈을 멀게
하시고 저희 마음을 완고하게 하셨으니 이는 저희로
하여금 눈으로 보고 마음으로 깨닫고 돌이켜 내게 고침을
받지 못하게 하려 함이니라 하였음이더라

(요한복음 12 : 37 ~ 40)

위의 말씀을 볼때에 주님께서 자신이 많은 표적을 행하심으로 하나님의 아들이 되심을 나타내 보여 주셨지만, 당시의 대제사장들, 바리새인들, 서기관들은 주님의 말씀을 들으려고 하지 않으면서 거역하는 행태를 보였을때에…

위와 같은, 주님의 심판적인 말씀을 하시게 됐을 뿐, 결코 버림받을 자들로, 예정됐기 때문에 그들에게 심판의 말씀을 하심은 아니었습니다.

또한, 칼뱅의 주장대로 이방인의 후손들은 은혜받을 가치가 없다고 했는데, 그렇다면 칼뱅 자신은, 은혜받을 수 있는 이스라엘 민족의 후손이었던가요?

위와 같이, 이방인의 후손들은 은혜받을 가치가 없다고 하는 교리를 제정한 칼뱅 자신도, 이방인이었기 때문에, 자기 자신에 대한 위선적이며 또한, 모순된 '예정' 교리를 만들었다고 보아야 합니다.

———

시므온이 아기를 안고 하나님을 찬송하여 가로되 주재여
이제는 말씀 하신대로 종을 평안히 놓아 주시는도다 내
눈이 주의 구원을 보았아오니 이는 만민앞에 예비 하신
것이요 이방을 비취는 빛이요 주의 백성 이스라엘의
영광이니이다 (누가복음 2 : 28 ~ 32)

———

위의 말씀을 볼때에, 이방의 모든 민족을 구속해 주시기 위해서 오신 예수님이 되심에도 불구하고 칼뱅은, 이방인들에게는 은혜를 주시지 않는다는 교리를 제정한 것은 결코 성경적이 아닌, 잘못된 구원교리입니다.

02　잔학한 살인자 "칼뱅"

위와 같은 비 성경적인 예정교리를 제정한 칼뱅은 당시에 제네바 시민의 통치권자로서 제네바 시민의 모든 생명을 자기의 소유물로 착각함으로 통치권자 역할을 했던 자이기도 한데,

온 인류의 생명은 창조주이신 하나님의 소유물이라고 하는 그 사실을 알고 있던 칼뱅이었을텐데, 그는 그러한 성경적인 사실을 망각하고 자기의 뜻에 맞지 않는 많은 사람을 처형했는데, 칼뱅이 당시에 종교법원을 통해서 처형을 시켰던 58명은 당시에 불신자들이 아니었습니다.

다만, 당시의 칼뱅은 이단 교리를 예방하기 위해서 58명을 처형을 시켰다고 하는데, 당시에, 제네바시에서 이단의 기준은 특별하게 정해진 바가 전혀 없었고, 자기의 교리에 반대하는 모든 자에 대해서 정죄하여 이단으로 결정한 후에는 그가 설립한 종교법원을 통해서 처형까지 하는 무서운 범죄를 주님 앞에서 저지른 자이며, 또한 그는 자기가 주장하는 교리만이 정통교리라고 하는 개념의 소유자였고, 그가 제정한 교회의 규율을 엄격하게 관리하기 위해서 많은 사람을 처형과 처벌을 했다는 사실입니다.

그러한 칼뱅의 사고방식은, 당대에 그가 자주 지켜보았던, "로마 카톨릭 집단의 잔학한 처형방법"을 그대로 모방한 범죄를 주님 앞에서 저지른 자라고 말할 수가 있지요.

참고 : 로마 카톨릭의 잔학한 처형이란,
로마 캐톨릭 교회가 1054년에, 동.서 교회로 분열된 후부터 우리 개혁교회의 신도들을 10세기에 걸쳐서 잔인한 방법으로 5천만명 이상의 유대인들과 우리 개혁교회 신도들을 살해했던 역사가 있었는데,
(그 내용은 "로마교황은 성인인가 악마인가"의 설교 편, 참조)

당시에, 칼뱅은 제네바시의 질서를 확립하고 그가 생각하는 윤리 도덕을 향상시킨다는 명분으로 처형과 처벌을 가했고, 그뿐만 아니라 자기의 신앙체계를 견지하기 위하여 수많은 기독교인들을 처형, 처벌을 했던, 칼뱅 자신이 수많은 범죄를 초래하게 됐지만, 그러한 칼뱅의 범죄에 대하여, 오늘날 칼뱅의 예정론자들이 어떠한 방법으로 그의 살인죄들에 대한 정당성에 대하여 성경적으로 변증할 수가 있을까요?

당시의 칼뱅의 업적!

그는 '제네바'에 '아카데미'를 설립했는데, 얼마 후에는 '제네바'의 아카데미가, 제네바 대학이 되어 그의 명성을 듣고 유럽 각국에서 많은 청년 학생들이 모여 들어와서 유능한 성직자들을 양성시키는데, 공헌했다는 부분에 대해서는 긍정적인 평가를 받을만 했지요.

그럼에도 불구하고 그는 자기 신앙의 엄격한 규율을 통해서 인구 13000여명 정도 밖에 않되는 제네바시를 운영 관리를 하였습니다. 또한, 그는 목사 안수를 받았다고 하는 어떠한 기록은 없었지만, 당시에 '제네바'시 의회에서 목사로 추대를 받아서 목사로 활약을 하기도 했어요.

오늘날 우리가 당시 칼뱅의 신앙관과 그의 인간성을 면밀하게 살펴 볼 필요성이 있다고 봅니다.

당시에 그는 { 목사 5명, 장로 12명 } 총 17명의 종교 지도자들을 통해서 종교법원을 구성하여 제네바시를 총괄할 수 있는 '신정일치' 제도를 실천하기 위하여 제네바시의 최고 의결기관을 만들었습니다.

그는 당시에 로마 카톨릭의 많은 종교재판을 지켜보면서 성장, 생활을 해왔기 때문에 앞에서 언급함과 같이 칼뱅 자신도 제네바시에 {자기의 기준에 맞는} 종교법원을 만들어서 로마 카톨릭과 같이 종교적인 범죄자들을 잔인하게 처형하고 처벌을 했다는 말입니다.

그는 범죄자들을 분류해서, 처형을 시켰고, 제네바 시외로 추방을 했으며, 또한 감옥에 투옥 시키는 자들로 처벌을 했다는 사실이었는데, 당시에 제네바 시민 중, 춤을 추었다고 해서 투옥하고, 또한 설교 시간에 웃었다고 해서 투옥 시켰으며 부모를 구타한 어린 소녀를 처형까지 시켰으며 귀신을 쫓아내는 마법사도 처형을 시켰다고 하였습니다.

우리 인간의 모든 생명은 창조주가 되시는 우리 주님께서 주관하심을 알고 있던, 칼뱅이었을텐데, 자기가 만든 신앙의 교리를 따르지 않는다, 하여 그렇게도 수많은 사람들을 죽인 것은 살인하지 말라고 기록된 말씀의 범죄가 되지 않나요?

그것은 성경을 올바로 믿는다고 하는 종교인의 행태에서 어긋난 칼뱅의 자기 교만에서 비롯된 정신 상태의 범죄행위였어요.

물론, 일반적인 국가 사회에서 그 사회의 흉악한 범죄자들에 대한 사형제도가 있는 것은 당대의 현실이었지만, 종교인이라고 하는 칼뱅이 그렇게도 많은 사람을 자기가 만든 교리와 뜻에 맞지 않는다, 하여 죽인 것은 한 사람의 생명까지도 사랑하시는 우리 주님의 참된 뜻에 반하는 악한 종교인이 아니라고 말할 수 있을까요?

그는 자기가 만든 종교법원을 통해서 제네바시에서는 유일무이하게 막강한 권력자가 되어 불과 5 ~ 6년 사이에 76명을 제네바 시외로 추방하거나 제네바의 감옥에 잡아넣고 58명을 처형시켰는데, 그 이유를 일부분만 언급하자면, 칼뱅 자신이 주장하는 "예정교리에 반대하는 자들" 성서의 권위문제, 삼위일체설, 유아세례, 성만찬, 등의 해석을 자기의 교리와 다르게 했다고 하여 그렇게도 수많은 사람들을 처형했고 추방했으며, 투옥 시켰습니다.

이렇게 칼뱅으로부터 이단자로 결정을 받게 되면 그 사람은 숙청의 대상이 되는데, 숙청의 방법은 앞에서 언급함과 같이 큰 죄인, 작은 죄인 즉, 죄의 경중에 따라서 감옥에 투옥 시키고, 또 다른 사람들은 제네바시 외로 추방시켰으며, 중범죄로 구분 된자들을 사형으로 처벌을 했습니다.

03 이단자로 정죄하여 처형 당한 "세르베투스"

스페인의 학자 "미카엘 세르베투스"{1511 ~ 1553}라고 하는 사람이 있었는데, 그는 혈액순환을 발견한 의학자요, 신학자요, 철학자였는데 ,…

그는, 칼뱅이 곤경에 처해 있을때에, 그를 구출해 주기도 했던 칼뱅의 친구요. 또한, 자기 생명의 은인이라고 할 수 있는 '세르베투스'였는데, 그가 '자기의 저서' 에서 [니케아(Nicea) 회의 : AD 325]에서 결정된 삼위일체설과 [칼케돈(Chalcedon) 회의 : AD 451]에서 결정된 기독론과 유아세례 등, 이 세가지의 교리가 교회를 부패시키는 요인이라고 주장하며, 칼뱅의 기독교 강요를 비판했다고 하여 칼뱅은 자기 생명의 은인이며 친구였던 '세르베투스'를 체포하여 1553년 10월 27일에, 화형으로 처벌을 하였습니다.

위와 같이 칼뱅이 당시에 친구였던 '세르베투스'를 처형할 때에,…

'세르베투스' 너는 신학 공부를 했지만, 나의 예정론에 입각해서 볼 때에, 하나님께서 너는 지옥에 보내시기로 예정된 그 사실을 내가 확실하게 알고 있기에 너를 처형하게 된다고 하는, 어떠한 믿음이나, 계시를 받고서 칼뱅이 그의 친구인 그를 화형으로 처벌하지 않았을까! 라고, 나의 마음속에 깊은 생각을 해 보기도 했어요.

("세르베투스"의 화형에 대한 '칼뱅' 후예들의 속죄 비문)
세르베투스가 제네바 "샹펠" 언덕에서 죽은지 350주년이 되던 1903년에 칼뱅의 후예들이 세르베투스가 죽었던 그 자리에 속죄비를 세웠어요…

그 속죄비에는 세르베투스를 화형 시킨 것이 그 시대의 오류였다고

하는 내용이 기록돼 있는데, 이는 칼뱅의 후예들이 위와 같은 속죄비를 통해서 오래전에 칼뱅이 처형시켰던, '세르베투스' 와의 [역사적인] 화해를 시도했던 것으로 보여지기는 하지만, 칼뱅의 당시에 저질러졌던 그 살인죄에 대해서는 그의 사후에 주님께서 어떠한 처벌을 하셨는지, 아니면, 주님으로부터 용서를 받았는지, 오늘날 나는 알 수가 없지만, 1년 전쯤, 유튜브 TV의 한 채널에서 '천국과 지옥'을 보고 왔다고 하는 "신" 모 전도사는, 주님께서 자기에게 보여 주셨던 지옥에, 칼뱅이라고 하는 사람이 있었다고 하는 방송을 시청한 적이 있었는데, 나는 그 부분에 대해서는 어떠한 언급을 하지 않겠습니다. (나는 그러한 지옥의 광경을 보지 못했기 때문이지요.)

다시, 역설적으로 말하자면 칼뱅 자신은 58명의 생명을 자기가 만든 종교법을 통해서 처형을 시켰다고 해도, '자기 자신' 은 천국에 갈 수 있도록, 예정됐다는 그 자신만의 어떠한 확신에서 그렇게 악한 살인 행위를 하지 않았을까요?

사랑하는 장로교회 목회자들이여!
이와 같은 사고방식에서 나온 칼뱅의 예정교리를 아직까지도 신뢰하는 가운데, 그 교리를 통해서 우리 주님의 구속교리에 대한 지도 사역을 하고 있습니까?
위와 같은 그의 교리를 따르지 마십시오,
또한, 그러한 예정교리를 가르치지 마십시오.

그러한 비성경적인 예정 교리를 여러분들의 교인들에게 가르친다고 함은 그들에게 잘 못된 신앙교리를 가르친 부분에 대해서 주님의 심문이 있지 않을까요!!

이 글을 읽어보신 지도자라면, 그 후부터는 칼뱅의 이렇게 잘못된 예정 교리를 성경의 거울로 다시 한번 조명해 보시기를 간절한 마음으로 부탁합니다.

하나님이 그 아들을 세상에 보내신 것은 세상을 심판하려 하심이
아니요 저로 말미암아 세상이 구원을 받게 하려 하심이라
저를 믿는 자는 심판을 받지 아니하는 것이요 믿지 아니하는 자는
하나님의 독생자의 이름을 믿지 아니함으로 벌써 심판을 받은 것이니라
(요한복음 3 : 17 ~ 18)

우리 주님께서 이 땅에 강림하심은 위의 말씀과 같이 심판하시기 위해서 오심이 아니라 주님을 믿는 자는 누구든지 그의 모든 죄를 용서해 주시기 위해서 오신 공의로우신 주님이 되심을 올바로 깨닫고 신앙생활을 해야 되겠습니다.

나는 구원 받기로 예정됐으니 적당하게 살아간다고 해도 하나님께서 이끌어 주신다고 하는 '성도의 견인' 교리를 믿는 지도자들이여 날마다 성화 되는 삶을 살아가도록 노력하십시오.

지옥 갈 자를 예정했다고 하는 예정 교리는 참으로 악독한 교리이며, 비성경적인 교리임을 올바로 깨닫고 신앙생활을 하지 않게 된다면 그러한 교인들의 영혼은 결코 주님의 나라에 들어갈 수가 없다는 사실을 알아야 합니다.

그렇게 잘못된 교리를 믿는 자들이야말로, 요한복음 3장 16절의 말씀을 짓밟고 또한 그 말씀을 모독하는 지도자들과 교인들이 되기 때문입니다.

장로교단 내부에서 이렇게 잘못된 칼뱅의 구원교리를 과대포장 하여, 말하기를 우리 장로교단의 교회들은 칼뱅의 예정 교리를 올바로 깨닫고 신앙생활을 하는 교회들로서 선택함을 받은 자들이요, 구원해 주시기로 예정된 교인들로 믿고 있기 때문에, 우리는 이 세상에서 적당하게 살아간다 해도 천국 백성으로 끌어 올려 주신다고 하는 그토록 어리석고 무지한 칼뱅의 후예들이 만들어 놓은 '칼뱅주의 5대교리' 중 "성도의 견인 교리"를 아직도 믿고 있는 지도자들과 교인들이 많이 있습니까?

" 성경에 그러한 말씀은 기록돼 있지 않습니다."

04 기독교 강요와, 칼뱅주의 5대 교리의 모순점

오늘날 우리 장로교의 지도자들이 칼뱅의 저서인 기독교 강요 제 3권 21장의 영원한 선택의 의의 하나님께서는 영원한 선택에 의해 사람을 구원에, 또 어떤 사람은 멸망에 처하도록 예정하셨다.

1. 선택의 교리의 필요성과 그 유익, 호기심의 위험성

생명의 언약이 모든 사람에게 동등하게 전해지지 않는다는 것은 명백한 사실이며 전해진 사람들 사이에서도 끊임없이 또한 같은 정도로 받아 들여지는 것은 아니다.

칼뱅주의 5대교리 중 무조건적 선택

하나님의 선택은 항상 무조건적 선택이다. 하나님은 결코 인간적인 생각이나 행위나 그 됨됨이를 근거로 선택하지 않는다.

우리는 하나님께서 자기의 선택의 근거를 어디에 두고 있는지 알수 없으나, 인간이 아닌 것만은 확실하다 하나님께서는 특별한 사람에게서 어떠한 선한 것을 보시거나 하나님으로 하여금 자기를 선택 하시도록 하게 한자의 어떤 것을 유의하지 않는다. 라고 하는 교리를 볼수가 있는데, 위와 같이 칼뱅은, 이스라엘의 구원 받을자와, 이방인의 심판 받을자로 구분했는데. 또한, 그의 제자들이 주장하는'무조건적 선택'이라고 하는 뜻은, 하나님의 독자적인 선택권 안에 들어온 모든 자들에게는 어떻게 살아왔다고 할지라도, 그들이 예정된 자들로서 구원받게 된다고 하는 모순된 교리를 뜻합니다.

위에서 보게되면, 칼뱅의 기독교 강요 3권 21장 : 영원한 선택의 의와, 칼뱅주의 5대 교리중, 무조건적 선택 이라고 하는 내용은 일맥상통하는 것처럼 보일지라도, 성경을 중심해서 살펴본다면, 충돌하는 면이 있다고 볼 수가 있습니다.

그렇기 때문에 나는 이 부분에 대해서 후자인 칼뱅주의 5대 교리중, '무조건적 선택'에 대하여 약간만 더 언급하려고 합니다.
무조건적 선택을 받은 자는 "어떻게 살았던지," 천국 구원을 받게 된다고 하는 아주 잘 못 된 교리라는 말입니다.

━━━

이와같이 행함이 없는 믿음은 그 자체가 죽은것이라
(야고보서 2 : 17)

네가 보거니와 믿음이 그의 행함과 함께 일하고
행함으로 믿음이 온전케 되었느니라
(야고보서 2 : 22)

━━━

우리 모든 그리스도인들은 선택된 자들만이 구원 받는다!
또한, '이신득의' 교리에 입각한 믿음으로 구원 받는다! 고 쉽게 말할

수는 있지만,

나는 오늘 우리가 구원을 받게 됨은, 칼뱅주의자들이 말하는 "선택된 자들"만도 아니요, 또한, "믿음으로 구원받게 된다"고 하는 교리가 아니라, (믿음과 행함) 즉, 위에서 언급함과 같이 성화의 과정을 통해서 구원을 받게 된다는 말입니다.

또한, 칼뱅주의 자들과 알미니안 주의자들간에 조건적 선택에 대하여 논박을 하면서, 칼뱅의 예정교리만이 성경적인 교리라고 한다면 !!···

찾으라 그러면 찾을것이요
문을 두드리라 그러면 너희에게 열릴것이니 (마태복음 7 : 7)

위의 말씀은, '누구에게든지' 구하라, 찾으라, 문을 두드리라, 하셨습니다.
이 말씀은, 예정된 자들에게만 하신 말씀이 결코 아닙니다.

그 이유는 칼뱅의 예정 교리에서 선택된 자들은 천국으로 이끌어서 구원해 주시며, 지옥으로 보내지기로 예정된 자들은 '유기'된 자들이라고 해서, 버림을 당한다고 하는 칼뱅의 비성경적인 예정 교리가 옳다면, 위의 말씀, 마태복음 7장 7절의, 주님께서 하신 말씀은, 잘못된 성경이라고 보아야 되지 않을까요?

사랑하는 장로교 지도자들과 교우 여러분들이여 !
여러분들은, 주님의 복음을 믿으십니까?
아니면, 칼뱅의 예정교리를 믿으시겠습니까?
칼뱅의 예정교리를 통해서는 결코 구원받을 수가 없습니다.

또한, 칼뱅주의 5대 교리 중 다섯 번째의 교리를 본다면,…
선택받은 자들은 이 땅에서 어떻게 살아간다고 해도, 하나님께서 끝
까지 참고 기다리시다가 천국으로 끌어 올려 주신다고 하는 "성도의
견인 교리"를 믿는 자들이여!
그렇다면, 여러분들은 왜! 날마다 기도합니까?
그 기도의 필요성은, 우리 모든 신앙인이 주님 안에서 날마다 성화의
과정이 절대적으로 필요하기 때문에 우리가 회개와 감사의 기도를
해야 된다고 하는 뜻이 아닌가요?

05 성화 된자의 예정교리 분별력

"거짓 선지자들을 삼가라" 양의 옷을 입고 너희에게
나아오나 속에는 노략질 하는 이리라
그의 열매로 그들을 알지니 가시나무에서 포도를 또는
엉겅퀴에서 무화과를 따겠느냐
이와같이 좋은 나무마다 아름다운 열매를 맺고 못된
나무가 나쁜 열매를 맺나니
좋은 나무가 나쁜 열매를 맺을 수 없고 못된 나무가
아름다운 열매를 맺을 수 없느니라
아름다운 열매를 맺지 아니하는 나무마다 찍혀 불에
던지우느니라 이러므로 그의 열매로 그들을 알리라
나더러 주여 주여 하는 자마다 천국에 다 들어 갈 것이 아니요
다만 하늘에 계신 내 아버지의 뜻대로 행하는 자라야
들어가리라 (마태복음 7 : 15 ~ 21)

위의 말씀 중, 좋은 나무, 아름다운 열매, 아버지의 뜻대로 행하는 자
의 의미가 바로 위에서 말하고 있는 성화의 삶을 살아가는 신앙인이
라고 말할 수 있습니다.

다시 반복되는 말을 하겠습니다.
우리 주님께서는 한 사람도 지옥에 보내기로 예정하지 않았습니다.

우리 모든 신앙들이 예수님께서 하나님의 아들이 되시고, 우리의 죄를 구속해 주시기 위하여 죽으심과 부활하심과 승천하심과 다시 오실 그 예수님으로 믿는다고 하는

신앙고백을 한 모든 신앙인들이라면, 그 다음으로는 '성화' 되는 삶을 통해서 천국 구원의 영광을 누리게 된다고 하는 말씀이 우리 기독교 복음의 본질입니다.

칼뱅의 예정 교리대로, 구원 받기로 예정 된 자만이 천국의 구원 받음이 아닙니다.

―――

또 증거는 이것이니 하나님이 우리에게 영생을 주신
것과 이 생명이 그의 아들 안에 있는 그것이니라
아들이 있는 자에게는 생명이 있고 하나님의 아들이
없는 자에게는 생명이 없느니라(요한일서 5 ; 11 ~12)

―――

우리 주님께서는 예정된 자들만을 천국으로 구원시켜 주심이 아니고, 주님의 말씀을 올바로 믿고 그 뜻을 순종하며 행하는 모든 자에게 구속해 주시기 위해서 우리가 살고 있는, 지구촌의 구세주로 오셨음을 믿으시기를 부탁드립니다.

개혁을 위한 영감적 설교

08
교회 밖의 교인도 구원받을 수 있다

요한복음 4 : 23 ~ 24

아버지께 참으로 예배하는 자들은 신령과 진정으로 예배
할 때가 오나니 곧 이때라 아버지께서는 이렇게 자기에게
예배하는 자들을 찾으시느니라
하나님은 영이시니 예배하는 자가 신령과 진정으로
예배 할지니라

교회는 많은 사람들이 모여서 우리 하나님께 예배드리는 건물입니다. 또한, 우리는 하나님의 성전과 교회를 구별해야 되는데,

오늘날 우리가 살아가고 있는 지구촌에는 예루살렘의 성전과 같은 거룩함의 기능을 통해서 역사하실 수 있는 하나님의 성전이 될 수 있는 건물은 하나도 없지요!

아무리 아름답고 웅장한 로마 교황청 건물과 같은 건물이라고 할지라도 하나님의 성전이라고는 볼 수가 없습니다.

01 교회의 본질 [The Essence of the Church]

로마 카톨릭과 프로테스탄트 사이에는 교회의 본질적인 의미가 전혀 다릅니다.

전자는, 교회의 본질을 유형적 조직체를 통해서 찾고 있는데, 그 조직체를 엄밀하게 살펴 보자면, 그것은 그들의 교회를 구성하는 신자들의 단체가 아니고 주교, 대주교, 교황등의 높은 교권자들의 단체임을 알 수 있게 됩니다.

그들은 교훈하는 교회로서의 단체와 교훈을 받는, 즉 설교를 듣는 교회로 신자들의 공동체를 구별해 놓았습니다.

그러한 교직 계급제의 단체는 그 단일성, 성결, 보편성, 사도직과 같

은 교회의 영광스러운 속성들을 그들의 사제라고 하는 그들만이 독점하였고, 신자들의 일반적인 단체들은 간접적으로만 그것들의 교훈을 소유할 뿐이라고 합니다.

또한, 로마 카톨릭은 그들의 외부적인 조직체를 떠나서는 구원이 없다는 것을 아직도 강조하고 있습니다.

1517년 '마틴 루터'가 종교개혁을 하게 된 동기가 이러한 교회에 관한 외부적 개념에 반항하고, 성도들의 내면적 또는, 영적 교통에서부터 교회의 본질을 찾으려고 했던 것이었지요.

오직 그들만이 사도 계승 주의 사상을 통한 구원을 받게 된다고 하는 신념을 가지고 있다는 말입니다.

가] 유형교회의 의미

우리 주님의 교회는 하나의 유형적[visible]인 면과 무형적[invisible]인 양면성을 내포하고 있는데,

이 말은 지상에 존재하는 교회들에 대하여 적용된 구별입니다.

교회가 무형적이라고 함은 그것이 본질적으로 영적이어서 육안으로는 식별이 될 수가 없기때문에, 누가 교회에 속한 자인지, 아닌지 명확히 결정 지을 수가 없기 때문이지요.

이러한 교회는 신자들 각자의 신앙고백과 행위에서, 말씀과 성례에서, 또는 외형적인

조직과 정치에서 유형적으로 됩니다.

또 다른 유형교회라고 할 수 있는 것은 사람의 손으로 지어진 건물을 뜻함이지요.

나] 무형교회의 의미

너희가 하나님의 성전인것과 하나님의 성령이
너희안에 거하시는 것을 너희가 알지 못하느뇨
누구든지 하나님의 성전을 더럽히면 하나님이
그 사람을 멸하시리라 하나님의 성전은 거룩
하니 너희도 그러하니라

(고린도 전서 3 : 16 ~ 17)

이와같이 무형교회라 함은 그리스도인의 마음이, 주님께서 찾으시는 무형교회가 됨이요 그러한 사람들의 마음 가운데 성령님께서 내주하시게 되며 그분의 감동을 통해서 드려지는 예배가 신령과 진정으로 드려지는 예배가 됨이라고 말할 수가 있습니다.

또, 다른 측면에서의 구약 교회의 주요한 칭호는 '부르다'[to call]를 뜻하는 어근에서 나온 말인데, 이 말은 특별히 예배하러 나오는 이스라엘 회중에게 적용되는 무형교회[성령의 전]이며 신약에서 말하는 교회라고 하는 가장 일반적인 말은 '불러내다'[to call our]를 의미하는 동사에서 나온 말입니다.

이 두가지 의미는 모두가 하나님의 부르심을 받은 회중 [교인]으로서의 무형교회를 말해주는 것이라고 보아야 되며, 또한, 일반적으로 이 말은 예배를 위하여 일정한 지역에 있는 신자들의 단체, 지교회를 뜻하는 말이라고 보아야 하는데, 모든 교회는 교인들이 모여서 예수 님께 예배드리는 장소 [헬 : 에클레시아]인데, [밖으로] 와 [부르다] 의 합성어로서 원래 아테네 시민의 총회인 "민회" 즉 시민의 모임을 뜻하는 말에서, 교회라고 하는 말의 유래가 됐으며, 신약에서의 초 기 교회는 대부분 가정에서의 드려지는 예배를 뜻한 교회였습니다.

02 교회에 대한 칭호의 두가지

가) 교회를 그리스도의 몸[신체]이라고 함은 영적으로 교회는 그리
   스도의 머리{사상}이라고 말할 수가 있는데 그 의미는 신도들은
   그의 각 지체가 된다는 말입니다.

———

너희 몸이 그리스도의 지체인줄 알지 못하느냐
내가 그리스도의 지체를 가지고 창기의 지체를
만들겠느냐 결코 그럴수 없느니라
(고린도전서 6 : 15)

———

나) 교회가 그리스도의 신부라고 함은, 구약에서는 하나님과 그의 백성 이스라엘의 관계를, 부부관계로 비유하신 말씀 [호세아서 1: ~ 3:] 을 볼 수가 있으며,

---

우리가 즐거워 하고 크게 기뻐하여 그에게 영광을
돌리세 어린양의 혼인 기약이 이르렀고 그 아내가
예비하였으니 그에게 허락하사 빛나고 깨끗한 세마
포를 입게 하셨은즉 이 세마포는 성도들의 옳은
행실이로다 하더라 (계시록 19 : 7 ~ 8)

위와같이 우리 교회에 속한 성도들을 그리스도의 신부라고 불러 주셨고 그러한 신부에게는 빛나고 깨끗한 세마포를 입게 해 주신다고 하셨는데, 세마포란, 성도들의 옳은 행실이라고 했습니다.

오늘날 우리 교회의 지도자들 대부분이 '종교 혼합주의' 사상으로 변질돼 가고 있으며, 머리가 되시는 주님 교회의 많은 지도자들이 공산주의 사상과 인본주의 신학 사상으로 변질되면서 그러한 사상을 교인들에게까지 지속적으로 보급을 해서 교회 밖으로 떠나는 교인들이 점점 많아지게 되고, 또한 분별력이 없어 그러한 교회에 남아있는 교인들은 그렇게 더러운 악의 사상들을 지도자들로부터 전수해서, 복음을 전파하는 대신 그러한 악들을 특히 배우고 있는 학생들과 젊은 세대들을 통해서 지속적으로 전파하며 행하고 있는 교회들이

점점 늘어가고 있는 현실입니다.

그렇게 혼탁한 교회에 나가는 것보다는 각자의 가정에서 말씀 읽고 기도드리는 예배가 본문의 말씀에 나오는 신령과 진정으로 하나님께 드려지는 예배가 될 수 있습니다.

03 함석헌의 무교회 사상

철학사상을 가졌던 '함석헌' 씨가 주장했던 "무교회 주의 사상" 과 본편의 말씀을 혼돈을 해서는 결코 않되겠습니다.

'함석헌' 씨는 철학가로서의 기독교 신앙인인데, 기독교 신앙에 대하여 비판하기를,

낡은 종교는 벗어서 역사의 박물관에 걸어라…

그는, 그의 좁은 철학사상이라고 하는 나무에 우리 기독교를 그 나무의 한 줄기로 보고 있다. 고 하는 사상에서 새 종교라는 말을 하고 있는 듯 합니다.

그렇기 때문에 그가 주장하기를, 프로테스탄트의 교리가 날카롭대도 국가주의 산물이 아닌가? 그것을 벗어라! 벗고 나서면 새 종교는 발앞에 있을 것이다. 라고 말했는데, 그가 말한 새 종교는, 종교 우주론적 세계관에서 '범재신론'의 특징을 가진다고 말할 수가 있지요,

'새 종교'를 주장하는 그는, 말하기를 기독교의 고전적인 철학적 신론은 하나님의 힘과 지혜를 전지와 전능이라고 하는 일방적 교리에 고착시켜 우주를 예정된 세계라고 추론하였지만, 이런 이해 방식은 철학과 과학의 발전으로 인해 그 설득력을 잃어 왔습니다.

또한, 그는 철학이라고 하는 학문안에서 신론을 찾으려고 하고 있다는 말을 했는데, 위와 같이 '함석헌'이 주장하는 새 종교란, 그가 알고 있는 철학과 과학의 잣대로 성경을 측정하는, 영성이 전혀 없는 기독교인이라고 말할 수가 있어요.

'무교회'주의자로서 새 종교를 주장하고 있었지만, 그는 범신론 자로서 우리가 믿는 유일신의 종교인 성경적 기독교인으로 볼 수가 없기때문에, 본편 말씀의 제목과 "혼돈"이 없으시기를 부탁합니다.

때가 이르리니 사람이 바른 교훈을 받지 아니하며 귀가
가려워서 자기의 사욕을 좇을 스승을 많이 두고
그 귀를 진리에서 돌이켜 허탄한 이야기를 좇으리라
그러나 너는 모든일에 근신하여 고난을 받으며 전도인의
일을 하며 네 직무를 다하라 (디모데후서 4 : 3 ~ 5)

세상이 점점 악해지다 보니 교회 안에서도 바른 교훈을 부정하며, 여러 종류의 인본주의 신학 사상에 기초한 자들의 뜻대로 성경해석을 하며 신앙생활을 지도하는 교회의 지도자들이 점점 많아지고 있으

며 그러한 지도자의 교회에 나가서 설교를 듣고 신앙생활을 하는 교인이 많아지게 된다는 말입니다.

또 우리 주의 오래 참으심이 구원이 될 줄로 여기라 우리 사랑
하는 형제 바울도 그 받은 지혜대로 너희에게 이같이 썼고
또 그 모든 편지에도 이런일에 관하여 말하였으되 그 중에 알기
어려운 것이 더러 있으니 무식한 자들과 굳세지 못한 자들이 다른
성경과 같이 그것도 억지로 풀다가 스스로 멸망에 이르느니라
(베드로후서 3 : 15 ~ 16)

---

04 한국교회를 파괴하는 자유주의 신학

오늘날 기독교 이단, 사이비 집단들과, 해외 유학파 신학대학의 교수들이 가르치는 신신학 사상인 자유주의 신학, 신정통 신학, 인본주의 신학, 용공 주의 신학, 동성애 신학, 등의 모든 교리가 신학교 안에서 성경과 연관된 교육이 되다 보니, 신학교에서 배우는 젊은 학생들은 교수들이 "어떠한 강의를 할 때에 성경 구절만" 연결 시키게 되면 그 학문이 신학의 교육으로 착각을 하게 하는데, 그렇게 분별력이 없는 젊은 학생들이 그러한 교육을 받고 졸업한 후에 목사가 돼서

교회의 사역을 하게 될 때에, 그들도 그러한 인본주의 적인 교리의 방향으로 교회의 사역을 할 수밖에 없겠지요.

목사가 돼서 목회 사역을 한다는 것은 주님께서 각자에게 맡겨주신 교인 '양무리'들에게 올바른 성경을 가르쳐서 그들의 영혼을 풍성케 양육하도록 주님께서 불러주신 사명자라고 하는 의식구조 보다도, 직업의식에서 교회사역을 하는 자들도 많이 있는 것으로 드러나고 있습니다.

이러한 현상은 우리 기독교계의 군. 소 교단에 소속된 목사들보다도 신학대학이 있는 대형교단에 소속된 목사들을 통해서 확연하게 드러나고 있는 현실입니다.

내가 지금 기억하기로는 7, 8년 전쯤에 들었던 이야기에 의하면, 우리 기독교계의 교인들의 수가 많이 줄어들었다! 그런데 또 한 가지는, 교회에 출석하지 않는 교인의 수가 200 ~ 300만 명정도 된다고 하는 신문 기사를 읽은 기억이 생각되기도 합니다.

위에서 말한 인원의 수는, 그들이 교회에 출석은 하지 않고 있지만, 성경을 통해서 예수님에 대한 신앙을 가지고있는, 기독교인이라고 말할 수 있는 사람들입니다.

3년 전 봄에 평택에 살던 친구 이영호 목사와 평택의 한 식당에서 점심 식사를 함께 했던, 성균관대의 '이호재' 교수는 한국종교 사상가 인데, 식사가 끝난 후에, 내가 그에게 묻기를, 교수님은 종교 연구가

이신데, 교회에 나가십니까? 라고 내가 질문을 했을 때, 그는 말하기를, 저는 교회에는 않나갑니다. 그러나 예수님이 하나님의 아들이심을 믿고, 성경도 인정을 하고 있습니다. 라고 하는 대화를 나눈 적이 있습니다.

그러한 지식인들이 왜! 그러한 사고방식을 가지고 교회들을 지켜보고 있을까요?
나 자신이 목사이지만, 오늘날 한국교회에 많은 문제들이 있음을 알고 있는데, 그중에 가장 큰 문제점이라고 한다면 교회 지도자들의 대부분이 일반 사회인들로부터 불신과 외면을 당하고 있다고 하는 방증이라고 생각이 됩니다.

지금 한국의 대형 교단{총회}과, 초. 대형교회들은 WCC, WEA, NCCK 등에 모두 소속돼 있습니다.

많은 교인과 일부 지도자들은 소속된 총회(교단)의 소속감 때문에 그들의 사상에 끌려다니므로 한국교회가 퇴락되고 있다는 말이지요. 주사파인 문재인이가 대통령이 되어 청와대에 들어간 후부터는 대형교회의 목사들 대부분이 대통령과 통일부 장관에게 끌려다니고 있는 형국이라고 보여집니다.
특히 북한에 자주 왕래했던 목사들은 그곳에 가서, 그들에게 어떠한 약점을 잡히고 왔기에 그럴까요? [각자가 추측을 해 보시길 바랍니다.]

북한은 김일성 때부터, "남한에 있는 대형교회" 10개만 무너뜨리게 되면 남한의 정권까지 무너뜨리게 된다고 하는 전략을 세웠다는 말을 들은 바가 있습니다.

또한, 과거 북한의 김일성 정권에서 돈을 받아서 신학을 공부한 목사들도 있다고 하는 유튜브 방송을 본 기억이 있습니다.

전직 대통령 김○○씨는, 김영삼 정부 시절에, 북한의 김일성으로부터 몇십 만불을 일본의 국회의원을 통해서 건네 받았다고 하는 사실은 작년 봄에 유튜브 방송을 통해서 많은 시청자들이 보았을 것입니다.

위의 이야기는 김영삼 정부 때에 우리 중앙의 J 일간지 기자가 취재차 일본을 방문 했을 때, 일본의 한, 국회 의원으로부터 직접 들었던 이야기였기 때문에, 그 기자가 귀국하여 청와대에 취재차 들어 갔을 때에 김영삼 대통령에게 그러한 사실을 알려 주었는데, 몇 달 후에 그 기자가 청와대에 다시 취재차 들어가서 "김영삼 대통령에게" 그 사실을 확인 보셨는지요? 라고, 다시 알아봤을 때, 김 대통령이 그를 청와대로 불러들여서 확인해 본 결과, 그 김 ○ ○ 씨는 돈 받은 사실을 인정하면서, 그가 김영삼 대통령에게 협박하기를 이러한 사실을 알리게 되면, "민란"이 일어나게 될테니, 가만있으라고 김 대통령에게 협박을 하게 되어 어떻게 할 방법이 없어서 그만 접어두게 됐다고 하는 사실을 그 당시에 김영삼 대통령이 기자에게 말했다는, 사실을 유튜브 방송에 나와서 말했던 기억을 하고 있습니다.

그러한 김 ○ ○ 씨가 후에 대통령에 당선이 되어 그의 임기를 무사히 마치기도 했는데, 세상의 정치인들은 자기들의 정권욕에 치우쳐서 그렇게 악하고 더러운 돈을 받을 수가 있다고는 하지만, 신학 공부를 해서 목사가 되겠다고 하는 자들이 북한, 김일성이의 돈을 받아서 공부하여 목사가 된 자들이 많다고 하는데, 그들 중 이미 떠난 자들도 많지만, 그들이 뿌려놓은 후대의 씨앗들이 오늘날의 민권운동 이라고 하는 명분으로 주사파 노릇을 하는 목사들이 아닌가, 싶습니다. 그러한 근거는 WCC에 가입돼서 그들의 뜻을 따르는 목사들이 많이 있다는 말이지요.

지난해 가을에 예장 통합총회 산하의 용산 서빙고동의 '온누리 교회'는 그 교회 자체적으로 WCC를 탈퇴하겠다고 하는 유튜브 동영상의 자막을 본 기억이 있습니다.

지금은 대부분 교인들의 학력이 높아지다 보니 담임목사의 설교에 대한 성경적인 분별력을 가지고 있는 교인들이 많이 있다는 말이지요.

그렇기 때문에 위와 같은 공산주의 사상이나 혼합주의 종교사상을 가진 목사들의 교인들이 담임목사와의 충돌하는 것, 보다는 차라리 교회에 나가지 않고 집에서 성경 읽고 기도 하면서 주님과의 만남을 통한 신앙생활을 하겠다고 하는 교인들이 점점 늘어가고 있는 상황이라고 보여집니다.

05 예배의 올바른 개념

본문말씀 23절을 볼 진정으로 예배하는 자들이란?

장소를 구분하지 않고 예배하는 자들의 내면적인 심령상태를 주님께서 지켜보시고, 외적으로, 형식적인 예배인가 아니면, 신령과 진정으로 예배를 드리는 주님의 성도인가를 구별하시게 된다는 말씀인데, 그렇기 때문에 아버지께 예배하는 자들이라고 한다면 오늘날 우리의 표현으로 말하자면 교회의 건물이든지 아니면 각자의 가정에서 드리는 예배라 할지라도 그 예배에 '신령과 진정성'이 있는 모든 예배를 하나님께서 받으시게 된다는 말입니다.

오순절 날이 이미 이르매 저희가 다 같이 한곳에 모였더니
홀연히 하늘로부터 급하고 강한 바람 같은 소리가 있어
저희 앉은 온 집에 가득하며
불의 혀같이 갈라지는 것이 저희에게 보여 각 사람 위에
임하여 있더니
저희가 다 성령의 충만함을 받고 성령이 말하게 하심을
따라 다른 방언으로 말하기를 시작 하니라
(사도행전 2 : 1 ~ 4)

위의 말씀을 보아도 우리 주님께서 승천하신 후의 초대교회의 예배는 교회의 건물이 없었기 때문에 가정집에서 예배를 시작하게 됐지요!!

이 예배를 통해서 성령님의 역사하심이 일어나게 되었습니다.

또한, 바울을 중심으로 한 사도들의 복음 전파를 통해서 오늘날 우리에게까지도 복음을 받아들이게 된 것은 주님의 은혜라고 말할 수 있지 않습니까!

2000년의 역사를 통해서 우리의 지구촌에는 수많은 교회가 순환적으로 세워지고 있는데,

그러나, 십자가가 세워진 모든 건물을 주님께서 함께하시는 교회라고 보아서도 않되는데, 그 이유는 이단. 사이비 집단들도 건물에 십자가를 걸어 놓고 사람들을 끌어 모으고 있지만, 그곳에는 성령님의 역사가 아닌 악령들의 역사가 일어날 수 밖에 없다는 말입니다.

우리 주님의 교회란, 어느 장소든지 성령님께서 함께 역사하시는 예배가 바로 '신령과 진정'으로 드려지는 예배가 된다는 말입니다.

앞으로 우리 모든 외형적인 교회 들 중 성령님의 역사가 없는 모든 교회는 도태될 수밖에 없는데, 참된 교회란, 성경적인 말씀을 올바로 전파하는 교회를 뜻하는 말이지요,

그러므로 예수께서 자기를 믿은 유대인들에게 이르시되

너희가 내 말에 거하면 참 내 제자가 되고

진리를 알지니 진리가 너희를 자유케 하리라

(요한복음 8 : 31 ~ 32)

그러므로 아들이 너희를 자유케 하면 너희가

참으로 자유 하리라 (요한복음 8 : 36)

위의 말씀은 주님께서 죄악의 사슬에 얽매여 있는 우리 모두를 그 죄악의 사슬에서 참된 자유를 찾아 주시기 위해서 오셨다고 하시는 말씀이지요.

그러한 역사 하심을 교회를 통해서 하려고 하시는데,

오늘날의 많은 악한 영들에게 수 많은 교회가 점령 되어가고 있음에도 불구하고, 많은 교회의 지도자들은 사랑으로 포용 해야 된다고 하는 잘못된 명분을 통해서 그러한 악령들을 교회 안으로 끌어들이고 있다는 현실입니다.

우리 주님께서 원수를 사랑하라고 했다고 하여, 천국의 세계를 파괴하고 있는 악령들까지 사랑하라고 하신 말씀이 아님에도 불구하고, 영적인 분별력이 없는 많은 목사들이, WCC, WEA, NCC와 같은 혼합성 악마들의 교회 단체에 들어가서 많은 교인의 영혼까지 천국의 문을 가로막고 들어가지 못하도록 하고, 그들을 지옥으로 보내고 있는 현실입니다.

─────

화 있을진저 외식하는 서기관들과 바리새인들이여 너희는
천국문을 사람들 앞에서 닫고 너희도 들어가지 않고 들어
가려 하는자도 들어가지 못하게 하는도다
화 있을진저 외식하는 서기관들과 바리새인들이여 너희는
교인 하나를 얻기 위하여 바다와 육지를 두루 다니다가
생기면 너희보다 배나 더 지옥 자식이 되게 하는도다
(마태복음 23 : 13 ~ 15)

─────

위의 말씀은 예수님 당대에 율법주의 자들에게 책망하신 말씀이에
요…

서기관들과 바리새인들에 대하여 "들어가지 못하도록 천국의 문을
닫고있는 자들"

또한, "너희보다 배나 지옥 자식을 만드는 자들"이라고 하셨는데,

오늘날의 교회들은 어떠합니까 !!

위에서 언급한 WCC, WEA, NCC, 의 공산주의 사상을 교인들에게
주입 시켜주는 교회에 나가고 있는 교인들이여!

그러한 교회는 성령님께서 역사하시는 교회가 아닙니다.
그러한 '혼합주의' 사상의 교훈이 아닌, 순수한 복음주의적인 교회
를 찾아가서 우리 주님의 뜻에 합당한 신앙생활을 하십시오.

본문의 24절 말씀 중, 신령과 진정으로 예배하는 자들을 찾으신다, 고 하심은, 예배하는 자들의 마음 가운데 성령님께서 깨닫게 해 주시는 주님의 말씀을 통해서 드려지는 예배가 신령한 예배가 될 수 있으며, 또한 진정으로 드려지는 예배란, 예배자의 마음과 뜻과 정성을 다하는 예배를 뜻하는 말씀입니다.

그러한 교회를 찾기가 어려우실 때에는 그러한 교회를 찾아 나가기 전까지는 각자의 가정에서 초대교회와 같이 가족끼리 함께 예배를 드리며, 찾아가야 될 교회를 위해서 기도 하시게 된다면, 사랑이 많으신 주님께서 여러분들의 신앙에 합당한 교회를 찾아 갈 수 있도록 인도해 주시게 될 것입니다.

그러므로 우리들의 모든 예배 행위가 성령님의 인도 해주심에 따르지 않는 예배는 신령과 진정으로 드려지는 예배라고 볼 수가 없다는 말입니다. 그렇기 때문에, 본 편의 말씀을 교회 밖의 교인도 구원 받을 수 있다.라고 했습니다

───

이와 같이 성령도 우리 연약함을 도우시나니 우리가
마땅히 빌 바를 알지 못하나 오직 성령이 말 할 수
없는 탄식으로 우리를 위하여 친히 간구하시느니라
마음을 감찰하시는 이가 성령의 생각을 아시나니
이는 성령이 하나님의 뜻대로 성도를 위하여
간구하심이니라 (로마서 8 : 26 ~ 27)

───

09
중생한 교인도 그의 악성은 남아있다

골로새서 3 : 5 ~ 10

그러므로 땅에있는 지체를 죽이라 곧 음란과 부정과
사욕과 악한 정욕과 탐심이니 탐심은 우상숭배니라
이것들을 인하여 하나님의 진노가 임하느니라
너희도 전에 그 가운데 살때에는 그 가운데서
행하였으나
이제는 너희가 이 모든 것을 벗어버리라 곧 분과 악의와
훼방과 너희 입의 부끄러운 말이니라
너희가 서로 거짓말을 말라 옛사람과 그 행위를 벗어버리고
새 사람을 입었으니 이는 자기를 창조하신 자의 형상을
좇아 지식에까지 새롭게 하심을 받는 자니라

중생이란, 회심에 있어서 인간갱신의 시발점이라고 말할 수가 있습니다.

이 말은 한층 더 엄밀한 의미에서는 죄인들에게 새로운 영적 생명을 주시며, 또한 그 생명의 원리를 처음으로 활동하게 하시는 하나님의 행위를 표시하심으로 볼 수가 있습니다.

이 말은, 새 생명의 최초를 뜻함이 아니고, 새 생명을 영혼 속에 심어 준다고 하는 의미로 보아야 할 것입니다.

01   중생의 의미

'박형룡' 박사의 중생과 칭의론에 대한 교리를 보면,

칭의 된자는 항상 하나님 자녀의 자격을 받으니 수양과 칭의는 분리될 수가 없는 관계를 가진다.

칭의란, 하나님의 자녀가 누릴 수 있는 영원한 기업의 중요한 부분에 관계되기 때문에 수양과 긴밀한 연관성이 분명하다.

자녀이면 상속자 곧 그리스도와 함께한 상속자이기에 우리가 그와 함께 고난도 받아야 할 것이다.

또한, 수양은 중생과 밀접한 관계를 가지고있는데, 이 관계는 심히 밀접하므로 어떤 사람들은 우리의 성품과 수양의 행위를 통해서 하나님의 자녀가 된다고 했다.

그러나 하나님 은혜의 발생적 행위(중생)와 수양적 행위 사이에 긴밀한 상호 의존성이 있음을 알아야 하는데, 그것은 하나님이 남녀를 자기 가족 중에 수양하실 때에 그 자녀들에게 권리와 특전을 보장하실 뿐만이 아니라, 그러한 신분에 일치하는 성향도 중생함을 통해서 역사하심으로 하나님의 형상을 닮아가는 삶을 요구하신다.

위와 같이 하나님께 수양 되는 자들을 중생케 하시는 성령이 또한 그들의 마음 가운데서 아버지라고 부르게 하심이다.

그러므로 하나님의 가족 중에 수양 된 자들은 양자의 영을 받아 능히 자기들의 자격을 인식하고 그에 따른 특권들을 행사하게 된다.

그렇기 때문에 우리들은 아래의 말씀과 같이 옛사람을 벗어버리고 새사람을 입게 될 수가 있다 함은 우리 속에서 역사하시는 성령님의 뜻을 거절해서는 않될것이다.

━━━━

너희는 유혹의 욕심을 따라 썩어져 가는 구습을
좇는 옛사람을 벗어버리고
오직 심령으로 새롭게 되어
하나님을 따라 의와 진리의 거룩함으로 지으심을
받은 새 사람을 입으라 (에베소서 4 : 22 ~ 24)

━━━━

가) 중생은,

새 생명의 원리를 인간 속에 심어주고 영혼의 주도적 성향을 성화시
켜 주시는 하나님의 행위라고 정의할 수가 있으며,

또한, 본질 면에서 본다면 중생은 인간 속에 새로운 영적인 생명의
원리를 심어주어 영혼의 지배적인 성향을 근본적으로 변화시켜 주
는 것인데 그것은 모든 자에게 영향을 미치게 합니다.

―――

> 주께 합당히 행하여 범사에 기쁘시게 하고 모든 선한
> 일에 열매를 맺게 하시며 하나님을 아는것에 자라게
> 하시고 그 영광의 힘을 좇아 모든 능력으로 능하게
> 하시며 기쁨으로 모든 견딤과 오래 참음에 이르게
> 하시고…(골로새서 1 :10 ~ 11)

―――

우리 그리스도인들이 일상생활 함에 있어서 선행을 한다고 함은 그
사람의 의지를 통해서 선행함이 아니고, 그 사람의 마음속에 성령님
의 역사하심을 통해서 '중생함의 증표로' 선행의 열매를 맺게 해 주
신다는 말입니다.

나) 즉각적인 변화를 말하는데,

영혼 안에서 점진적으로 준비되는 변화가 아니고, 즉, 삶과 죽음 사
이에 어떠한 중간 과정이 없음과도 같습니다.

이것은 '성화'와 같은 점진적 과정이 아니고 순간적으로 완성되는 것입니다.

다) 잠재 의식적인 일상생활에서 일어나는 변화입니다.
중생이란, 은밀한 것이며 또한 측량할 수 없는 하나님의 사역이기에 인간으로서는 직접 이를 지각할 수 없고, 다만 나타난 결과로서만이 알 수 있는 것이며 인간에게 중생과 회심이 동시에 일어나는 경우에는 잠재적 변화를 직접 의식하게 됩니다.

예수께서 대답하여 가라사대 진실로 진실로 너희에게
이르시되 사람이
거듭나지 아니하면 하나님의 나라를 볼 수 없느니라
니고데모가 가로되 사람이 늙으면 어떻게 날 수 있삽나이까
두 번째 모태에 들어갔다가 날 수 있삽나이까
예수께서 대답하시되 진실로 진실로 네게 이르노니 사람이
물과 성령으로 나지 아니하면 하나님 나라에 들어갈
수 없느니라
육으로 난 것은 육이요 성령으로 난 것은 영이니
내가 네게 거듭나야 하겠다는 말을 기이히 여기지 말라
(요한복음 3 : 3 ~ 7)

주님께서 하신 말씀을 보더라도 중생의 필요성은 죄인의 상태에서, 그 필요성을 알게됩니다.

중생을 통해서 하나님의 사랑을 얻고 양심의 평화를 이루며 하나님과 더불어 교제를 누리며 또한 그의 뜻에 순종하는 선한 삶을 살아가기 위한 그리스도인의 삶이라고 말할 수 있는데, 물과 성령으로 중생하게 된다고 했습니다.

물로 거듭난다. 함은 외적[표징적]이며, 성령으로 거듭난다, 함은 각자의 내면적[심령]을 통한 거듭남{중생}을 뜻하는 말씀으로 이해를 해야 합니다.

이 말은 사람들 앞에서도 주님의 이름으로 덕을 세우는 삶을 뜻하는 말이고, 내면적이라 함은 각자의 심령 가운데에 내주하시는 성령님의 뜻을 따라서 살아가는 삶을 뜻하는 말입니다.

성령님의 특별하신 역사를 통해서 성경의 진리를 깨닫게 해 주심은 말씀의 방편으로서 주시는 주님의 은혜라고 할 것입니다.

위의 말씀을 볼 때에도, 물과 성령으로 나지 아니하면 하나님의 나라에 들어갈 수 없다. 고 하심은 의심할 여지가 전혀 없는 말씀이라고 하는 사실입니다.

02 칼뱅주의 교리와 중생의 비교

칼뱅주의 5대 교리 중 다섯 번째 교리가 '성도의 견인' 교리인데,

{ 정 의 }

가) 한번 구원 받으면 계속해서 구원 받는다.

성도의 견인에 대한 가장 단순하고도 짤막한 표현은, 한번 구원 받으면 계속해서 구원 받는다고 하는 것이다. (그 후부터는 성화와 무관하게 살아도 구원 받는다는 의미)

우리가 한번 (믿으면) 멸망할 수도 없고, 지옥에 떨어질 수도 없다고 하는 것은 성경의 가장 중요한 사상 중의 하나이다. 그리스도는 언제나 우리의 구주가 되실 것이다.

우리에게는 단번에 모든 것을 위한 영원한 운명이 결정되었으므로 아무것도 염려하지 않음이 가능하다.

나) 성도의 견인[hauling : 하나님께서 끌어 당긴다는 뜻]

그리스도인은 시작했다. 그쳤다. 하지 않고 계속해서 영원토록 믿을 것이다. 그러므로 성도는 끝날까지 구원을 받을 것이다.

다) 하나님의 오래 참으심

성도의 견인이 사실상 하나님의 오래 참으심에 그 근거를 두고 있기 때문이다.

교회가 인내 하면서 하나님을 사랑하는 것은 하나님께서 오래 참으심으로 그의 사랑을 교회에 베풀어 주시기 때문이다.

자연계에서 볼 때 하나님은 우주를 창조하셨을 뿐만 아니라, 우주를 "어거"해 나가시기도 하신다.

우리의 영적 생명에게도 같은 진리가 적용된다.

하나님은 우리를 재창조하실 뿐만이 아니라 영적으로 순간순간 살아 움직이게 지켜 주시기도 하신다.

이처럼 성도 견인의 근거는 하나님이 계속적으로 오래 참으심이다.

라) 성도의 보전

성도의 견인이라고 하는 말을 다른 말로 표현한다면, '성도의 보전'이라고 할 수 있을 것이다.

성도의 '보전'이라, 함은 하나님의 활동을 강조하는데, 성도를 유지케 하심과 보전하심을 받기 때문에 아무도 하나님의 손에서 그를 빼앗아 갈 수가 없다.

마) 영원한 안전

다른 말로 표현한다면 '성도의 견인'은 영원한 안전을 의미한다고 할 수 있다.

신실하게 그리스도를 자기의 구주로 신뢰하는 사람은 예수님의 품안에서 안전함을 누린다.

아무도 그를 해치지 못한다.

그는 분명코 천국에 들어갈 것이다. 잠시 동안만이 아니고 영원토록 안전하다.

"이상과 같은 칼뱅주의 5대 교리중 '성도의 견인'교리를 약술했으니 참조 해 보시길 바랍니다."

이 교리를 간략히 말하자면 하나님께서 한번 택하신 사람은 그가 이 세상에서 어떻게 살아가고 있다, 할지라도 끝까지 지켜주시고 하늘로 올려주신다고 하는 잘못된 교리임을 우리가 알아볼 수가 있음에도 불구하고 이러한 교리를 아직도 믿고 있는 장로교 목사들과 교인들이 많이 있다는 현실입니다.

'성화 된 삶'이 아니라도, "성도의 견인교리"를 통해서 구원받게 된다고 하는 이러한 교리가 우리 개혁교회의 구원론 기본 교리에도 합당치 않는, 비성경적인 교리를 가르치고 있는 '칼뱅주의자들'의 5대 교리의 한 부분인데, 오늘날까지도 이렇게 잘못된 예정교리에 대해서 어떠한 반론을 제기하거나 지적을 하는 어떠한 지도자가 우리 한국의 개혁교회에 아직도 없다는 말입니다.

지금 이 말씀을 기록해서 전하는 "나, 자신도" 15~16년 전까지도 이렇게 잘못된 칼뱅의 예정교리 사상을 가지고 믿었던 장로교단에 소속된 목사였습니다.

우리가 믿고 중생을 했다고 하여, 이 세상에서 아무렇게 살다가 이 세상을 떠나게 된다면, 예정론 중 "성도의 견인" 교리대로 천국 백성으로 견인 "이끌어 올려주심" 해 주신다고 하는 비성경적인 교리를 믿고 있는 장로교 목사들과 교인들이 아직도 많이 있다는 현실입니다.

———

그 날에 많은 사람이 나더러 이르되 주여 주여 우리가
주의 이름으로 선지자 노릇하며 주의 이름으로 귀신을
쫓아내며 주의 이름으로 많은 권능을 행치 아니하였나
이까 하리니
그 때에 내가 저희에게 밝히 말하되 내가 너희를 도무지
알지 못하니 불법을 행하는 자들아 내게서 떠나가라 하리라
(마태복음 7 : 22 ~ 23)

———

위의 말씀은
"성화의 특징"[The Characteristics of Sanctification]에 대한 주님의 말씀이었는데, 칼뱅주의자들이 말하는 '성도의 견인교리'에서 주장함과 같이 하나님께서는 그의 백성들을 끝까지 지켜주신다고 하는 교리와 주님의 말씀은 전혀 다른 의미의 말씀이라고 볼 수가 있으며, 또한 종교개혁가 '마르틴 루터'의 믿음으로 구원 받는다. 고 하는 교리와도 위에서 하신 주님의 말씀은 배치가 되는 말씀으로서, "불법을 행하는 자들아 내게서 떠나가라"고 말씀을 하셨지요.

또한, '성화'란 우리 영혼속에서 일하시는 성령님의 사역이며, 이 사역으로 말미암아 중생에서 심어진 거룩한 성향이 강화되고 또한, 그 거룩한 진실이 증대된다고 말할 수 있습니다.

그것은 본질적으로 하나님의 사역이며, 부분적으로는 직접적이며 또한 간접적인 그분의 사역이라고도 말할 수가 있는 것입니다.

하나님께서 여러 가지의 방법을 사용하시며 또한, "인간도 그 수단을 적절하게 사용함으로" 그의 역사에 협력을 해야 된다는 것이 우리가 쉽게 이해할 수 있는 성화입니다.

———

모든 선한 일에 너희를 온전케 하사 자기뜻을 행하게 하시고 그 앞에 즐거운 것을 예수 그리스도로 말미암아 우리 속에 이루시기를 하노라 영광이 그에게 세세 무궁토록 있을지어다 아멘 형제들아 내가 너희를 권하노니 권면의 말을 용납하라 내가 간단히 너희에게 썼느니라
(히브리서 13 : 21 ~ 22)

———

우리 모든 인간에게 선행을 하게 하심도 하나님의 뜻을 따라서 행하게 하는 그분의 섭리 하심의 역사가 된다는 말입니다.

우리가 중생을 했다고 하여 우리 안에 있던 모든 악, 즉 실제적으로 자신이 저지른 악이나 유전적인 모든 것들도 완전히 없어지는 것이

아니며, 우리 마음속에서 분리 되어 질뿐이고, "주님께서 그러한 악의 기질들을 변방으로" 내쫓을 뿐이라는 말입니다.

그렇기 때문에 악의 뿌리는 그 사람에게 계속적으로 남아 있다고 보아야 합니다.

그럼에도 불구하고 우리 주님의 섭리 하심에 의하여 그 사람을 악에서 끌어내어 선 안에 있도록 보호해 지켜주시게 됩니다.

03   성화 된자의 악의 뿌리는!

그렇기 때문에, 보수 신학자이신 '박형룡' 박사의 조직신학의 구원론 교리에서도 성화 된 자에게도 "죄가 남아있다" 라고 했지요…

신자는 그리스도와의 연합에 의해 죄의 권세로부터 해방되고 중생에 의해 죄의 오염으로부터 구출되었으나, 그의 심정과 생활로부터 모든 죄가 다 제거되는 것은 아니다. 오히려 그 안에 내주하는 죄가 있다. [롬 7 : 14, 25, 요한일서 1 : 8]

신자는 아직 그리스도의 형상에 합치하여 거룩하고 정결하지 못하며, 죄인들과 분리되지 못하고 있다. 이 사실은 '성화'를 필요하게 한다.

성화는 이 사실에 관심을 두어 모든 죄를 제거하고 하나님의 아들의 형상에 완전히 합치하여 주께서 거룩하심 같이 거룩하여 지는 것을 목표로 한다.

그러나 우리의 완전한 거룩은 우리의 연약한 신체가 그리스도의 영광의 신체와 같이 변화하여 썩을 것이 썩지 않을 것을 입고 죽을 것이 죽지 않을 것을 입기까지는 실현 되지 않으리라는 결론에 도달할 것이다. [빌 3 : 21, 고전 15 ; 54]

신자 안에 남아 있는 죄를 억제하며 극복함으로 장래의 완전한 거룩을 준비하기 위하여 '성화'의 은혜와 신앙인 각자의 노력이 필요하다. 우리는 죄를 미워하며 억제하며 극복하기에 소홀히 하지 말 것이다. {이상과 같은 '박형룡' 박사의 글을 참조 하시길 바랍니다. }

위의 글을 보더라도 중생을 한 자라 할지라도, 그 사람의 '본성'이라고 할 수 있는 "죄악의 뿌리"는 우리의 육신의 몸으로 살아가는 동안에는 결코, 우리 마음속에서 완전하게 제거가 될 수가 없다고 하는 것이 신학적으로도 증명이 되고 있기때문에 우리 그리스도인들은 "일생동안 성화 되는 삶을" 살아가도록 노력을 해야 합니다.

한가지 '예를 간략히' 말하자면, 요즈음 우리 기독교계의 이야기를 듣다 보면, 옛날에 주먹세계에서 놀았다고 하는 사람들 중에 목사가 된 사람들이 많이 있어요.

그중에 일부는, 교계의 어떠한 행사중에, 불미스러운 돌발상황이 발생하게 되면 옛날의 그 주먹을 날리던 습관을 자제하지 못하고, 회의 석상에서 폭발을 하게 되는 일들을 우리는 종종 볼 수가 있지요.
목사가 돼서 회개하고 중생을 했다고 하지만, 각자의 마음속 깊숙하게 숨겨져 있던 옛날의 그러한 습성(본성)이 자제력을 잃게 될 때에, 그 사람의 인내와 스스로 절제를 하지 못하고 순간적으로 그러한 품성[악의뿌리]이 갑자기 돌출하게 될 수가 있다는 말입니다.

우리 신앙인들이 회개를 하고 중생을 했다고 하여 전에 가지고 있던 '악의 속성'이 완전히 그 사람의 마음속에서 소멸된 것이 아니라는 말입니다.
그렇기 때문에 주님의 섭리를 통해서, 모든 악이 제거되고 그 사람은 악들로부터 정화되는 것 같이 보여지며, 주님으로부터 용서를 받아서 죄가 없다고 우리 주님께서 공언을 하셨습니다.

———

그러므로 이제 그리스도 예수 안에 있는 자에게는
결코 정죄함이 없나니
이는 그리스도 예수 안에 있는 생명의 성령의 법이
죄와 사망의 법에서 너를 해방하였음이라
(로마서 8 : 1 ~ 2)

———

주님께서 정죄하지 않는 사람에게는 어느 누가 그 사람에 대하여 결코 정죄함이 없다는 말씀입니다.

그러나 자기만의 교만에 빠져있는 자들이, 이 세상에서 신앙생활을 하면서 교리적인 신조로 인하여 자신들은 모든 죄를 용서받았기 때문에 죄가 전혀 없고 자신들은

선한 삶을 살아가는 신앙인들의 모든 '선행함'도 모두가 우리 주님으로부터 인정을 해 주심의 결과라고 보아야 되기 때문에, 내가 의롭게 살고 있다고 할지라도 오직

주님으로부터 온 것 만이 선이라고 말할 수가 있으며, 그 선에서 비롯된 것만이 진리라고 할 수가 있습니다.

━━━

만일 은혜로 된것이면 행위로 말미암지 않음이니
그렇지 않으면 은혜가 은혜되지 못하느니라

(로마서 11 : 6)

━━━

오늘날 우리가 어떠한 선행을 통해서 주님앞에 나오게 됨이 아니라 주님의 은혜 가운데서 우리를 불러 주셨다고 하는 주님의 사랑을 올바로 깨달아야 되겠습니다.

그러나 우리 주변의 많은 사람들 중에는 주님의 교회를 통해서 복음을 전해도 듣지 않고 거절하는 자들이 얼마나 많습니까!!

주님의 선하심으로 부르셨지만, 그 부르심에 대하여 거절함은, 복음을 듣는 자들의 마음이 어두운 흑암 속에 묻혀 있기 때문이라고 말할 수가 있어요.

즉 그들의 생각에 분별력이 없기 때문에 "선"을 받아들일 수가 없다는 말입니다.

진리를 알지니 진리가 너희를 자유케 하리라

(요한복음 8 : 32)

우리 주님의 선하심으로 우리에게 찾아 오셨고, 그 선하심을 통해서 우리에게 진리를 알게 해 주심으로 죄에서 우리를 해방시켜 주셔서 우리가 참된 자유를 얻게 됐습니다.

그러나 복음을 듣고서도 본인 스스로가 거절을 하게 된다는 상황을, '예정론'에 결부를 시키게 된다면, 저들은 선택을 받지 못한 자들이기 때문이라고, 말할 수 있겠지만, '선택을 받지 못해서' 복음을 거절함이 아니라, 각자가 가지고 있는 "자유의지라고 하는 속성"에서 기인 됐다고 보아야 될 것입니다.

죄악의 사슬에 매여있는 인간들에게 진리가 되시는 주님의 말씀을 믿기만 하면, 누구든지 그들의 영원한 죽음에서의 자유를 주겠다고 함에도 불구하고, 자기의 본성(악성)을 버리지 못하며, 또한 무지함으로 인하여 주님의 참된 은혜 가운데, "참여하기를 스스로가 거부하고" 있다는 말일 뿐, 결코, 칼뱅의 예정교리대로 '유기' 하기로 예정됐던 자들이 아니라는 성경적 사실을 알아야 합니다.

그렇게 주님의 복음을 거역하고 있던 자들 가운데서 먼저 교회에 나가서 신앙생활을 하는 하나의 과정이 바로 중생의 과정인데, 그것은, 먼저 주님의 말씀을 인정해야 되고, 그 말씀을 믿어야 됩니다. 그렇게 된다면, 그러한 자들의 생명을 지켜주시고 영원토록 보존해 주신다고 하는 믿음을 통해서 우리를 '중생'하는 사람으로 바꿔 주시게 됩니다.

04   중생인과 비 중생인의 차이점

중생한 사람은 선과 진리에 속한 양심[conscience]을 가지고 있기 때문에 그 사람은 자기의 양심에 따라서 선을 행하고, 진리를 생각하는데, 그가 행한 선은 인애에 속한 선이고, 그가 생각한 진리는 믿음에 속한 진리라고 말할 수가 있습니다.

이에 반하여, 중생하지 못한 사람은 양심을 가지지 못합니다.

그가 양심을 가졌다면, 그것은 인애 [사랑]에서 비롯된 선을 행하는 양심이 아니고, 또한, 믿음에서 비롯된 진리를 생각하는 양심이 아니라, 다만 "자기 자신과, 세상에 관한 사랑에" 그 터전을 둔, 외적인 양심이라고 말할 수가 있습니다.

이러한 양심은 의사적[spurious], 또는, 거짓된 양심이라고 말할 수가 있어요.

성경에서 말하는 중생한 사람에게는 그가 "양심에 따라서 행동을 할 때에 환희가" 있지만, 양심에 반대하여 강압에 의한 그 무엇을 행동하고 생각을 하게 될 때에는 그에게 분노가 뒤따르게 되지요!!

중생한 사람에게는 새로운 의지와 새로운 이해가 있기때문에, 그러한 의지와 이해가 바로 그 사람의 양심이라고 말할 수가 있어요.

즉, 각자의 의지와 이해는 그의 양심 안에 있고, 그 양심을 통해서 우리 주님께서는 인애에 속한 선과, 믿음에 속한 진리를 활용하시게 됩니다.

중생하지 못한 사람에게는 '의지가 없으며' 그 대신에 탐욕[cupidity]만, 있기때문에 결과적으로는 "악"함의 경향만이 있다는 사실입니다.

또한, 그에게는 '이해'는 없고 오직 '추론'만 있기 때문에, 결과적으로 그 추론을 통해서 세상에 속한 모든 거짓에 빠지게 될 뿐이지요.

중생한 사람에게는 '영적인 생명'이 있지만, 중생하지 못한 사람에게는 '관능적인 생명'과 '세속적인 생명'이 있을 뿐이고, 선과 진리가 무엇인지를 생각하고 이해할 수 있는 사람의 능력은, 주님의 말씀을 통한 남은 그루터기를 통해서 비롯되어지게 되며,

중생한 사람이란, "겉 사람은 무조건 속 사람에게" 복종과 순종을 하게 됩니다.

그러나 중생하지 못한 사람은, "겉 사람이 통치력을 가지고 있을 뿐" 속사람은 아무런 힘이 없이 잠잠하여, 마치 실체[substance]가 없는 것과 같습니다.

그러나 중생한 사람은 심사숙고 할 능력을 가지고 있으므로, 속사람과 겉사람의 상태를 분별할 수 있는 능력이 있지만, …

중생하지 못한 사람은 모든 판단력에, 무지하기 때문에 전혀 알 수가 없어요.

그러므로 중생한 사람은 내면적으로 산 사람이고, 중생하지 못한 사람은 내면적으로 죽은 사람이라고 볼 수가 있습니다.

본문 5절의 말씀으로 돌아가서 보자면 "땅에 있는 지체를 죽이라" 이 말씀은 당시의 골로새 교회의 교인들에게 하신 말씀인데, 이 말씀을 다른 말로 표현하면 "너희들이 중생을 해야된다" 라고 하는 말입니다.

이 말씀대로 우리 신앙인들이 육신에 속한 욕망, 즉 음란, 부정, 사욕, 과 악한, 정욕, 또한 탐심, 을 모두 내려놓는다고 함은 결코 쉬운 일이 아닙니다.

이 세상에 이러한 악한 자들이 없다면, 바로 지상천국이라고 말할 수가 있겠지요,

그래서 본문 7절 이하의 말씀에서는 "너희도 전에" 그 가운데 살 때에는 그 가운데서 행하였으나 이제는 너희가 이 모든 것을 벗어버리라. 우리 모든 그리스도인들도 물질세계에서 살아가고 있기때문에 그러한 물질들이 우리의 정신세계를 지배하고 있는 현실을 어느 누구도 부정하지는 못합니다.

지난 해 11월 3일에 미국의 대통령 선거가 있었는데, 그림자 정부 [DEEP STATE]가 지구촌의 모든 경제를 자기들의 손아귀에 잡아넣고, 또한 "소아성애"의 범죄집단으로 뭉쳐져서 수 백년 동안에 세계 각 지역에서 전쟁을 일으켰고, 또한, 세계적으로 추악한 범죄들을 저지른 악한 자들인데, 그들을 미국의 전직, 트럼프 대통령이 미국의 우주군을 중심으로 한 군부의 작전을 통해서 척결 하고있는 현실입니다.

위에서 말 한 [deep state]를 거슬러 올라가 보게 되니, 로마 교황청과 관련된 "예수회"의 '일루미나티'와 '로스차일드' 집단과 관련됐음이 밝혀지고 있습니다.

그 중에 '로스차일드' 집단들은 [북한, 이란, 쿠바,] 세 나라를 제외한 세계의 모든 나라의 "중앙은행을" 그들의 수하에서 통제, 관리해서 그 나라의 경제권을 통치하고 있으며 세계의 모든 금괴를 그들의 손아귀에 잡아넣고 세계 모든 나라의 국민들을 자기들의 노예로 삼아 왔는데,

최근에 로마 교황청에 있는 지하 터널에서만 미국의 군용 수송기 700대분의 금괴를 회수 했으며, 또한 그들이 세계 각 나라 지역에 숨겨 놓았던 수만 톤의 금괴를 미국의 우주군의 작전을 통해서 회수하여 미국으로 가져오고 있다는 정보를 최근에 유튜브를 통해서 듣게 됐으며, 미국의 군부에서 그 범죄자들을 처형, 처벌하고 있다고 합니다.

여기서 이러한 말을 하게 된 것은 우리가 일반적으로 기독교라고 알고 있는, 로마 카톨릭과 그 하부 조직인 "예수회"의 범죄상을 말하는 것입니다.

이번에 트럼프 전직 대통령을 통해서 드러나게 된 것을 보면 악의 세력들은 돈을 가지고 하나님의 형상대로 지음을 받은 사람들을 수 백년 동안 자기들의 노예로 삼아서 괴롭혀 왔다고 하는 사실이 드러나고 있습니다.

———

돈을 사랑함이 일만 악의 뿌리가 되나니 이것을
사모하는 자들이 미혹을 받아 믿음에서 떠나 많은
근심으로서 자기를 찔렀도다 (디모데전서 6 : 10)

———

로마 카톨릭이라고 하는 천주교 지하의 사진을 보게되니 셀 수 없으리 만큼 많은 해골들의 사진을 본바가 있습니다.

로마 카톨릭 교황은 어떠한 존재인가 !!

요한 계시록의 말씀을 기도하시면서 읽어 보시게 되면, 주님께서 여러분들에게 깨닫게 해 주시게 됩니다.

우리 모든 그리스도인들은, 본문 9절 말씀대로 거짓말을 하지 말고 옛사람과 그 행위를 벗어 버리게 될때에 중생을 하게 되며, 중생했다 하여도 자기만의 지나친 욕심을 버리지 못하게 된다면, 그러한 중생의 교인들이라고 할지라도 다시금 각자의 마음속 깊은 곳에 숨어있던 "악성"이 돌발적으로 충돌하게 됩니다.

그렇기 때문에 우리 모든 그리스도인들은 옛사람의 악성이 우리의 생활 가운데 또다시 침투하지 못하도록 날마다 말씀과 기도를 통해서 주님의 뜻에 합당한, "성화"되는 삶을 살아가도록 최선을 다하는 성도들이 돼야 하겠습니다.

———

내게 주신 은혜로 말미암아 너희중 각 사람에게
말하노니 마땅히 생각할 그 이상의 생각을 품지
말고 오직 하나님께서 각 사람에게 나눠주신 믿음
의 분량대로 지혜롭게 생각하라 (로마서 12 ; 3)

———

개혁을 위한 영감적 설교

10
사랑에서 분리된 믿음의 결말은 !!!

고린도 전서 13 : 1 ~ 7

내가 사람의 방언과 천사의 말을 할지라도 사랑이
없으면 소리나는 구리와 울리는 꽹과리가 되고
내가 예언하는 능이 있어 모든 비밀과 모든 지식을
알고 또 산을 옮길만한 모든 믿음이 있을지라도
사랑이 없으면 아무것도 아니요
내가 내게 있는 모든 것으로 구제하고 또 내 몸을
불사르게 내어 줄지라도 사랑이 없으면 내게 아무
유익이 없느니라
사랑은 오래 참고 사랑은 온유하며 시기하는 자가
되지 아니하며 사랑은 자랑하지 아니하며 교만하지 아니하며
무례히 행치 아니하며 자기 유익을 구치 아니하며
성내지 아니하며 악한 것을 생각지 아니하며
불의를 기뻐하지 아니하며 진리와 함께 기뻐하고
모든 것을 참으며 모든 것을 믿으며 모든 것을 바라며
모든 것을 견디느니라

오늘날 우리 모든 교회에서는 "믿음으로 구원 받는다"라고 하는 말을 너무도 쉽게 하고 있지요.

성경의 내면적인 부분을 종합 해 보게 되면 그 의미는 결코 단순한 교리가 아닙니다.

어떠한 사람에게 또한, 어떠한 경우에 우리가 그러한 말을 할 수 있을까, 하는 중요한 내용이 내포되어 있다고 하는 사실을 올바로 알고 그러한 말을 해야 합니다.

01   믿음의 뿌리는 사랑이다

대부분의 지도자들이나 교인들이 많이 알고, 또한 자주 사용하는 말이 있다면, 로마서 1장 17절의 말씀을 자주, 쉽게, 인용을 하면서 "의인은 믿음으로 말미암아 살리라"고 하지 않았는가, 라고 하는 말을 듣게 된다는 말입니다.

그렇다면, 왜 !!

롬 2장 13절 : 하나님 앞에서는 율법을 듣는 자가 의인이 아니요 오직 율법을 행하는 자라야 의롭다 하심을 얻으리니… 라고 하는 말씀이 기록돼 있습니까?

이 말씀에서는 전술된 말씀대로, "믿음의 사람들만을 의롭게 본다"고 하는 말씀이 아니고, 율법을 행하는 자라야 의롭다고 인정을 해주시게 된다는 말씀이라고 보아야 합니다.

여기서 말하는 율법을 행하는 자란, 사랑을 통한, 선행을 뜻하는 말로서, "위"로는 하나님을 사랑하고 대인 관계에 있어서는 모든 사람 즉, 네 이웃을 사랑하라고 하신 율법의 성취적(완성)인 말씀으로 이해를 해야됩니다.

———

어떤 율법사가 일어나 예수를 시험하여 가로되 선생님
내가 무엇을 하여야 영생을 얻으리이까
예수께서 이르시되 율법에 무엇이라 기록 되었으며 네가
어떻게 읽느냐
대답하여 가로되 네 마음을 다하며 목숨을 다하며 힘을
다하며 뜻을 다하여 주 너의 하나님을 사랑하고 또한 네
이웃을 네 몸과 같이 사랑하라 하였나이다
예수께서 이르시되 네 대답이 옳도다 이를 행하라
그러면 살리라 (누가복음 10 : 25 ~ 28)

———

위의 말씀을 볼 때에도, 영생 얻는 방법은 율법을 지키는 것이고…
그 율법을 지키는 생활이라 함은, 하나님을 사랑하고, 네 이웃을 네 몸과 같이 사랑하라, 고 하셨어요.
그렇기 때문에 우리 그리스도인들의 믿음의 초석은 사랑으로 깔려져 있어야 되기 때문에, 그 사랑에서 분리된 믿음은 결코 온전한 믿음이라고 볼 수가 없다는 말입니다.
그 이유는 사랑이 믿음의 생명(뿌리=본질)이 되기 때문입니다.

다시 말하면 사랑은 믿음의 "얼"(정신, 혼) 이라고 할 수 있으며, 다른 말로 표현한다면 믿음의 본질이 되기 때문이지요.

순수한 믿음이 없는 곳에는 사랑 즉, 인애가 존재하지 않기 때문에 주님의 뜻에 합당한 믿음이라고 볼 수가 없습니다.

사랑[인애]에서 '분리된 믿음'만을 가지고 스스로가 확증하는 사람들은 어떠한 진리도 가질 수가 없다는 사실이 되기 때문입니다.

이런 자들의 믿음은 맹목적인 것이라고 밖에 볼 수가 없어요.

'오직 믿음으로만'이라고 하는 교리를 통해서 산다고 하는 사람들의 그러한 말을 듣고 믿는 그들은 온갖 악행들을 스스로가 단절하지 못하는 성품의 일반적인 교인들이라고 밖에 볼 수가 없다는 말입니다.

주님께서 믿음[faith]이라고 하는 말씀을 많이 사용하시게 된 이유는, 당시에 유대인들이 예언자들에 의해서 '예언된 메시아'가 그분이시라고 하는 진리의 말씀으로 믿지를 않았기 때문에, 믿음을 언급하게 됐습니다.

교인들 가운데, 진리에 속한 내적인 믿음은 없지만, 사랑에 속한 외적인 믿음을 가지고 있는 사람들은 많이 있음을 우리가 볼 수 있는데, 그들은, 각자의 삶에 있어서 주님을 존경하고 성경 말씀의 뜻을 따라서 죄악을 멀리하려고 하지만, 세상일에 속한 걱정근심 때문에 믿음의 진리에 대해서 소홀히 하거나 진리의 말씀에 대하여 숙고하지 않는 경향이 있는 교인들이라고 말할 수가 있지요,

그들에게는 믿음의 뿌리라고 할 수 있는 사랑의 그루터기가 아직 남아있는 신앙인이라고 해야 될 것입니다.

본문 말씀 중,…

────

내가 사람의 방언과 천사의 말을 할지라도
사랑이 없으면 소리나는 구리와 울리는 꽹과리가 되고
내가 예언하는 능이있어 모든 비밀과 모든 지식을
알고 또 산을 옮길만한 모든 믿음이 있을지라도
사랑이 없으면 아무것도 아니요…
(고린도전서 13 : 1 ~ 2)

────

위의 말씀에서도 보면, 모든 능력과 하나님의 비밀을 알며 산을 옮길만한 능력이 있다고 할지라도 그 모든 뿌리라고 할 수 있는 사랑이 없다면, 그 모든 믿음의 결과를 우리가 수확할 수가 없다고 하는 두려운 말씀으로 받아들여야 되겠습니다.

그렇기 때문에 우리 믿음의 근본은 사랑이라는 말입니다.

02   진리에서 분리된 믿음

믿음의 근본은 사랑이며, 또한 진리에서 분리된 믿음은 올바른 믿음이라고 할 수가없는데, 로마 카톨릭은 신도들에게 성경 읽는 것을 금

지시켜서 복음 진리와 그들의 믿음을 분리 시켰습니다.

말틴 루터가 종교 개혁을 하게 된 이유 중의 하나가, 사제들 외에는 구든지 성경을 자유롭게 읽지 못하도록 제한을 했기 때문이었지요. 그리하여, 만인 제사장 [Priesthood of all Believers]론을 강조하기도 했습니다.

———

오직 너희는 택하신 족속이요 왕같은 제사장들이요
거룩한 나라요 그의 소유된 백성이니 너희를 어두운
데서 불러내어 그의 기이한 빛에 들어가게 하신
자의 아름다운 덕을 선전하게 하려 하심이라
(베드로 전서 2 : 9)

———

위의 말씀 중 "너희는 왕 같은 제사장들이요"의 말씀을 중심으로 하여 누구든지 제사장이 될 수 있다는 주장을 하면서 교황이나 사제들만이 성경을 읽을 수 있는 것이 아니고, 모든 신도가 성경을 자유롭게 읽을 수 있도록 해 주어야 된다고 하는 주장을 하게 됐지요.

말틴 루터의 이러한 주장을 그들이 받아들이게 된다면, 그들은 여러 신도로부터 예배를 받을 수가 없고, 또 그들의 성인[saint]들은 "신"의 위치에서 예배를 받을 수가 없기 때문에, 제도화된 우상숭배를, 주검, 유골, 무덤, 이 '거룩한 것'으로 추앙되는데 까지 확장할 수가 없었기 때문이며, 또한 재물 취득의 목적으로 사용될 수가 없었기 때문이었습니다.

이렇게 볼 때 로마 카톨릭 교회는 "진리에서 믿음을 분리시켰던" 그들의 신앙에서는 장님의 신앙 (맹목적 신앙 : a blind faith)으로 변질시켜서 '흉악한 거짓들을' 현실로 끌어들이게 됐다는 말입니다. 이와같이 '진리에서 파괴된 믿음' 속에는 사랑[생명의 빛]을 완전히 배척한 믿음으로서 구원의 소망을 가질 수가 없는 집단이라고 말할 수가 있지요.

또한, 로마 카톨릭 교회는 1506년에 성 베드로 성당 개축 공사를 '율리오' 2세가 시작하여 1626년 11월 18일에 '우르바노' 8세가 120년 만에 마무리를 했는데,

말틴 루터가 종교 개혁을 한 것은 1517년이었으니,

당시에 성베드로 성당을 짓기 위해 신도들로부터 온갖 방법을 동원하여 공사비용을 끌어들이고 있을 때이며, 당시에 면죄부 장사만을 한 것이 아니고, 그들이 말하는 옛날에 죽었던 "성인들의 시신"들의 뼈까지도 발굴하여 '신도들에게 상품화'를 시켜서 판돈으로 그 건물을 지었다는 사실을 알고 있으면서, 개혁교회의 많은 목사와 교인들도 그곳을 찾아 가서 관람료를 내고 구경을 한다면, 결과적으로 그들에게 많은 수익을 가져다가 준다고 볼수 있는데, 개혁교회 목사인 '나' 로서는 도저히 이해를 할 수 없는, 개혁교회의 지도자들이나 교인들의 잘못된 생각이라고 말할 수가 있지요.

말틴 루터가 종교 개혁을 하게 된 많은 원인 가운데 건축비용을 악하고 또한 더러운 방법으로 거둬들이는 부분에 대해서도 문제를 제기하게 됐는데, 오늘날 우리는 로마 교황들이 얼마나 부패한 자인가를 위에서 언급한[86조항] 만을 보더라도 바로 알 수 있는 상황이라고 봅니다.

루터의 종교 개혁이 1517년 이었으니까, 지금으로부터 약 500여년이 되지 않았는가, 루터가 주장하기를 "신도들의 돈으로 성당 건물을 짓는 것보다도 교황 자기 돈으로 성 베드로 성당 하나쯤은 세울 수 있지 않은가" 라고 했으니 우리가 상상을 해 볼 때에 120년 동안 건물을 짓기 위해서 신도들로부터 긁어모은 돈이 얼마나 많이 됐을까요?

앞에서 언급함과 같이, 오늘날 우리의 용어를 빌리자면 그때 당시에 "세계에서 최대갑부"가 로마교황이었다는 말이지요.
참으로, 교황들이야말로 예수님의 자리에 앉아서 온갖 악행을 대대적으로 하고 있었던 자들입니다.
교황들은 종교(신앙)를 빙자한, 종교의 행위로서, 믿음을 말로서는 가르치고 있었지만, 사랑의 실천은 전혀 없는 자들의 큰 '악마'가 바로, 그들이라는 말입니다.
아무리 로마 카톨릭이라고 하는 종교의 탈을 썼다고 할지라도, '사랑'이 없는 그 곳에는 악마적인 사탄들의 역사로서 살상과 파괴만 있었을 뿐입니다.

위와 같은 그들, 로마 카톨릭의 신도들의 장님과 같은 신앙이, 그 후에는 개혁교회[the Reformed church]에도 많은 영향이 미치게 되었는데, 그 이유는 개혁교회 안에서도 "사랑으로 부터 믿음을 격리 시켰다"고 하는 잘못된 교리가 있다는 말입니다.

이러한 무지함 속에서 본래의 진리는 잘못된 인본주의 신학으로 가리워지게 됐고 그들의 가르침이라고 할 수 있는 교의[tenets]가 참된 성경적 진리라고 하며 그들 스스로가 그것들을 이해시켜서 믿게 할 수 있다고 거짓된 주장을 하고 있습니다.

━━━

거짓 선지자가 많이 일어나 많은 사람을 미혹하게
하겠으며 불법이 성함으로 많은 사람의 사랑이
식어지리라 (마태복음 24 : 11 ~ 12)

━━━

이 말씀은 오늘날의 우리 개혁교회의 상황이라고 보아야 되지 않을까요?

모든 교회에서 주님의 사랑을 가르치고는 있지만, 그 사랑을 실천하는 교회는 많치 않다고 하는 것이 오늘날 우리 개혁교회의 실상이기 때문입니다.

또한, 일부 예정론을 믿는다고 하는 목사들이나 교인들이 말하기를, 우리는 주님의 은혜를 통해서 선택받은 믿음으로 한번 구원을 받았기 때문에, 우리가 율법을 모두 지키지 않거나 선행을 하지 않아도 우리들의 그러한 경우에는 천국에 가서 상급이 없을 뿐, 우리 영혼이 구원을 받게 됨에는 어떠한 변함이 없다고 하는 말을 들은 바가 있습니다.

"오직 우리가 구원을 받게 됨은 믿음만으로 되며" 우리의 선행은 천국에서의 상급과 관련된다고 하는 믿음은, 결코 비성경적인 잘못된 절름발이의 신앙입니다.

율법을 지키고 선행을 함은 우리 그리스도인들이 대인관계에 있어서 우리가 주님으로부터 받은 사랑을 공급해 주는 표현이며, 또한 그들에게 덕을 세우게 되는 일로서 우리 개혁교회 신앙의 '결과' 즉, 열매라고 말할 수가 있습니다.
우리 모두는 믿음으로 구원받게 된다고 하는 "믿음 우월주의"에서 벗어나야 만이 됩니다.

본문의 1절에, 사람의 방언과 천사의 말을 할지라도 사랑이 없으면…
또한, 산을 옮길만한 믿음이 있을지라도 사랑이 없으면…

많은 능력을 행한다고 해서 결코 천국에 들어간다고 하는 보장은 결코 없다고 하는 말씀을 우리는 올바로 알고서 신앙생활을 해야 합니다.

———

그 때에 내가 저희에게 밝히 말하되 내가 너희를 도무지
알지 못하니 불법을 행하는 자들아 내게서 떠나가라 하리라
(마태복음 7 : 23)

———

위의 말씀은, 주님의 이름으로 선지자 노릇을 한 자들과 주님의 이름
으로 귀신을 쫓아내며 많은 권능을 행했다고 하는 지도자들에게 하
신 말씀입니다.

———

주 여호와의 말씀에 나의 삶을 두고 맹세하노니 나는 악인의
죽는 것을 기뻐하지 아니하고 악인이 그 길에서 돌이켜 떠나서
사는 것을 기뻐하노라 이스라엘 족속아 돌이키고 돌이키라
너희 악한 길에서 떠나라 어찌 죽고자 하느냐 하셨다 하라
인자야 너는 네 민족에게 이르기를 의인이 범하는 날에는
그 의가 구원치 못할 것이요 악인이 돌이켜 그 악에서 떠나는
날에는 그 악이 그를 엎드러 뜨리지 못할 것인즉
의인이 범죄하는 날에는 그 의로 인하여는 살지 못하리라
(에스겔 33 : 11 ~ 12)

———

이 말씀은 하나님의 판단기준이 과거의 성실했던 믿음이 아니고,
'현재'의 신앙상태에 따라서 구원과 심판의 기준을 삼으시겠다고 하
신, 두렵고도 공의로운 말씀입니다.

다시 말하자면, 지난 과거에 교회에서 많은 일을 했다고 할지라도 오늘의 선행의 열매라고 할 수 있는, 빛과 소금의 역할을 얼마나 했는가? 라고 하는 기준을 통해서 주님께서는 심판을 하시게 된다는 말입니다.

몇 년 전에는, 아무리 신앙생활을 정직하게 잘했다고 할지라도, 오늘의 신앙이 잘못된 길로 변질됐다면 용서를 받지 못하게 된다는 말이지요.

03 사랑과 믿음의 결정체가 구원을 이룩한다

네가 보거니와 믿음이 그의 행함과 함께 일하고,
행함으로 믿음이 온전케 되었느니라
(야고보서 2 : 22)

여기서 말하고 있는 '행함이란' 일반적인 우리 사회에서 말하는 윤리 도덕의 관념에서 말하는 '선행'이 아니고, 우리 그리스도인들이 주님으로부터 우리가 먼저 받은 사랑의 열매(복음)를 통해서, 우리의 일상생활 가운데서 타인에게 덕을 세운다는 말입니다.

위의 말씀은 사도 바울이 고린도 교회에 서신으로 보낸 글인데, 자기 자신에 대하여, 위와 같은 큰 믿음이 있다고 해도 사랑이 없다면 아무것도 아니라고 했습니다.

또한, 본문 말씀 중 3절에서는 "내가 내게 있는 모든 것으로 구제하고 또 내 몸을 불사르게 내어 줄지라도 사랑이 없으면 아무 유익이 없느니라." 우리가 올바로 알아야 할 사실은 사랑[인애]과 믿음은 의지와 이해가 하나인데, 그 이유는 인애는 의지에 속해있고, 믿음은 이해에 속해있기 때문입니다.
우리의 신앙 안에서 볼때에 선행과 진리가 한 몸을 이루는 것과 같이, 인애와 믿음도 역시 한 몸을 이룩한다고 보아야 할 것입니다.

더욱 쉽게 말하자면, 사랑[인애]과 믿음은, 본질과 형체로 한 몸을 이룩합니다. 여기서 말하는 뜻은, 사랑[인애]이 없는 믿음은, 본질이 없는 형체 같아서 아무것도 아니며, 또한 믿음이 없는 사랑[인애]도 형체가 없는 본질과 같아서 그러한 것도 역시 우리 그리스도인의 신앙생활에는 어떠한 신앙의 열매{결과}가 없다는 말입니다.

━━━

오직 위로부터 난 지혜는 첫째 성결하고 다음에 화평하고
관용하고 양순하며 긍휼과 선한 열매가 가득하고 편벽과
거짓이 없나니
화평케 하는 자들은 화평으로 심어 의의 열매를 거두느니라
(야고보서 3 : 17 ~ 18)

━━━

여기서 말하고 있는 "위로부터 난 지혜"란 위에서 언급한 사랑의 본
질을 뜻하는 말로서 믿음의 형체와 구분을 하지 못하게 된다면, 열매
는 없고, 가지만 무성한 과목이라고 밖에 볼 수가 없을 것입니다.

———

이와 같이 좋은 나무마다 아름다운 열매를 맺고
못된 나무가 나쁜 열매를 맺나니
좋은 나무가 나쁜 열매를 맺을 수 없고 못된 나무가
아름다운 열매를 맺을 수 없느니라
아름다운 열매를 맺지 아니하는 나무마다 찍혀 불에
던지우느니라 이러므로 그의 열매로 그들을 알리라
(마태복음 7 : 17 ~ 20)

———

주님께서 우리에게 가르쳐 주신 사랑의 본질을 올바로 알고서 신앙
생활을 하는 모든 그리스도인은 아름다운 열매를 맺게 된다고 하는
말씀입니다.
오늘날 우리 교회들이 퇴락되고 있는 가장 큰 원인은 믿음의 형체는
무성함에도 불구하고, 우리 기독교의 근간이라고 할 수 있는, 사랑
의 본질을 망각하고 있기 때문이라고 말할 수가 있지요.

길가에서 한 무화과나무를 보시고 그리로 가사
잎사귀 밖에 아무것도 얻지 못하시고 나무에게
이르시되 이제부터 영원토록 네게 열매가 맺지
못하리라 하시니 무화과 나무가 곧 마른지라

(마태복음 21 : 19)

위의 말씀은 잎이 무성하게 자란 것을 보셨기 때문에 가까이 가셔서
무화과의 열매를 찾아보았지만, 열매를 찾지 못했을때에, 이제부터
영원토록 네게 열매가 맺지 못하리라, 고 저주를 하신 말씀인데,
오늘날 우리 개혁교회에 수만 명씩 모인다고 하는 대형교회들이 얼
마나 많이 있습니까?
그러나 대부분의 교회들이 '믿음의 형체'만 있을 뿐, 사랑의 본질(열
매)이 없다면, 위에서 언급한 말씀과 같이 외형적인 교회로서 퇴락
되게 된다는 말입니다.

진리와 선에 관한 지식적인 신앙인도, 사랑 안에서 생활하지 않는다
면, 주님께서 원하시는, 믿음에 속한 신앙인이라고 볼 수가 없습니다.
믿음에 선행하는 진리와 선에 관한 지식 들은, 어떤 사람들에게는 마
치 그것들이 믿음에 속한 것처럼 보이지만,…
그럼에도 불구하고 그들은, 그들의 생각이나 말하는 것이 아직 까지
는 그들이 그렇게 행한다는 증거가 되지 못함을 알 수가 있지요.

또한, 그러한 교인들의 지식도 믿음에 속한 것도 아닙니다. 그것은 단지 그러한 지식을 자신만이 알고 있을 뿐이지, 그러한 지식들이 진리라고 하는 사실에 대하여, 자신이 내면적으로 시인한 것이 아니라고 보기 때문입니다.

그러나 사랑[인애]이 그 심령 가운데 '활착'이 된다면, 그 안에 있는 사랑에 비례하여 믿음에 속한 신앙인이 가져야 할 지식이라고 볼 수가 있게 됩니다.

이러한 사랑이 우리 마음속에서 활착하게 된다면, 본문 4절 이하의 말씀대로…

사랑은 오래 참고 사랑은 자랑하지 아니하며 교만하지 아니하며 무례히 행치 아니하며 자기의 유익을 구하지 아니하며 성내지 아니하며 악한 것을 생각지 아니하며 불의를 기뻐하지 아니하며 진리와 함께 기뻐하고 모든 것을 참으며 모든 것을 믿으며 모든 것을 바라며 모든 것을 견디느니라…

이와 같은 신앙인의 삶을 살아간다고 하는 것이 결코 쉬운 일이 아니기 때문에, 주님께서 우리에게 요구하시는 믿음이란, 사랑의 기반에 그 집이 세워져야 한다는 말입니다.

04 　사도 바울의 신앙고백

오호라 나는 곤고한 사람이로다 이 사망의 몸에서 누가
나를 건져내랴 우리 주 예수 그리스도로 말미암아 하나님께
감사하리로다 그런즉 내 자신이 마음으로는 하나님의 법을
육신으로는 죄의 법을 섬기노라 (로마서 7 : 24 ~ 25)

이 말씀을, 롬 1 : 17 "오직 의인은 믿음으로 말미암아 살리라", 고
하신 말씀과 대조를 해서, 우리는 다시 한 번 깊이 생각을 하며 각자
의 신앙을 점검해 볼 필요가 있습니다.

사도 바울께서도 자기의 마음 가운데 주님께서 우리에게 교훈해 주
신 그 고귀하신 사랑이 온전하게 '활착'을 하기가 너무나도 힘들고
어려웠기 때문에,…
"오호라 나는 곤고한 사람이로다" 라고 하는 말을 하게 됐습니다. …

로마서 1장 17절에서는, "오직 의인은 믿음으로 산다"고 했음에도
불구하고,
왜 !! 그는 7장으로 내려와서는 "그의 말로서도 표현하기 어려울 정
도로" 고통스러움과 번민함을 토로하게 됐을까요 !!…

오늘날 우리 그리스도인들은, 롬 1장 17절 : "의인은 믿음으로 살리라."의 말씀을 서슴없이, 또한 너무나도 쉽고, 자연스럽게 강조합니다. 그 이유의 하나는 쉽게 믿고 천국에 갈 수 있다고 하는 허황된 자들의 욕심이라고 볼 수가 있으며, 또 다른 이유는, 나의 어떠한 희생이 없어도, "주님의 은혜로" 값없이 받았다고 하는 잘못된 교리 때문입니다.

우리 기독교의 복음은 복잡하고 어려운 것이 아니고, 참으로 쉽게 믿고 따르기만 하면 천국의 구원을 받게 된다고 하는 교리만의 가르침으로 오늘날까지 일관 돼 왔지요,

---

좁은 문으로 들어가기를 힘쓰라 내가 너희에게
이르노니 들어가기를 구하여도 못하는자가
많으리라 (누가복음 13 : 24)

천국의 문은 결코 쉽게 열려지지 않습니다. " 천국의 열쇠는" 믿음과 사랑이 겸비된자 만이 그 열쇠를 가질 수 있기 때문에, 좁은 문으로 들어가기를 힘쓰라고 했습니다.

사랑하는 교우 여러분들이여 !
마태복음 21장 19절 말씀과, 로마서 1장 17절 말씀과, 로마서 7장

24~25의 말씀과 고린도전서 13장 2절의 말씀을 대조해서 읽어 보시고, …

우리 개혁교회의 신학 교리에서 강조하는 '이신득의'라고 하는, '믿음으로 구원 받는다'는 교리를 재점검하시는 신앙인이 되시길 부탁합니다.

영생의 복음이 되시는 우리 주님을 따르는 길은 결코 쉬운 길이 아닙니다.

우리 육신은 현실 속에서 살아가고 있는데, 주님께서는 우리에게 날마다 계시를 해 주시며, 또한 나타나 보여 주시고 있는 분이 아니기 때문이지요,

그 이유는, 우리들의 마음의 눈이 어둡기 때문에 우리 앞에서 전개되고 있는 주님의 역사 하심을 우리 육신의 눈으로 보거나, 알지 못하고 있는 가운데서 신앙생활을 하고 있다는 사실을 더욱더 깨닫기 위해서, 우리들은 매일 성경을 읽고 또한, 기도 생활을 통해서 우리의 마음을 관리 해야합니다.

본문 말씀 다음 8절의 말씀에서는,
사랑은 언제까지든지 떨어지지 아니하나 예언도 폐하고 방언도 그치고 지식도 폐하리라
13절 말씀 : 그런즉 믿음 소망 사랑 이 세 가지는 항상 있을 것인데 그 중에 제일은 사랑이라

믿음으로 말미암아 그리스도께서 너희 마음에 계시게
하옵시고 너희 사랑 가운데서 뿌리가 박히고 터가 굳어
져서 능히 모든 성도와 함께 지식에 넘치는 그리스도의
사랑을 알아 그 넓이와 길이와 높이와 깊이가 어떠함을
깨달아 하나님의 모든 충만하신 것으로 너희에게 충만
하게 하시기를 원하노라 (에베소서 3 : 17 ~ 19)

나의 이 말을 듣고 행치 아니하는 자는 그 집을
모래 위에 지은 어리석은 사람 같으리니
비가 내리고 창수가 나고 바람이 불어 그 집에
부딪치매 무너져 그 무너짐이 심하니라
(마태복음 7 : 26 ~ 27)

우리 모든 그리스도인들이 견고한 믿음의 집을 건축하기 위해서는
믿음의 열매라고 할 수 있는 '행함[사랑]'이 병행 돼야 만이 합니다.
사랑에서 분리된 믿음의 집은, 모래 위에 지어진 집과 같아서 결국에
무너질 수밖에 없기때문에, 어떠한 환난이 우리 앞에 엄습한다. 할
지라도 결코, 무너지지 않는 견고한 성도의 집을 지어 나가시기를 바
랍니다.

사랑에서 분리된 믿음의 결말은, 주님의 심판이 뒤따르게 됩니다.

개혁을 위한 영감적 설교

11
올바른 회개를 모르는 현대의 교회

마태복음 3 : 7 ~ 9

요한이 많은 바리새인과 사두개인들이 세례
베푸는데 오는 것을 보고 이르되 독사의 자식
들아 누가 너희를 가르쳐 임박한 진노를 피하라
하더냐
그러므로 회개에 합당한 열매를 맺고
속으로 아브라함이 우리 조상이라고 생각지 말라
내가 너희에게 이르노니 하나님이 능히 이 돌들로도
아브라함의 자손이 되게 하시리라

본문의 말씀은 세례요한이 당시에 바리새인과 서기관들에게 회개에 합당한 열매를 맺으라고 경고한 말씀인데,
당시의 종교 지도자들의 생활이 얼마나 많은 문제점들이었기에
그가 '독사의 자식들아'라고 했던가를 오늘날 우리 교회의 지도자들은 심사숙고 해 보아야 될 문제점이라고 생각이 됩니다.

그들이 예수님 당대에 유대교의 종교 지도자들로서 내면적인 회개가 전혀 없었다는 사실에 대하여 세례요한이 심판적인 말을 하게 됐습니다.

01   회개와 회심의 의미

우리가 일반적으로 말하는 '회개'는 신학에서 말하는 '회심'의 한 요소로 이해를 해야 합니다.
즉 회심이란, 회개와 신앙을 결합한 용어로 보고 있기 때문이지요.

전자는 과거에 관련돼 있고, 후자는 미래에 관련 돼 있다고 말할 수가 있지요, 구약성경에서 말하는 '회심'이란, 후회하다 [히 : nicham]의 의미를 가지고 있는데, 이 뜻은 계획과 행동의 변화를 수반하는 '회개'를 가리키며, 다음으로는 [떠났다 돌아오다 [히 : shubh]를 의미하는 말로서 이 용어는 여러 선지서에서 볼 수 있음과 같이, 이스라엘

백성이 하나님을 떠났다가 돌아옴을 가리키는 말로서 '회심'의 중요한 요소가 된다고 말할 수가 있습니다.

신약성경에서는 '회심'이라고 하는 뜻을 세 가지로 구분을 하고 있는데,

첫 번째 : 근본적으로 마음의 변화를 뜻하는

> [헬 : metanoeo, metanoia] 말인데, 여기서 말하는 변화란, 지적인 것만을 뜻함이 아니고 윤리 도덕적인 변화라고 보아야 합니다.

깨끗한 자들에게는 모든 것이 깨끗하나 더럽고 믿지
아니하는 자들에게는 아무것도 깨끗한 것이 없고 오직
저희 마음과 양심이 더러운지라 (디도서 1 : 15)

위의 말씀과 같이 사람의 마음이 변화될 때에는 새로운 지식을 받게 될 뿐 아니라, 그의 의식적인 생활의 방향과 도덕적인 성질까지도 변화를 받게 되는 것입니다.

두 번째 : 방향을 돌리다, 되돌아가다.

> [헬 : episurepho, episurophe] 의 뜻으로서 능동적 생명이 다른 방향으로 움직인다는 사실을 강조하는 것으로 회심의 최종적인 행동을 나타내 주는 말이 됩니다.

세 번째 : 어떠한 사건 후에, 사람에게 걱정거리가 되는

[헬 : metamelomai] , 이 말은 회개의 요소를 강조하는 말로서 가롯 유다의 '회개' 에서도 사용됐던 의미로 볼때에, 이 말은 언제나 진정한 회개가 아니라는 사실일 뿐, 어떠한 순간적인 감정의 요소가 내포돼 있음을 알아야 합니다.

때에 예수를 판 유다가 그의 정죄 됨을 보고 스스로
뉘우쳐 그 은 30을 대 제사장들과 장로들에게 갔다
주며 가로되 내가 무죄한 피를 팔고 죄를 범하였도다
하니 저희가 가로되 그것이 우리에게 무슨 상관이
있느냐 네가 당하라 하거늘…(마태복음 27 : 3 ~ 4)

위에서, 자기의 범죄를 뉘우친 가롯 유다의 회개는 마음속 깊은 곳에서 우러난 진실감에서 비롯된 회개가 아니고 일시적인 감정에 이끌려서 된 후회 함이었다고 볼 수가 있지 않을까요!

여러분들은 로마 카톨릭 교회의 회개를 참고로 하시길 바랍니다. 그들의 '고해성사'에서 회개의 관념은 전적으로 형식화 돼 있는데,

고해성사에는 세가지 요소가 있습니다.

1) 통회 [Contrition]

죄에 대한 진정한 비애를 말하는데, 이것은 생득적인 죄에 대해서가 아니고 개인적인 과실에 대하여 슬퍼함을 말하는데, 이들은 이러한 통회 대신에 불완전한 회개의 죄를 통해서도
신도들이 만족감을 삼기도 하는데, 이것은 참으로 죄의 형벌에 대한 공포감 때문이라고 볼 수밖에 없습니다.

2) 고명 [Confession]

고해성사에서 신부에게 자기의 죄를 고백하는 회개인데, 회개자가 만족한 고백을 할때에 '신부'는 선언하기를 하나님께서 회개자의 죄를 용서할 뿐 아니라, '신부' 자신도 그것을 용서 한다고 말합니다.

3) 보속 [Satisfaction]

이것은 죄인이 회개하는 행위인데, 이것은 고통스러운 일을 인내하거나 또는 어렵고도 불유쾌한 일을 수행함으로 이룩되는 회개의 방법입니다.

그러나, 우리 개혁교회에서 보는 회개의 성경적인 견해는, 그들과 전혀 다릅니다.
성경에서는 회개를 말 할때에 전적으로 내적인 행위, 다시 말하면 통회의 행위, 또한 비애로 간주하며 성경에서 말하는 진정한 회개란, 항상 참된 '내면적' 신앙을 동반하게 되는 우리 그리스도인들의 생활 가운데서의 변화를 뜻합니다.

그러므로 회개에 합당한 열매를 맺고
속으로 아브라함이 우리 조상이라고 생각지 말라
내가 너희에게 이르노니 하나님이 이 돌들로도
아브라함의 자손이 되게 하시리라
(마태복음 3 : 8 ~ 9)

위의 말씀을 볼 때에도 회개한 신앙인에게는 그의 생활 가운데서 나타나는 참된 신앙인의 열매가 있어야 되기 때문이지요,

위에서 언급한 로마 캐톨릭 교회에서 말하고 있는 '통회'가 우리 개혁교회에서도 적용되고 있음을 볼 수가 있는데, 그 통회가 '중생'을 염원하는 신앙인 안에서 믿음에 선행하는 '통회'라고 부르며 그것은 복음의 위로[the consolation of Gospel]에 의하여 뒤 이어진다고 말하고 있는데, 그들이 말하는 이러한, '통회'가 아담의 죄로 인한 하나님의 분노 때문에, 모든 사람은 출생 때로 부터 내재 돼 있는 영벌[eternal damnation]의 두려움에서 일어난다고 하는 말입니다.

또한, 일반적으로 우리에게 그러한 통회가 없다면 우리 주님의 공로와 의가 신앙인들에게 전가되는 믿음이 주어지지 않는다는 말들을 하고 있어요.

이러한 주님의 공로를 통해서 얻게 된 믿음의 복음을 통해서 위로를 받게 되며 의롭게 되며 또한 이로 인하여 신앙인 각자의 어떠한 노력

이 없다고 해도 우리가 중생하게 되고 또한 성화[sanctified]가 된다고 주장하고 있지요!

이로 인하여 모든 사람이 영원한 형벌 가운데서 구속함을 받아서 영생의 축복을 누리게 된다고 알고 있습니다.

02 "통회"가 올바른 회개일까?

회개에 대하여 우리 신앙인들이 각자가 지극히 작은 것에서부터 자신이 죄인이라고 하는 것을 올바로 알지 못한다면 진정한 회개는 결코 불가능합니다.

우리 모두가 자기의 내면에 "또아리"를 틀고 있는 악들을 각자가 깨달아서 보지 못하고 "자신의 내면적인 '악들'에 대하여 정죄하며 비난하지 못한다면", 어느 누구도 진정한 회개의 필요성을 느끼거나 알 수가 없다는 말입니다.

또한, 믿음에 대하여 필연적으로 선언되는 '통회'는 우리가 알고 있는 일반적인 회개와는 무관하다고 볼수 밖에 없습니다.

모든 사람은 아담의 죄 가운데서 태어났고, 그러한 악의 기질 가운데서 비롯된 [고백]에 지나지 않기 때문에 결과적으로 하나님의 진노가 모든 사람에게 있으며 그 결과로 말미암아 정죄가 되고, 파멸되어 영원한 죽음이 뒤따르게 됐다는 말입니다.

이렇게 볼 때에 '통회'는 진정한 회개가 될 수 없다는 말입니다.

이는 그의 사랑하시는 자 안에서 우리에게 거저
주시는바 그의 은혜의 영광을 찬미하게 하려는
것이라
우리가 그리스도 안에서 그의 은혜의 풍성함을
따라 그의 피로 말미암아 구속 곧 죄 사함을
받았음이니… (에베소서 1 : 6 ~ 7)

우리는 주님의 은혜를 통해서, 즉 어린양의 보혈로 깨끗하게 씻김을 받아서 눈과 같이 희어진 옷을 입고 살아 갈때에, 우리속에 있던 모든 악이 그리스도의 은혜로 말미암아 멀리 옮겨진 상태가 될 뿐입니다. 3년 동안 주님과 동고동락을 했던, 가룟 유다가 돈에 눈이 어두워 져서 그 주님을 은전 30개에 팔게 됐는데, 그의 맘속에 머물러 있던 모든 악을 주님께서 멀리 옮겨 놓으셨음에도 불구하고, 유다는 날마다 돈에 마음이 빼앗기다 보니 그동안 주님으로부터 받은바 모든 은혜는 잊어버리게 되고 주님께서 멀리 옮겨 놓으셨던, 가룟유다의 옛날 그 '악'을 다시 그의 마음속으로 끌어들여서 돌이킬 수 없는 범죄를 저지르게 됐다는 말입니다.

열 둘 중에 하나인 가룟인이라 부르는 유다에게
시단이 들어가니
이에 유다가 대제사장들과 군관들에게 가서 예수를
넘겨 줄 방책을 의논하매
저희가 기뻐하여 돈을 주기로 언약하는지라
유다가 허락하고 예수를 무리가 없을 때에
넘겨 줄 기회를 찾더라(누가복음 22 : 3 ~ 6)

위의 말씀중, 3절의 말씀에 "유다에게 사단이 들어가니" 라고 기록이 됐는데,

이 말씀 직전까지도 주님께서는 유다의 마음을 '악'으로부터 지켜주셨지만, 유다가 돈에 대한 욕심을 스스로 버리지 않게 됐을때에 그의 마음속에 욕심이라고 하는'악'이 결국에는 들어갔다는 말입니다.

오늘날 신앙생활을 잘한다고 하는 우리들도 '악'의 마귀에게 마음의 문을 열어서 기회를 주게 된다면, 당시의 가룟유다 보다도 더욱 많은 악을 끌어들여 범죄를 행할 수가 있다고 하는 사실을 우리 신앙인들은 유념해야 합니다.

당시에 가룟유다는, 진정성이나 가식성을 떠나서 형식적으로라도 그는 예수님을 팔았던 자기의 잘못을 직후에 뉘우쳤어요,

그러나, 오늘날 우리 교계에서 벌어지고 있는 많은 일들 즉, 무서운

일들이 벌어지고 있지만, 그들 스스로가 전혀 양심에 가책을 느끼지 못하면서 주님 앞에서 범죄하는 일들이 있지는 않은가를, 우리는 각자가 생각을 해 보아야 되지 않을까요!

앞에서 언급한 가룟유다와 같이, 우리가 한번 회심을 했다고 하지만, 언제든지 옛날에 나를 주관했던, 그 수 많은 '악들이' 내 마음속 깊은 곳에서 나의 일상생활 가운데 또다시 찾아 올 수 있게 된다는 사실입니다.

그래서 우리는 하루하루를 살아가는 삶 가운데서 지나친 욕심을 모두 내려놓고, '성화' 되어가는 그리스도인의 삶을 살아가도록 노력해야 합니다.

우리의 이러한 믿음을 통해서, 우리는 하나님이신, 주님의 "순진무구"[the innocence of God the Saviour] 의 진정한 신앙인의 삶이라고 말할 수가 있습니다.

모든 사람의 죄는 각자의 내면에 숨겨져 있기때문에 그들의 입술, 고백은 거짓이고 또한, 위장된 고백도 얼마든지 있을 수 있기에 그러한 모든 고백은 불확실하고 따라서 수족이 절단된 불구자와 같습니다. 그러나, 자기 자신은 '죄' 외에 아무것도 아니라는 사실을 알고 주님께 의탁하며 고백하는 사람이란, 모든 죄를 포함하고 어느 것, 하나 빼거나 잊혀진 것은 아무것도 없다고, 주님 앞에서 겸허한 마음으로 고백을 할 수 있는 자들입니다.

오늘날 우리가 본받아야 될 우리 믿음의 많은 선진들이 있지만, 앞에서 언급한 바울은 위의 말씀을 통해서 볼 때에도 우리 신앙인들의 내면적인 부분에 대하여 많은 양식을 우리에게 깨닫게 해 주고 있음을 우리가 잘 알 수가 있어요.

03 믿음만으로는 결코 천국에 들어갈 수 없다.

오늘날 우리 개혁교회에서 '믿음으로 구원 받는다' 라고 하는 말을 너무도 쉽게 하고 있는데, 그러한 사람들은 성경을 부분적으로 편리한 성경만을 자기에게 대입을 시켜서 자기의 생각대로 해석을 하며 신앙생활을 하는 자들이라고 말할 수가 있습니다.

———

믿음이 그의 행함과 함께 일하고 행함으로
믿음이 온전케 되었느니라(야고보서 2 : 22)

———

우리 개혁교회의 복음은, 믿음과 행함[인애] 이라고 하는 '두 다리' 가 있어야 만이 천국의 문에 들어갈 수가 있습니다.
또한, 위에서 언급한 종교 개혁자들이 로마 카톨릭에서 분리 된 뒤 그들에 의하여 된 신앙고백은 실제적으로 회개에 적용 되기도 했습니다.

그것은 그 고백이 그들의 '전가적인 믿음'[the imputative faith]에 기초했기 때문인데, 그러한 믿음은 '인애'를 떠나서 회개나 중생이 '오직 믿음에' 의하여 행하여진다는 것인데,

이러한 생각은 '칭의의 행위'에서 사람의 역할과 성령의 협력이 전혀 필요 없다는 '믿음으로 만을' 기초하고 있었기 때문입니다.

또한, 이러한 믿음에 기초하게 된다면 영적인 사물들 에게는 '선택의 자유'를 전혀 가지지 못하고 그 분의 자비에만 의존하게 된다는 말이 되겠습니다.

———

주께서 가라사대 이 백성이 입으로는 나를 가까이
하며 입술로는 나를 존경하나 그 마음은 내게서 멀리
떠났나니 그들이 나를 경외함은 사람의 계명으로 가르
침을 받았을 뿐이라 (이사야서 29 : 13)

———

위의 말씀을 볼 때에도 입술의 고백과 마음을 비교한 말씀인데,

'악마와 귀신들도' 입술의 고백은 얼마든지 아름다운 말을 할 수가 있다는 말인데,

그렇기 때문에 입술의 이러한 선언은 각자의 위급한 상황에서 임시 방편으로 구출의 도움을 목적으로 한 기만이나 간계를 통해 사람을 속이기 위한 방법으로나 사용할 수 있는 위장술일 뿐, 결코 성경적인 신앙인의 말이 아니라고 하는 사실입니다.

또한, "주님의 화해와 중보 사역"을 통해서 모든 사람들의 죄를 용서해 주시기 위해서 십자가의 고난을 당하셨음을 확증한다고 하는 현대 교회에서는 입술로만 신앙할 뿐, 그 사람들의 내면이라고 할 수 있는 중심은 하나님을 떠난 자들로서의 "위선적인 예배 [a hypocritical worship]" 가운데 빠져있는 자들이라고 말할 수 있습니다.

우리 교회들 중 일부이기는 하지만, 큰 소리와 외관상으로는 불타는 열정으로 회개와 인애에 관한 거룩한 말들을 강조하며, 강단의 설교를 쏟아 낼 수는 있지만, 그러한 설교는 구원에 관해서는 큰 의미를 부여하지 못하고 있다는 말입니다.

━━━━━

그 날에 많은 사람이 나에게 말하기를 주여 주여 우리가
주의 이름으로 선지자 노릇을 하며 주의 이름으로 귀신을
쫓아내며 주의 이름으로 많은 권능을 행하지 아니하였나이까 하리니
그 때에 내가 저희에게 밝히 말하되 내가 너희를 도무지
알지 못하니 불법을 행하는 자들아 내게서 떠나가라 하리라
(마태복음 7 : 22 ~ 23)

━━━━━

위에서 말함과 같이, 그들이 말하는 회개는 '입술의 회개'일 뿐이며 또한 그들의 사랑 [인애] 역시 공적인 생활[public life]안에서의 '인애'일 뿐이며 사람들 앞에서 위로함과 평안함을 주기 위함일 뿐, 주님께서 받으실 수 있는 진정한 회개와 '인애'라고 볼 수가 없다는 말입니다.

위의 말씀에서 볼 수 있듯이, 주님의 이름으로 귀신을 쫓아내며 많은 권능을 행한 주님의 선지자[목사]에 대해서도, 불법을 행한 자들이라고 하심은 그들 각자의 내면적인 삶 가운데서 진정한 회개와 인애가 없었기 때문입니다.

그렇다면 우리는 어떻게 살아야 합니까?

사도행전 8장을 보게 되면 사마리아 지역에 '마술'을 해서 살아가고 있던 '시몬'이라고 하는 사람이 있었는데, 그가 '빌립'의 전도를 받고서 복음을 믿게 된 후에 믿음으로 세례를 받았습니다.

당시에 예루살렘에 있던 사도들이 사마리아도 하나님의 말씀을 받았다는 소식을 듣고서 베드로와 요한이 그곳에 찾아가서 그들에게 성령 받기를 위해서 안수기도 했을때에 그 지역의 사람들이 성령을 받게 되니, 마술사였던 '시몬'은 자기가 가지고 있는 돈을 가지고 성령의 권능을 자기가 사서, 자기로 부터 안수 받는 사람에게 성령을 받게 해 달라고 사도들에게 부탁을 했을 때, 베드로가 그에게 말하기를 네가 하나님의 선물을 돈 주고 살 줄로 생각하였으니, 네 은과 네가 함께 망할지어다…

하나님 앞에서 네 미음이 바르지 못하니 이 도에는 네가 관계도 없고 분깃 될 것도 없느니라 (21절)

그러므로 너의 이 악함을 회개하고 주께 기도하라…

23절의 말씀을 보면, '베드로가 말하기를' 내가 보니 너는 악독이 가득하며 불의에 매인바 되었도다..

오늘날 우리 교회들이, 교인 한 사람이 교회에 얼마 기간동안 출석을 하게 되면 세례를 주고, 그 교회에서 집사(제직)로 선출을 해서 그 교회에 적합한 자리의 일꾼으로 일을 하게 되지요.

또한, 교회에서는 집사 직분을 받게 되면 그들 모두가 신앙이 좋은 줄로 알고 교인들 대부분이 그들을 인정을 하게 됩니다.

위에서 언급한, "전에 마술사였던 시몬도" 빌립으로부터 세례를 받았습니다.

그러나 그의 내면적인 면에서 본다면 완전히 회개한 사람이라고는 볼 수가 없는 자였기 때문에, …

19절 말씀에 '시몬'은 자기의 돈으로 성령의 권능을 살 수 있게 해달라고 하는 말을 했지요! 그가 만일 온전한 회개를 한 신앙인이라고 한다면 어떻게 돈을 주고 성령의 권능을 사겠다고 하는 말을 할 수가 있었을까요?

그렇다면 오늘날 우리 교회들의 현상을, 우리는 어떻게 이해를 해야 되겠습니까?

우리 주변의 작은 개척교회에서 집사 임직식을 할때에 '임직 감사헌금'에 대해서는 우리가 대부분 이해를 해야 됩니다.

그 이유는 개척교회의 재정이 너무나도 빈약하기 때문이지요.

그러나, 초, 대형교회들의 장로가 되려면 신앙의 경륜과 그의 능력 보다는 거액의 헌금을 할 수 있는 교인이라야 장로 피택을 받게 된다고 하는 말을 들은 바가 있는데, 위의 말씀에서의 '시몬'의 신앙과 전혀 다를 바가 없는 교회들로 보아야 되지 않을까요!

'시몬'과 관련된 말씀 중, 22절 말씀을 보면 베드로는 '시몬'에게 너의 이 악함을 회개하고 주께 기도하라. 고 하였습니다.

본 편의 말씀 제목이 "올바른 회개를 모르는 현대교회들"이라고 한 것은 우리 교회들이 성경의 내면적인 올바른 뜻을 좀 더 알고 교인들을 신앙으로 지도해야 되겠다고 하는 뜻에서 생각하게 된 제목입니다.

지난 2020년 초쯤이었던 걸로 기억이 됩니다.
기독교계의 신문을 보던 중 [방언학교 쎄미나] 모집 광고를 본바가 있습니다.
그 '쎄미나' 학교의 수강료가 얼마인지는 확인을 해보지는 않았지만, 교회와, 신앙이라고 하는 명분으로 돈벌이하는 것도 여러 가지의 방법이 있구나, 라고 생각을 해본 적이 있습니다.
나도 1967년, 내 나이 20대 초반이었는데 방언을 조금 하다가 크게 관심을 두지 않고서 그만둔 기억이 있습니다.
여기서 말하는 방언이란, 우리가 지금 살아가고 있는 열국의 언어가 아닙니다.
이러한 언어는 공부하고 그 나라에 가서 생활을 하다 보면 배울 수가 있지만, 성경에 나오는 방언은 '영적인 언어'인데, 어떻게 세상의 방법으로 교육을 받아서 그러한 영적인 방언을 할 수가 있다는 말입니까? 이러한 영적인 언어라고 할 수 있는 방언도, '사탄, 마귀'로 부터 배울 수 있는 방언이 수없이 많이 있다는 사실을 올바로 알고서 방언을 사모해야 됩니다.

오래전 S교회 C 목사는 방언을 못하는 교인은 성령을 받지 못한 교인이라고 했다, 는 그의 말 때문에, 우리 기독교계에 물의를 일으킨 바가 있었습니다.

그 목사의 교리가 성경적으로 올바른 방언 관련 교리일까요 !
성경에서 말하고 있는 방언이란, 고린도 전서 12장 7절 이하에 나오는 성령님의 9가지의 선물 중의 한 가지 선물일 뿐입니다,
이러한 말씀을 올바로 깨닫지 못하는 일부 목사들이 자기 밥벌이를 위해서 성경을 악용하고 있다는 말이지요.
독자 여러분들은 그러한 비성경적인 광고에 현혹되지 마십시오.
그러한 방언은 성령님을 통한 주님께서 주시는 방언이 아니고, 잘못된 영들을 통한 방언일 수가 많기 때문입니다.

그러한 잘못된 부분에 대해서도 우리는 주님 앞에서 철저히 회개를 해야 합니다.

하나님의 뜻대로 하는 근심은 후회할 것이 없는 구원에 이르게 하는
회개를 이루는 것이요… 세상근심은 사망을 이루는 것이니라
(고린도후서 7 : 10)

위 말씀의 '회개'도 습관적으로 하는 입술의 회개가 아닌, 하나님의 뜻을 올바로 깨닫고 외적인 통회의 기도보다는 우리 마음속 깊은 곳에서, 나는 주님 앞에서 죄인이라고 하는 사실을 올바로 깨달아서, 주님 당대에 바리새인과 사두개인들에게 심판적 말씀인 "독사의 자식들아"라고 한 말씀이 우리에게 되돌아와 우리의 영혼이 심판당하는 일이 없도록, 경건한 믿음으로 구원받게 된다고 하는 신앙의 터 위에 날마다 '성화' 되어지는 삶을 통해서 성도의 삶에 이르도록 노력해야 되겠습니다.

앞에서 언급한 본문 중, 회개에 합당한 열매를 맺는 신앙인이란, … 앞에서 언급함과 같이 일상생활 가운데서 날마다 주님의 말씀대로 '성화'되는 삶을 살아가는 우리 그리스도인들의 신앙을 뜻하는 말이라고 할 수가 있겠습니다.

그런즉 사랑하는 자들아 이 약속을 가진 우리가 하나님을
두려워하는 가운데서 거룩함을 온전히 이루어 영과 육의
온갖 더러운 것에서 자신을 깨끗케 하자
(고린도후서 7 : 1)

개혁을 위한 영감적 설교

12
정치권력과 한국교회의 목회자상

스가랴서 1 : 2 ~ 4

나 여호와가 무리의 열조에게 심히 진노
하였느니라
그러므로 너는 무리에게 고하기를 만군의
여호와께서 이처럼 이르시되 너희는 내게로
돌아오라 나 만군의 여호와의 말이니라
그리하면 내가 너희에게로 돌아가리라 나
만군의 여호와의 말이니라
너희 열조를 본받지 말라 옛적 선지자들이
그들에게 외쳐 가로되 만군의 여호와께서
말씀하시기를 너희가 악한 길, 악한 행실을
떠나서 돌아오라 하셨다 하나 그들이 듣지
않고 내게 귀를 기울이지 아니하였느니라
나 여호와의 말이니라

본문 말씀중 3절 하반절 말씀에, 너희는 내게 돌아오라 나 만군의 여호와의 말이니라
그리하면 내가 너희에게 돌아가리라 …
너희 열조를 본받지 말라 하셨습니다.

오늘날 우리 개혁교회 중 대형교회의 대부분이 정치권력의 수하에 들어가 있다고 볼 수가 있습니다.
'코로나'라고 하는 인공적인 전염병을 정부에서 공개적으로 확산시켜 놓고서도 그 모든 원인은 우리 개혁교회들의 모임 행사로 인해서 전국적으로 확산, 전염되고 있다고 하여 전국의 모든 교회의 예배를 정상적으로 하지 못하도록 인원 제한을 하고있는 현실입니다.
이와 같은 정부에 대하여 서울 등 수도권의 대형교회의 목사들은 정부에 어떠한 대책요구나 항의를 전혀 하지 못하고 있지요.
주사파 대통령인 문재인은 대형교회의 목사들만 묶어놓게 되면 중소형 교회들은 처리하기가 쉽다고 하는 공산주의 사상에서 발상됐다고 볼수가 있지요. 공산주의를 가장 싫어하는 집단이 우리 개혁교회가 되기 때문입니다.

오늘날 우리 지구촌의 모든 개혁교회에 대한 "공산주의화 작업은", 구. 소련의 '스탈린' 계획대로, "WCC라고 하는 기구"를 통해서 진행되어 가고 있다고 하는 것은 참으로 놀라운 일로서, 그 사실을 알고 있는 신실한 우리 그리스도인들로서는 참으로 경악할 수밖에 없는 일이 되고 있습니다.

우리나라의 개혁교회 대부분의 교단[총회]들은, 혼합주의 사상과 공산주의 사상인 WCC에 가입을 해서 그들과 함께 활동을 하고 있는 현실이며, 또한, 우리나라 기독교계의 많은 지도자는 이러한 역사의 흐름을 전혀 모르고서 '남북' 동족의 이념이라고 하는 '표리부동'한 구실을 좇아서 '주사파' 정권에 무릎을 꿇고 있는 우리 개혁교회의 대 교단의 총회장들과 대형교회 목사들의 정치권력에 아부하는 상황을 우리는 목격하는 가운데 신앙생활을 하고 있습니다.

그들이 참된 주님 교회의 지도자들로서 성령님의 인도하심을 통해서 나라를 위한, 기도를 했던 자들이었다면 결코 공산주의 사상인 주사파 정부에게 굴종할 수가 없었을 것입니다.

1950년 6, 25남침 전쟁도, 구. 소련의 '스탈린'과 북한의 '김일성'이의 공작품 이었다고 하는 것은 분명한 역사적인 사실임에도 불구하고, 우리 기독교계의 대부분 지도자들은 당시의 역사적인 상황을 망각해 버리고 오늘날 문재인 '주사파' 정권의 하수인 노릇을 하고 있다는 참으로 안타까운 현실입니다.

사랑하는 교우 여러분들이여 !!

01 오늘날 대한민국의 "네로" 황제는!!

우리는, 우리 한국교회의 역사를 올바로 알아야 합니다.

그러나 일부 대형교회의 일부 목사들은 정권이 바뀔 때마다 그들의 입맛에 꼭 맞는 시녀 노릇을 많이 해 왔는데,

그동안의 정치 권력자들은 우리 개혁교회들을 이렇게까지 짓밟지는 않았습니다.

현재 문재인 주사파 정권의 하수인이 돼서 그들의 시녀 노릇을 하고 있는 일부 대형교단인, 합동총회, 통합총회의 총회장들과 여의도 순복음교회의 이영훈 목사, 감리교단의 총감독 등 6명은 통일부 장관인 '이인영'이의 발바닥 밑에 들어가서 '남북교류 협력'이라고 하는 유명무실한 명분으로 '이인영' 장관의 뜻을 따르고 있는데, 그러한 목사들이야말로 주님의 거룩한 교회들을 모독하며 짓밟고 있는 자들이라고 보아야 되지 않을까요!

사랑하는 교우 여러분들이여 !!

우리는 주님 앞에서 기도하는 자들로서 성령님의 참된 뜻을 따라서 냉철해야 됩니다.

대형 교단장들을 불러들여서 남북교류 협력 기구를 만드는 정부가!!

한편으로는, 대통령 문재인이가 중국으로부터 끌어들인 '코로나'를 악용하여 사람들이 많이 모이는 교회들을 통해서 '코로나'가 전국으

로 확산 됐다는 거짓말을 통해서 전국교회의 예배를 정상적으로 드리지 못하도록 제한하면서도, 수도권에 운행하는 모든 전동차는 출퇴근 시간대에 한 칸에 수백 명씩 태우고 운행을 하며, 또한, 2m 거리 간격의 정책을 만들어서 생활 모임을 갖게 하며, 교회의 예배는 20명, 30명으로 인원을 제한하게 돼서 2020년 한 해 동안에 수백 개의 중. 소형 교회들이 사라졌다고 하는 현실입니다.

이러한 문재인의 정책은 '코로나'라고 하는 정책을 빌미로 하여 우리 개혁교회들을 말살시키려는 초보적인 정책단계인데, 대형교회의 목사들은 아직까지도 자기들 교회의 재정에 큰 어려움이 없기때문에, 별다른 동요를 느끼지 못하고 있다고 합니다.

오늘날 대통령 노릇을 하고있는 문재인이가 대한민국의 모든 코로나는 교회들의 집회를 통해서 전국적으로 확산되고 있다고 하는 거짓말에 대해서 많은 대형교회의 목사들이 문재인의 그와 같은 거짓말에 동참자가 돼서 그의 말에 복종을 잘하게 되니, 이제는 자기의 말을 듣지 않으면 교회를 폐쇄까지 시키고 일부 교회의 십자가도 끌어 내리는 상황에까지 이르게 됐어요.

이는 우리 초대교회 시대에 '네로' 황제가 우리 기독교를 핍박했던 상황과 흡사한 악행을, 대통령 노릇을 하고있는, 문재인이가 오늘날 우리 대한민국의 모든 개혁교회에 저지르고 있는 사실을 우리가 똑바로 알고 대처를 해야 합니다.

초대교회의 사도 시대였던, AD 64년 여름에 로마시에는 누구도 상상하지 못한 대형 화재가 발생했는데, 그 화재는 6일 동안에 걸쳐서 로마시 14개 구역 중 10개 구역을 완전히 잿더미를 만들어서 황폐화 시켰는데, 당시에 로마 시민들 사이에서의 풍문은, 네로 황제가 로마시를 자기의 뜻대로 다시 건설하기 위해서 불을 질렀다는 소문이 파다해졌고, 그러한 소문이 로마시의 전역으로 점점 퍼져나가게 될 때에, 또 다른 말이 퍼져나가는 내용을 본다면, 로마시가 불타고 있는 동안에 네로 황제는,⋯ 수금을 타며 노래하고 있었다고 하는 소문으로 발전하게 됐고,⋯

'네로'의 측근들 중에 기독교인들을 증오하는 자들이 있었는데, 그들의 말을 듣고 '네로' 황제는 자신의 위기를 탈출하기 위해서 그 측근들의 거짓된, 그 말대로 모든 기독 교인들을 희생양으로 결정하여, 기독 교인들이 로마시에 불을 질렀다는 '유언비어'를 로마시 전역에 퍼뜨려서 기독교인들을 전반적으로 박해를 하게 됐습니다.

'네로' 황제가 이렇게 만든 유언비어로 인해서 당시의 기독교인들은 모두가 죄인들로 둔갑을 시켜서, 로마 시민들의 화재로 인한 분노가, 결국에는 기독교인들에게 뒤집어씌움을 당하게 됐고, 그로 인하여 네로는 로마의 화재가 기독교인들이 로마의 각종 "우상 숭배"를 증오하여 일으킨 방화라고 "거짓된 선포를" 하여 기독교인들을 체포하라는 명령까지 내리게 됐지요.

네로의 이러한 명령에 따라서 수많은 기독교인들이 체포되어 잔학한 방법으로 죽임을 당했는데, 심지어는 짐승들에게 찢김을 당하여 죽이기도 했으며, 십자가 처형, 화형으로 많은 교인들이 죽임을 당했던 우리 기독교의 역사를 알고 있는데, 지난 2019년 10월경 부터 "중국의 우한 바이러스" 라고 하는 코로나가 확산될 때에 많은 국민들은 중국인들의 입국을 막아야 한다고 했지만, 문재인은 2020년 4월 15일에 있게 될 총선에 많은 중국인을 동원해서 사용할 목적으로 그들을 계속해서 입국을 하도록 문을 열어 놓았으며, 들어오는 중국인들을 통해서 전국의 투표장 관리 요원으로 개표장의 요원으로 부정선거를 강행하게 한 자입니다.

그렇게 문재인이 "우한 바이러스"를 중국인들을 통해서 고의적으로, 수입, 확산을 시켜놓았음에도 불구하고, 2020년 8월 15일에 전광훈 목사가 주최한 광화문 집회에 전국에서 몰려온 수백만의 사람들에게 코로나를 감염시켜서 전 국민들에게 '코로나' 확산을 시켰다고, 거짓말을 방송, 언론에 보도케 하여 전국교회의 예배를 정상적으로 하지 못하도록, 개혁교회들을 계속해서 핍박하는 정책으로 일관하고 있는, 대통령 문재인의 행태는,…

초대교회에 우리 개혁교회들의 교인들을 죽였던, 악마가, '네로 황제' 였다면, 오늘날 우리 한국교회의 악마는 '문재인'이라고 하는 것이 입증됐다고 보아야 되겠습니다.

오늘날 우리 개혁 교회의 목회자들의 수가 6만 여명이라고 하는데,…

대부분의 목회자들은 초대교회 시대의 최대 악마였던 '네로 황제'

에 관한 역사를 모르는 목회자는 거의 없다고, 나는 알고 있습니다. 그가 무엇 때문에, 어떠한 방법으로 기독교인들을 그렇게도 많이 죽였던가를, 우리 개혁교회의 목회자들은 거울을 삼아서 깊이 반성을 해 보아야 되지 않을까요?

02 광화문, 전광훈 목사의 정체

'광화문'의 애국 운동 행사는 전광훈 목사 교회의 행사가 아니고,… '전광훈' 목사가 지난 2019년 6월에 기도하던 중, 나라를 위해서 기도하지 않게 되면 "대한민국"이 망하게 된다고 하는 주님의 어떠한 뜻을 받아들여서, 깨닫고 난 후에 "애국 운동"을 광화문에서 시작하게 됐다는 말을 들은 바가 있습니다.

나는 설교자인 목사로서, 독자이신 교우 여러분들에게 질문합니다. '주사파'인 문재인 정권이 이 나라를 어디로 이끌어 가고 있습니까?

대한민국의 대통령인 문재인의 정체는?…
지난 2018년 2월 평창 동계올림픽 개회식 사전 리셉션 환영사에서 '나는 신영복' 선생을 존경합니다. 라고 하는 말을 통해서 대통령인 문재인이 공산주의자라고 하는 사실을 스스로가 인정했음이 드러나게 됐지요.

문재인이가 존경한다고 하는 '신영복'은 어떤 자였는가?

1968년 8월 20일에 북한과 내통하던 통일혁명당의 인물들이 검거 됐는데, 그중, 주요인물 4명가운데 신영복이 포함됐었고, 검거 당시 무장공작선 1척, 고무보트 1척, 무전기 7대, 기관단총 12정, 수류탄 7개, 무반동총 1정과 권총 7정, 실탄 140발, 12.7mm 고사총 1정, 중기관총 1정, 레이더 1대와 라디오 수신기 6대, 미화 3만여 달러와 한화 73만 여원 등도 함께 압수했다고 합니다.

당시에 위와같은 간첩사건으로 일부는 사형됐고 신영복은 무기징역 을 살다가 1988년에 전향서를 쓰고 가석방된 자 입니다. (중략)

위와 같은 중대한 간첩이었던, 신영복 선생을 존경한다고 했던, 문 재인이었습니다.

대한민국 대통령이 그러한 말을 세계 각국에서 찾아 온 정상급들 앞 에서 했다고 함은, 문재인 스스로가 공산주의자임을 공표 한 말이 아 니었던가요!!

광화문의 전광훈 목사를 범죄가 아닌 터무니없는, 죄목을 씌워서 두 번이나 감옥에 잡아넣었지만, 재판 과정을 통해서 무죄로 석방된 바 가 있습니다.

또한, 3개월 전쯤에, 탈북민, 영화감독이며, 유튜버인 '정성산' TV 에서 방송한 내용에 따르면 북한에서는, 중국을 거쳐서 특수요원들 을 남한 땅 서울에 보내어 전광훈 목사를 죽이라고 하는 정보를 중국에 있는 '정성산' 씨의 지인으로부터 전달을 받고서 전광훈 목사에 게도 알려 주었고, 우리 국정원에 신고를 해 놓은 상태라고 하는 방 송을 본 바가 있습니다.

이것은 무엇을 뜻하는 것일까요?
그것은 바로 남한에 있는 대형교회들의 목사들은 문재인 정부의 말 을 잘 듣고 공산주의 정책에 협조를 잘하고 있는데, 반해서 광화문의 전광훈 목사는 기독교를 파괴하는 문재인의 주사파 정책과 김정은 이의 공산주의 사상을 절대로 반대하는 목사로 밝혀졌기 때문에, 전 광훈 목사를 죽이려고 북한에서 "특수요원"들까지 동원해서 서울에 잠입을 시켰다고 합니다.

또한, 우리 기독교계에서 전광훈 목사를 퇴출시켜야 한다. 목사직을 면직시켜야 한다고 하는 황당한 말들을 서슴치 않고 하는 목사들이 있는데, 신학 사상이 잘못된, 전광훈 목사의 '광화문의' 애국 운동이 었다면, 왜!! 전, 총신대학원 원장이었던 '정성구'박사와 또한, 전 충 현교회의 담임목사였던 '신성종'목사 같은 우리 기독교계의 정통 신 학자들인 원로 목사들이 광화문에까지 나와서 우리들의 '애국 운동' 에 동참을 해서 전 국민들에게 호소를 하겠습니까?

사랑하는 교우 여러분들이여!
우리들은 성령님의 인도하심을 따라서 기도하는 신앙인으로서 분별 력을 가지고 살아가도록 노력합시다.

지금 우리는 세계의 유일한 분단국가에서 살아가고 있는데, 오늘날 북한 땅에는 교회가 없습니다.

우리 개혁교회의 많은 강단이, "북한의 국민도 우리들의 동족이기 때문에" 주님의 사랑으로 포용을 해야 된다고 하는 명분으로 공산주의 사상의 강연장이 되어가고 있는 현실입니다.

이러한 목사들 대부분이…

광화문의 전광훈 목사를 가장 싫어하는 목사들로서 '북한'에 자주 왕래한다고 하는 자들인데, 그들이 북한에서 어떠한 대우를 받고 또한, 어떠한 즐거움의 여행[생활]을 했는지, 나는 내 눈으로 보지는 않았기 때문에, 본 설교문에는 밝히지 않겠습니다.

03 북한에 자주 왕래한 목사들의 실체는

며칠전, 위에서 언급한, 유튜버인 '정성산' TV에서 말하기를 우리 남한의 목사 중 170여명의 목사들이 북한에 자주 왕래한 바가 있었는데, 그 목사들의 명단을 가지고 탈북을 하여 우리나라의 국민으로 살아가고 있는, 당시 북한에서, "그 부서의 실무자"였던 사람과 같이 방송을 함께 하겠다는 내용의 방송을 본 바가 있습니다.

그렇다면, 북한에 왕래한 170여 명의 목사들이 북한에서 "어떠한 황홀한 대우를" 받았으며, 또한 어떠한 일이 있었기에 북한을 찬양하며 그들 중 많은 목사들이 또한 문재인의 뜻을 잘 따르며 복종을 하고 있으면서 전광훈 목사를 공격하고 있을까요?
[독자 여러분들의 상상에 맡깁니다.]

또한, 우리 개혁 교회들과는 달리, 불교인들의 다중 행사, 종교 활동이나, 천주교[로마 캐톨릭교회]는 대체적으로 자유로운 종교 활동을 하고있는 현실을 우리들이 직시해 보아야 할 필요가 있는데,
천주교 집단에는 그들의 중추 세력이라고 할 수 있는 "정의 구현 사제단"이라고 말하는 단체가 있지요,
그들은 공산주의 사상이라고 할 수 있는 종북사상을 추종하는 자들로서 우리 대한민국의 정부를 전복시켜서 공산화를 꾀하는 자들이기 때문에 앞장서서 "국가보안법 폐지"를 강력하게 요구했던 자들이며, 또한, 주한 '미군'은 물러가라고 하는 투쟁을 끊임없이 주도하고 있는 공산주의 사상자들 이기도합니다.

그러나, 우리 개혁교회의 지도자들은, 천주교 사제단들과는 전혀 다른 '애국'적인 국가관을 가지고 있는 것은 사실이지만, 앞에서 언급한 주사파 정부의 하수인들이 된, 일부 교단장[총회장, 총감독]들이 과연 성령님의 인도 하심을 통해서 기도하는 목사들이었던가, 를 우리들은 다시 한 번 깊이 생각을 해볼 필요성을 느끼게 하는 상황에 처해 있습니다.

나는 단언 합니다, 그들은 결코 성령님의 인도 하심을 따른 기도가 전혀 없었다는 말인데, 그들의 기도가 주님 보시기에 합당한 기도를 했던 자들이라고 한다면 공산주의 사상을 가진 통일부 장관의 뜻을 따르지 않도록 성령님께서 깨닫게 해 주셨을텐데,

주님 보시기에 합당치 못한 자들이었기에 '발람'과 같이 그들의 뜻 대로 버려두셨다는 말입니다.

그러므로 나 여호와가 말하노라 그의 키가 높고
꼭대기가 구름에 닿아서 높이 빼어났으므로
마음이 교만하였은즉
내가 열국의 능한 자의 손에 붙일지라 그가 임의로
대접할 것은 내가 그의 악을 인하여 쫓아내었음이라
(에스겔 31 : 10 ~ 11)

위의 말씀은 '앗수르'의 번영을 언급했던 앞의 구절들의 말씀이 끝나고 위의 10절에서는, 앗수르가 하나님의 은혜를 망각하고, 자고 하며 방종한 연고로 인하여 하나님의 심판을 뜻하는 말씀인데, 오늘날 우리 교회들이 위와 같은 말씀을 깨닫고 거울을 삼아서 우리들의 올바른 신앙생활을 할 수 있도록 기록된 말씀으로 이해를 해야 합니다.

그렇기 때문에 우리 그리스도인들이 구약성경의 역사를 많이 읽고 올바로 알아야 되는데, 오늘날 우리들이 구약성경, 이라고 하면 '율법'의 책으로만 착각을 하고 있지요,

오늘날 우리들에게 주신 구약성경의 말씀은, 당대에 하나님께서 그의 백성들과의 관계성을 우리들의 시대에도 깨닫게 해 주시기 위해서 '너희들은' 그러한 악한 길로 행하지 말라고 하는 경고의 말씀으로 오늘날 우리 개혁 교회들에게도 주셨습니다.

볼지어다 그 날이로다 볼지어다 임박하도다 정한
재앙이 이르렀으니 몽둥이가 꽃피며 교만이 싹 났도다
포학이 일어나서 죄악의 몽둥이가 되었은즉 그들도
그 무리도, 그 재물도, 하나도 남지 아니하고 그 중의
아름다운 것도 없어지리라
때가 이르렀고 날이 가까 왔으니 사는자도 기뻐하지
말고 파는 자도 근심하지 말 것은 진노가 그 모든
무리에게 임함이라. (에스겔 7 : 10 ~ 12)

위의 말씀도 '에스겔' 선지자 시대에, 이스라엘 백성들이 하나님께 불순종 했을때에 그들에게 '바벨론'이라고 하는 몽둥이를 사용해서 심판하시겠다고 하는 말씀인데,

오늘날 우리 한국교회가 어떠한 상황에 처해 있는가를 우리는 깨달아야 합니다.
우리나라는 민주주의 국가로서 대통령을 국민들의 투표로 결정을 하게 되지요.
투표권자의 상당수의 국민이 우리 개혁 교회의 투표권 자들입니다.

더욱이 문재인은 '박근혜' 직전 대통령을 불법적으로 탄핵을 시켜서 선거를 도둑질했다고 하는 사실이 최근에 여러 가지 정황들을 통해서 밝히 드러나고 있습니다.

그 뿐만이 아니라, 최근에는, 문재인 대통령은 북한 김정은의 '간첩'이라고 하는 말까지 유튜브의 동영상에 공개적으로 나오고 있는 상황에서 북한의 김일성 '주체사상' 의 정권이라고 하는 문재인의 정부에 발을 닮그고 절대복종하는 대형교회의 목사들이 됐으니, 우리 한국 교회의 미래를 주님께서 어떠한 길로 가게 하실까요 !!

참으로 암담하고 걱정이 우리들의 앞길을 가로막고 있다고 보여집니다.

04 　개혁 교회의 신사참배 역사

일제 36년 동안의 강점기의 시대인 1938년 9월 10일에 조선 예수교 장로회 제27회 총회가 평양의 서문밖교회에서 있었는데, 당시에 일본의 경찰들은 정복 차림으로 총회의 장소에 쳐들어와서 총대 목사, 장로들을 포위를 하고 위협하면서 '신사참배' 의 문제를 총회에서 가결하도록 협박을 했지요.

당시 회의장에는 평안남도 경찰 국장등 고위 간부들도 참석을 했다고 합니다.

전국에서 모인 장로회 총대의원은 27개 노회 [만주노회 4개 포함] 목사 총대 88명과 장로 88명 선교사 30명 등 총 회원 206명이 회집을 했는데, 평양 노회장 박응률 목사가 평양, 평서, 안주, 노회 등의 3개 노회 총대 35명을 대표해서 '신사참배'에 찬성하는 내용의 동의안을 제출하게 됐고, 평서 노회장인 박임현, 안주 노회장 김인섭이 찬성을 하고 뒤이어 동의와 재청을 하게 됐을때에, 블레어 [William Blair] 선교사가 갑자기 일어나서 하는 말이, '신사참배'는 반드시 반대를 해야 한다고 외치게 됐고, 그의 뒤를 따라서 2~3명의 선교사가 잇따라 반대 의견을 동시에 표명하게 되자 회의장이 술렁거리게 됐습니다,

그때에 일본 경찰들이 선교사들의 발언을 강제로 제한하는 상황에까지 이르게 됐는데, 국적이 다른 선교사들이라고 하여 회의장 내에서 강압적으로 위협을 하게 됐어요.

당시에 총회장인 홍택기 목사는 사회석에서, '신사참배'에 대한 찬성에, 가하면 "예"라고 대답을 하세요. 라고 말했을 때에 몇 명만 '예'라고 대답을 했을뿐, 일부에서, 일본 경찰들의 위세에 눌린 총대들이 아무런 말을 못하자 홍목사는 '신사참배' 결의에 대한 동의안 가결을 선포하게 됐습니다.

또한, 평양노회의 이승길 목사가 일어나서 '블레어' 선교사 등이 반대하는 것은 불법이라고 하여 선교사들을 제지하며 자리에 앉으라고 했을때에, 그들이 거부를 하게되자 일본 경찰들이 선교사들을 강

압적으로 퇴장시키자 총회의 서기였던 곽진근 목사가 '신사참배' 결의에 대한 결의서를 낭독하게 됐는데, 이는 한국 개신교 역사상 가장 부끄러운, 장면을 연출하기도 했다는 기록을 보았습니다.

성 명 서

우리는 신사참배는 종교가 아니고 기독교 교리에 위배 되지 않는다는 본뜻을 이해하고 신사참배가 애국적인 국가 의식임을 자각한다.

그러므로 이에 신사참배를 솔선하여 열심히 행하고 나아가 국민 정신 동원에 참가하여 비상시국 아래 후방의 황국 신민으로서 열과 성을 다하기로 결의한다.

1938년 9월 10일 조선 예수교 장로회 총회장 홍택기

감리교는, 장로교 보다 빠른 1936년 6월, 3차 연회에서 결정을 했고, 1938년 9월 3일에 감리교 총리사인 양국삼 목사 명의로 신사참배를 거행한다는 성명서를 총독부에 통고를 했으며, 신사참배를 거부한 목사들을 제명한 바가 있는데, 그 대표적인 인물이 주기철 [1897 ~ 1944] 목사였습니다.

그러나 성결교단 총회에서는 1943년에 성결교단의 교역자 전원이 '신사참배'를 거부함으로 인하여 투옥이 됐고, 그 중에서 박봉진 목사와 최상림 목사는 감옥에서 순교를 당했습니다.

일제 강점기에 '신사참배'를 끝까지 거부한 신앙인 50여명이 옥사를 당했습니다.

그러나 우리가 신앙 생활을 하고 있는 오늘날은 엄연한 대한민국의 민주주의 국가로서 헌법의 보호를 받아야 할 우리 종교의 자유를 주사파 정권의 대통령인 문재인이라고 하는 자가, 대한민국의 헌법을 파괴하고, 문재인 그의 입에서 나오는 모든 말이, 대한민국의 '헌법화'가 되고있는 현실에서 우리들이 신앙생활을 하고 있습니다.
우리 기독교 지도자들은 성령님께서 주시는 분별력을 통해서 살아야 합니다

기독교 좌파 단체 3개에 관련된 자들 : (발췌문, 참조.)
1) 교회개혁연합회 [이사장: 홍정길 목사], [공동대표: 박은조, 백종국, 임성빈, 전재중], [자문위원장 : 손봉호 장로]
2) 기독교윤리실천협의회 : [공동대표 : 방인성, 백종국], [고문 : 손봉호, 이만열, 한완상]
3) 성서한국 : [공동대표 : 김명혁, 박종화, 손봉호, 이만열, 이승장, 홍정길], [이사 : 허문영], [사무총장 : 구교형]

자료에 의하면 :
이들 단체는 '한미훈련' 중단을 요구하는 자들이며 무차별적으로 대북 지원을 주장하는 자들로서, 이들은 아직도 양의 탈을 쓴 이리 떼들로서 정신을 차리지 못하고 교회의 리더를 자칭하고 나서 순진한

교인들의 헌금을 갈취해서 북한에 주는 자들이라고 함.

(위의 내용은 우리 개혁교회의 일부 지도자들의 좌파 성향에 관련된 자료임)

본편의 설교문에 , '좌파 성향의 단체' 지도자들 일부만을 참고로 알려드립니다.

본문 4절의 말씀에, 너희 열조를 본 받지 말라 .

너희가 악한 길 악한 행실을 떠나서 돌아오라.

그들이 듣지 않고 내게 귀를 기울이지 아니 하였느니라 .

사랑하는 교우 여러분들이여, …

정치권력에 편승하는 지도자들을 분별하고, 경계를 하여 주님의 뜻에 합당한 지도자를 선택하여 여러분들의 영혼이 풍성한 성도로서의 신앙생활을 하시기를 기원합니다.

복 있는 사람은 악인의 꾀를 좇지 아니하며 죄인의 길에
서지 아니하며 오만한 자의 자리에 앉지 아니하고
오직 여호와의 율법을 즐거워 하여 그 율법을 주야로
묵상하는자로다 (시편 1 : 1 ~ 2)

개혁을 위한 영감적 설교

13
사탄의 역사와 현대교회의 실태

고린도 후서 11 : 13 ~ 15

저런 사람들은 거짓 사도요 궤휼의 역군이니
자기를 그리스도의 사도로 가장하는 자들이니라
이것이 이상한 일이 아니라 {사단도 자기를} 광명의
천사로 가장하나니
그러므로 사단의 일군들도 자기를 의의 일군으로
가장하는 것이 또한 큰 일이 아니라 저희의
결국은 그 행위대로 되리라

에덴동산의 아담은 하나님의 성전이었습니다.

그 성전은 솔로몬의 성전과도 다른, 하나님께서 직접 임재 하셨던 성전으로서 피조물들 중, 일부의 생물들의 이름을 아담에게 짓도록 하나님께서 허락 하셨지요.

여호와 하나님이 흙으로 각종 들 짐승과 공중의 각종
새를 지으시고 아담이 어떻게 이름을 짓나 보시려고
그것들을 그에게로 이끌어 이르시니 아담이 각 생물을
일컫는 바가 곧 그 이름이라
아담이 모든 육축과 공중의 새와 들의 모든 짐승에게
이름을 주니라. (창세기 2 : 19 ~ 20)

위의 말씀과 같이 아담은 창조주이신 하나님과 직접 소통이 됐기 때문에, 육축을 포함한 들짐승과 공중의 새들의 이름을 짓도록 허락함을 받아서 이름들을 짓게 됐으며, 또한 그는 선악과 외에는 에덴동산의 모든 열매를 먹고 영생을 할 수 있도록 허락을 받기도 했는데, 선악과를 한번 먹음으로 사망을 초래하게 됐지요!

그것은 바로, 뱀이라고 하는 간교한 사탄의 역사를 통해서 아담이라고 하는 하나님의 성전이 파괴가 됐는데,

01 사탄의 대리인들이란?

위의 말씀에서 본다면, 뱀도 아담이 이름을 지어준 육축의 한 종류였는데, 뱀에게는 사람과 같이 소통할 수 있는 언어를 주셨다는 말씀은 성경 어느 곳에도 없습니다…

그렇다면, 오늘날 우리 주님의 교회들을 사탄이 어떠한 방법으로 파괴를 하고 있는가에 대해서 말씀을 드리도록 하겠습니다.

2012년 런던 올림픽 개막식에서 '니므롯'이라고 하는 우상을 숭상하는 모습의 영상을 볼 수가 있었지요.

그 악한 사탄의 활동 상황을 올림픽이라고 하는 매개체를 이용하여 전 세계로 메시지가 보내어 졌다고 하는데, 오늘날 우리가 날마다 접하게 되는 텔레비전의 흥행 코드는 불륜과, 동성연애, 근친상간, 언어폭력, 여성변장, 음란등과 관련된 잠시 잠깐의 흥미로운 프로그램을 통해서 시청률을 높이고 있다고 하는 현실을 접하며 살아가고 있는데, 이러한 결과로 현재 우리나라 가정의 40% 정도는 배우자 중, 어느 한 사람의 외도와 관련된 어려운 가정의 문제를 겪고 있다는 통계자료가 있습니다.

이와같이 사탄은 평범하게 살아가고 있는 우리의 각 가정들을 서서히 파괴 시키며, 가정들의 집합체라고 할 수 있는 우리의 전반적인 사회에 그들의 영역을 확장해 나가고 있다고 하는 사실입니다.

우리가 살아가고 있는 현대 사회에서 정보[intelligence]는 우리들의 눈과 귀의 역할을 해주고 있는데, 악한 자들에게는 악행을 통한 돈벌이에 좋은 정보가 될 수 있고 또한, 우리 신앙인들에게 도움이 될 수가 있는 부분적인 정보들도 있다고 볼 수는 있어요.
그러나 그렇게도 필수성을 주는 그 정보의 대부분이 우리의 정신세계를 서서히 이완 작용을 시켜서 정신 건강을 퇴폐시키고 있다고 하는 현실에 대해서는 전혀 무감각한 상태로서 흥미와 공격을 통한 성취감과 지배성향의 파괴를 통한 자기만족의 욕구만을 상승시켜주며 공동체인 우리 사회생활에서 타인을 배려 함이 없는, 오직 '나' 만의 성공을 위한 '자기주의'의 정보를 주고 있다는 말입니다.

그렇다면 우리 기독교계의 흐름에 대해서는 우리가 어떻게 이해를 해야 될까요?
보편적으로 기독교에서 신교[개혁교회]와 구교[천주교]로 분류해서 말하고 있는데,

개략적인 기독교 역사를 보자면 우리 주님께서 승천하신 후 사도행전 2장의 가정교회로부터 시작되어 초대교회(사도시대)의 성도들은 로마 제국 칼의 위협 앞에서도 폭력 혁명이나 육체적인 저항으로 맞대응을 한 것이 아니고 주님의 십자가만을 내 세우며 진리에 대한 신념과 도덕적으로도 전혀 무결한 순교자들이 많았는데, 초대교회 이

후 그들은 장장 1450km에 달하는 지하 카타콤에서 숨어 살면서도 복음의 생명줄 끈을 포기하지 않았던 우리 믿음의 선진들 발자취가 있었기에, 오늘날의 기독교가 우리의 지구촌에 존속이 될 수가 있었다는 글을 읽은 바가 있습니다.

참으로 그들은 인간의 노력만으로는 세상이 감당치 못할 사람들이었지요…

━━━━

또 어떤 이들은 희롱과 채찍질 뿐 아니라 결박과 옥에
갇히는 시험도 받았으며
돌로 치는 것과 톱으로 켜는 것과 시험과 칼에 죽는 것을
당하고 양과 염소의 가죽을 입고 유리하여 궁핍과 환난과
학대를 받았으니
이런 사람은 세상이 감당치 못하도다 저희가 광야와
산중과 암혈과 토굴에 유리 하였느니라
(히브리서 11 : 36 ~ 38)

━━━━

에덴동산에서 사탄은, 아담과 하와를 범죄케 하여 그 곳에서 쫓겨 나온 후에 그들의 장자인 '가인'을 통해서 아우인 '아벨'을 죽이게 함도 바로 사탄의 역사였지요.

그 후대인, 노아 시대의 홍수 심판의 역사를 돌아보게 된다면 …

창6장 1절 이하의 말씀에서는 다음과 같은 내용을 우리에게 알려 주고 있습니다.

사람이 땅 위에 번성할 때에, 하나님의 아들들이 사람의 딸들의 아름다움을 보고 자기들의 좋아하는 여자를 아내로 삼았다고 하는 말씀을 볼 수가 있는데, 여기서 말하는 하나님의 아들들이란, 아담의 셋째 아들인 "셋"의 혈통의 족속을 뜻하고, 사람의 딸들이란, "가인"의 후예들을 뜻하는 말인데, 그 두 혈통의 결혼으로 말미암아, 3절 말씀을 보게 되면, 여호와의 신이 사람과 함께 하지 않겠다고 하는 심판적인 경고의 말씀을 통해서 노아를 중심으로 해서 홍수 심판이 시작됐습니다.

오늘날 교회 안에 들어온 '혼합주의 사상'의 기원을 찾는다면 위에서 말한 가인의 후예를 통해서 여러 가지 우상숭배와 부정한 방법으로 살아왔던 그들의 후예들을 통해서 건전한 주님의 정통성 있는 교회들이 파괴되고 있었음을 우리는 실감하게 됩니다.

02 자유주의 신학 사상의 신학대 교수들

오늘날 우리 교회 안에 들어오는 '혼합주의 사상'의 첫 번째 통로는 신학교육을 통해서 점진적으로 들어오고 있으며 그 방법이라고 한다면, 종교 다원주의, 신정통주의 신학, 자유주의 신학, 해방신학, 여성해방 신학, 등은 정통신학이라고 할 수 있는 복음주의 신학 사상을 파괴해 버리는 '위장된' 명분만의 신학으로 전락하고 말았지요.
저들의 신학에서는 예수님의 기사, 이적을 부인하고, 동정녀 탄생을
부인하고 있으며, 신학교 안에 '동성애' 동아리를 묵인해 주는 신학
대학이 점점 늘어가고 있다고 함이 우리 교회들을 파괴하기 위한 계
략이라고 하는 현실임에도 불구하고 각자 자기들 육신의 양식만을
위한 '해외'파 신학대학의 교수들이 점점 많아지고 있다는 사실을
우리 모든 교회는 올바로 인지하고 그 우려성에 대하여 합당한 대책
을 세워 나가야 되겠습니다.

그러므로 너희가 그리스도 예수를 주로 받았으니
그 안에서 행하되
그 안에 뿌리를 박으며 세움을 입어 교훈을 받은
대로 믿음에 굳게 서서 감사함을 넘치게 하라
누가 철학과 헛된 속임수로 너희를 노략할까 주의
하라 이것이 사람의 유전과 세상의 초등학문을
좇음이요 그리스도를 좇음이 아니니라
(골로새서 2 : 6 ~ 8)

오늘날 교회를 파괴시키는 신학적인 여러 가지 요인과 동시에 급진
적으로 파괴시키는 집단은 WCC, WEA, NCC, AEA 등 기독교라고
하는 '위장된' 이름으로 침투한 공산주의 사상과 혼합된 사탄세력들
의 활동에 관해서 대형교회들의 목사들과 신학대학교의 저명한 교

수들도 저들의 실체를 전혀 모르고 그들의 발바닥 밑으로 흡수돼서 주님의 교회들을 사탄의 집단으로 변모시키고 있는 현실입니다.

앞에서 언급한 WCC, WEA, NCC, AEA 의 연합단체 모두는 정통성을 지키기 위한 기독교 단체가 아니라, 한마디로 요약한다면 공산주의 사상과 종교 다원(혼합)주의를 통한 '악마' 적인 사상인데,

종교 다원주의란, 유일신이신 하나님을 통한 예수님의 복음주의 사상이 아니고, 그리스도의 사랑으로 포용한다는 의미에서 모든 귀신(잡신)의 집단과 연대하고 있는 교리가 종교 다원주의 사상이지요, 지난 1991년, 감신 대학장이었던 변선환 박사가 기독교만이 구원받게 됨이 아니고, 다른 종교와 이방인들도 구원받을 수가 있다고 하는 종교 다원주의 사상이었던 그가 결국에는 기독교계의 이단으로 정죄를 받아서 목사제명 처분을 받은 바가 있습니다.

또한, 기독교 학술원장이며 한국 복음주의 협의회 위원장인 김영한 박사는 지난 2016년 그의 칼럼에서 WCC나 WEA는 '이단성이 전혀 없다', 는 주장을 한 바가 있는데, 그는 WCC가, 구 소련의 '스탈린'이 주도하여 서방 기독교를 시작으로 하여 세계의 개혁교회들을 공산화 시키기 위한 계략으로 만들어진 연합체라고 하는 사실을 전혀 모르고서 하는 말이며, '김영한'은 자유주의 신학에 대해서는 거부반응을 나타냈는데, 그 이유는, 이들은 성경의 무오와 영감을 부인하고 그리스도의 십자가 대속을 믿지 않고 만인 구원론이나 진화론과 상황 윤리를 수용하기 때문이라고 주장을 한 바가 있는데,

그는 로마 카톨릭은 참 신앙의 기독교가 아니라고 하면서도 그들과의 대화는, 학자들의 입장에서 유연성을 나타내기도 했으며 또한, 그는 WCC에 대한 이단 규정은 지나친 행동이라고 단언을 한 바가 있지요.

김영한 씨가 자유주의 신학을 거부하면서, WCC나 WEA는 이단성이 없다고 하고, 주장하며, 또한 로마 카톨릭과의 대화할 수 있는 유연적 사고방식을 가지고 있을까요?

우리 기독교계의 대부분의 박사학위를 가진 자들은 대부분이 자기 외의 타인의 말을 청종하는 경향이 쉽지는 않겠지만, 아무리 그렇다 할지라도 우리 기독교의 존폐문제가 기로에 서 있다고 하는 사실을 심사숙고 해 보았더라면, WCC와 WEA의 성향에 대해서 결코 소홀하게 생각을 하지는 않았을텐데, 자기의 판단만으로 단언 해버리는 태도는 지도자로서 올바른 태도가 아니라고 보여집니다.

그러한 자가 어떻게, 한국 복음주의 협의회 회장이며, 아시아 복음주의 연맹 위원장과 또한, 기독교 학술원장이라고 하는 거대한 직함들을 가지고 있을까요?

참으로 한심스럽고, 위선적인 자로군요, 우리 기독교계에 이러한 유명세를 통해서, 밥벌이를 하며 살아가고 있는 지도자들 때문에, 건전한 주님의 교회들이 무너지고 있다고 하는 사실을 전국의 교인들이 먼저 깨닫고 각자의 신앙을 지킬수 있는 방안을 모색하지 못한다면 우리 모두는 하나님의 심판을 면할 다른 방법이 없다는 사실을 알아야 됩니다.

악한 자의 임함은 사탄의 역사를 따라 모든 능력과
표적과 거짓 기적과
불의의 모든 속임으로 멸망하는 자들에게 임하리니
이는 저희가 진리의 사랑을 받지 아니하여 구원함을
얻지 못함이니라
이러므로 하나님이 유혹을 저희 가운데 역사하게 하사
거짓된 것을 믿게 하심은
진리를 믿지 않고 불의를 좋아하는 모든 자로 심판을
받게 하려 하심이니라 (데살로니가후서 2 : 9 ~ 12)

우리 그리스도인들이 진리의 복음을 통한 진실된 기도를 한다면 그러한 신앙인들에게는 악한 영이나 불의의 영들이 마음속에 들어와서 역사하지 못하도록 우리 주님께서는 성령님의 역사하심을 통해서 분별력과 그 악한 영들을 경계할 수 있는 신앙인이 될 수 있도록 보호 해주시게 될 것입니다.

(사탄이 우는 사자들과 같이 언제 우리 각자에게 찾아올지 모르기 때문이지요)

우리가 미국이라고 하는 나라에 대해서 말을 하자면, 대통령 취임선서를 대법원장 앞에서 할때에 성경책에 손을 얹어 놓고 하는 나라이기 때문에 신실한 기독교 국가라고 생각을 할 수도 있겠지만, 지구촌에서 가장 악한 일을 많이 하는 나라 중 하나가 미국의 일부 정치 권력자들이라고 하는 사실이 트럼프 대통령 재임 시절부터 서서히 그 실체가 드러나게 됐지요,

그 중에 하나를 들어 말하자면,
2001년 9월 11일 뉴욕에 있는 세계금융의 중심지 맨허턴의 세계무역센터[쌍둥이 빌딩]의 붕괴는 '알카에다'와 그 지도자 '빈 라덴'이 항공기로 폭파시킨 것이라고 했는데, 그것은 사실이 아니고,…
당시의 미국 대통령이었던, '부시'가 "게사라, 네세라[금 본위 경제]" 정책을 하지 못하도록 건물들을 폭파시킨 사건을 일으켜서, 2964명의 사망자와 6천여명의 부상자가 발생되는 세계적인 초대형 사고였는데, 그 사고의 20년만에 그 진실이 확실히 밝혀 지기게 됐습니다. 그 빌딩의 폭파사건으로 희생된 9천여명의 핏값으로 '부시' 전 대통령도 이제는 미국의 국민들과 세계인들의 분노함 앞에서 공정한 법의 심판을 받게 되겠지요?

또, 한 가지를 말하자면, 2011년 6월 29일은 미국의 '국가 기도의 날' 이었는데, 당시의 '오바마' 대통령은 기도의 날을 폐지하고, 같은 날을 변경해서 '동성애자의 날'로 선포하였고, 그 날에 백악관에서는 동성연애자 250여명을 초청하여 성대한 파티를 열었다고 합니다. 그것은 바로, 오바마 자신이 동성애자였기 때문이라고 하는 사실입니다.

이들 전직 대통령들도, 로마캐톨릭의 "예수회"산하의 '일루미나티'에 속한, 'deep state[그림자 정부]'라고하는, 사탄, 악마들의 하수인들이 됐기 때문에 국민의 생명을 앞장서서 보호해야 될, 대통령임에도 불구하고 그렇게도 짐승과 같은 살상의 악한 짓들을 저질렀는데, 이제야 그 경악 할 만한 사건들의 실체가 최근에, 트럼프 전, 대통령을 통해서 확실하게 밝혀지게 된 것입니다.

1년에 미국에서 실종되는 어린아이들의 수가 80여만명 정도라고 하는 미국의 소식통의 보도를 본적이 있는데, 그러한 어린 아이들[7, 8세 ~ 12,13세 정도]을 돈을 받고 매매를 하여 해외로 송출 되기도 한다고 하는데, 트럼프 대통령 재임시에 내려졌던 행정명령을 통해서 미국의 군부와 우주군을 통해서 세계 각 지역에서, 지하에 갇혀있는 수백만명의 어린 아이들의 구출 작전이 지금도 계속되고 있다고 합니다.

최근에 '러시아'의 '푸틴' 대통령도, 트럼프 대통령의 뜻을 따라서 협조를 하여 러시아 자국 내에서 이러한 군사작전을 통해서 "deep state" 라고 하는 악마와의 전쟁에 동참하여 그러한 악마들을 제거하고 있다고 하는 말을 들은 바가 있습니다.

이러한 악한 일들이 왜 일어나고 있는가에 대한 설명을 드리겠습니다. 이들의 뿌리를 찾아 거슬러 올라가게 되면, 세계의 모든 금융을 손아귀에 잡아넣고 있는 "로스 차일드 13가문"을 중심해서 300여 가문으로 확대가 돼서 세계의 금융 경제권을 독점하고 있는 악한 자들인데, 이들을 조종하고 있는 집단은 앞에서 언급함과 같이 '일루미나티'이며 이들은 '로마 카톨릭'의 '예수회'에 소속된 집단체로서 그들은 하부 조직, 위에서 말한 '빌더버그' 300인 위원회가 있는데, 그들의 최종목적은 모든 인류를 자기 집단의 노예로 만드는 계획이었지요. (최근에 위의 300인 명단을 확보한 상태임)

또한, 앞에서 언급한 사탄의 대리인이라 함은, 로마캐톨릭의 교황을 뜻하는 말입니다.

기독교 신앙인으로 변화된, 트럼프 전, 대통령은 퇴임한 후에, 그가 재임시에 공포했던 행정명령 : 13848호에 입각해서, 신실한 군부의 장성들과의 연대를 통해서 이러한 악마들과의 세계적인 전쟁을 계속하고 있다는 말입니다.
그러한 "악마" 중의 한 사람인 클링턴 대통령 부인이었던, '힐러리'가 지난 4월 26일에 , '소아성애자'로서 수 많은 아이들에게 많은 피해를 준 사실과 수십명의 미국인을 죽인 죄와 13 차례의 트럼프 대

통령 암살과 관련된 10여 가지 죄목으로 '관타나모'수용소에서 교수
형으로 40여년 동안 그녀의 악행에 종지부를 찍었다고 하는 방송의
보도를 본 바가 있습니다.

미국의 역대 대통령들과 여, 야 정치인들 모두가 개혁교회에 나가는
교인들이었지만, 몇사람을 제외한 모든자들이 '일루미나티'에 소속
돼 악마의 행세를 했던 자들입니다.

04 로마 카톨릭의 "예수"회 실체

사탄 악마인 '일루미나티'에 관해서 약간만 더 언급을 하려고 합니다.
로마 카톨릭의 '예수회'가 약화됨을 알게 된, '독일'의 바이에른 잉
골 스타트 대학교 교수였던, 아담 바이스하우프트[Adam Weishaupt
: 1748 ~ 1830년]는 독일에 있는 '예수회'의 세력이 약해짐을 개탄
스러워하며 좀 더 강화된 시스템으로 '일루미나티'의 조직을 통해서
강화시키게 되었는데, 그 집단의 사상은 '예수회'의 카톨릭 사상과,
이집트의 태양신을 숭배하는 신비주의 사상을 계승하여, 깨달은자,
또는 빛을 받은자, 라고 하는 의미로 만들어진 사탄숭배의 집단으로
서, "1776년 5월 1일에 '일루미나티'가 창설 됐습니다."

'일루미나티'의 목적은 모든 기독교인들을 죽이고, '사탄'의 정부를
이 지구상에 세우기 위한 집단체인데, 이들이 계획하고 있는 사탄의

정부란, 세계 단일 정부 형태를 말하며, 가족제도의 폐지, 사유재산 제도 폐지, 모든 종교의 통합, 단일화폐와 전자화폐 시스템을 구축하는데 목표를 세우고 있다고 합니다.

"그들 대부분이 위장된 기독교인들로서", 특히 역대 대통령으로부터 정치인들과 미국의 대 재벌들과 언론인들 모두가, 미국국민의 1%에 속하는 '일루미나티'에 소속 돼있는데, 이들이 미국의 정치와 경제권의 대부분을 차지하고 있기 때문에, 그들의 뜻을 거역할 수 있는 미국인들이 거의 없었고, 또한, 그들은 앞에서 언급함과 같이 살인과 악마적인 '소아성애'를 즐기는 흡혈귀의 생활을 하고 있다는 무섭고도 끔찍한 현실 속에서, 미국 군부의 장성들과 트럼프 전 대통령이 재직시에 공표했던 행정명령을 통해서 일루미나티, 즉 (deep state)인 소아성애자들의 척결 작업을 대대적으로 하고 있다는 내용을 반복하게 됐습니다.

이렇게, 로마 카톨릭의 '예수회'와 직접 관련된 '일루미나티'의 리더가 되기 위해서는 반드시 '바티칸 성당'의 지하 비밀의 방에서 납치해온 어린이를 이용하여 특별한 "인신제사"를 하는 행사에 참여를 해야 된다고 합니다.

부모가 '일루미나티'라면 그들의 자녀들은 자동적으로 회원에 가입이 되는데, 그 절차가 아주 까다롭다고 하지요.

또한, 그들의 모든 가정은 위에서 언급함과 같이, 로마 카톨릭과 태양신 숭배 사상과 '카발라'의 영지주의 사상으로 정신 무장을 한 자들로서 경제적으로는 서로 간에 협력을 잘하여 미국의 사회에서 대부분이 경제적으로 부유하며 사회적으로는 중요한 위치에서 권력을 누리며 살아가고 있다는 말입니다.

"최근에 밝혀진 사실을 보면 2017년 5월에 미국의 트럼프 대통령이 바티칸을 방문하여 '프란치스코' 교황을 만나서, 당신은 deep state 로서 '소아성애자' 라고 하는 모든 자료를 준비해 가지고 가서 "교황 으로부터 항복을 받아 낸 사실을" 최근에 일부 언론인들에게 공표를 했다고 합니다.

어떻게, 교황이 수많은 어린아이들에게 그러한 추하고도 더러운 악행을 범하고서도 그 자리를 지킬 수가 있었을까요?

"교황 자신부터가 사탄이요. 악마였다고 하는 사실을, '트럼프' 대통령에게 인정을 하게 된 것이었지요"

우리나라의 천주교인들이 이러한 내용을 알게 된다고 해도 천주교 회라고 하는 성당에 나가서 미사를 할 수가 있을까요?

지금까지의 언급한 모든 내용을 종합 해 보게 되면, 사탄의 우두머리 는, 로마 카톨릭의 교황이라고 하는 결론으로 이해가 됩니다.

그들의 악행은 지구상에서 기독교(개혁교회)를 말살시키는 것이 그들의 악행의 목표라는 말입니다.

이 일 후에 다른 천사가 하늘에서 내려오는 것을
보니 큰 권세를 가졌는데 그의 영광으로 땅이
환하여 지더라
힘센 음성으로 외쳐 가로되 무너졌도다 무너졌도다
큰 성 바벨론이여 귀신의 처소와 각종 더러운 영의
모이는 곳과 각종 더럽고 가증한 새의 모이는 곳이
되었도다
그 음행의 진노의 포도주를 인하여 만국이 무너졌으며
또 땅의 왕들이 그로 더불어 음행 하였으며 땅의 상고
들도 그 사치의 세력을 인하여 치부하였도다 하더라
(계시록 18 : 1 ~ 3)

나는 위의 말씀 중에서, 2절 말씀에, '큰 성' 바벨론에 관련된 말씀
과, 로마 카톨릭의 교황청 건물의 상태의 수많은 사진들을 대조해서
상상을 해 본적이 있습니다.

그들 스스로 말하기는 '성당'이라고 하는 건물에 하나님의 성물만이
있음이 아니고 온갖 흉물들과 부정한 것들의 조각물들을 볼 수가 있
기 때문이었지요.
또한, 그들의 내면적인 부분을 살펴보게 된다면 위에서 언급함과 같
이 그들의 '예수회'와 '일루미나티' 가 세계 모든 지역에서 1년에 수
백만 명의 어린아이들을 붙잡아다가 세계의 각 지역의 지하시설에

분산시켜놓고, 매매를 하며, 또한 성적인 온갖 학대, 또한, 인신 제사 등, 말로는 다 표현할 수 없는 악행을 범하고 있는 자들이 바로 로마 카톨릭 교황청을 중심으로 한 범행으로 드러났기 때문에, 트럼프 전직 대통령 측과 미국의 군부를 통해서 최근에 실제적인 사실이 속속히 드러나고 있다는 말입니다.

우리 개혁교회는 WCC(세계교회 협의회])라고 하는 공산주의 사상과 '혼합종교' 사상이 우리 개혁교회를 파괴시키고 있음에도 불구하고, 복음주의 신앙과 혼합종교 사상을 분별하지 못하고, 그리스도의 사랑이라고 하는 명분으로, 악령들을 '포용하는' 잘못된 신앙으로 변질시키고 있다는 말입니다.

우리 주님께서 말씀하신 사랑이란, 하나님의 형상대로 지음받은 사람을 사랑해야 된다는 의미였지, 악한 영들을 교회 안으로 끌어들이라는, '아가페'의 사랑적인 복음은 결코 아니었습니다.

나 자신이 목사이기 때문에 우리 모든 주님의 이름으로 설립된 교회들의 목사들에게 말합니다.

우리 지도자들은 주님께서 주시는 분별력을 가져야 됩니다.

또한, 우리 목사들은, 천주교 라고 하는 로마 카톨릭 집단은 오늘날 우리가 알고 있는 기독교가 아니고, 우리 개혁교회의 신도들을 5천만명 이상을 여러 가지 방법으로 죽였던, "사탄, 악마의 집단"이라고 하는 역사적인 사실을 통해서 "요한 계시록의 말씀을" 올바로 알고서 목회 사역을 하시기를 바랍니다.

사랑하는 자들아 영을 다 믿지 말고 오직 하나님께
속하였나 시험하라 많은 거짓 선지자가 세상에 나왔음이니라
하나님의 영은 이것으로 알지니 곧 예수 그리스도께서
육체로 오신 것을 시인하는 영마다 하나님께 속한것이요
예수를 시인하지 아니하는 영마다 하나님께 속한 것이
아니니 이것이 곧 적 그리스도의 영이니라 한 말을
너희가 들었거니와 이제 벌써 세상에 있느니라

(요한일서 4 : 1 ~ 3)

위의 말씀은, 하나님의 영과 적그리스도의 영을 분별해야 된다고 하는 말씀인데, 우리들의 신앙에 있어서 분별력이 떨어지게 된다면, 우리들이 그 동안 공력을 쌓았던 믿음의 집이 무너져 버릴 수도 있다고 하는 경고의 말씀으로 받아들여야 되겠습니다.

우리는 먼저, 우리 기독교의 구교 또는, 형님의 교회라고 우리 한국의 사회에서 말하고 있는, 로마 카톨릭은 우리 주님의 말씀을 중심으로 한, 성경적인 기독교가 아니라고 하는 사실을 올바로 알고서 신앙생활을 해야 하며 또한, 종교 다원주의의 신앙과 자유주의 신학 등을 통한 이단성의 신학들을 배척하고 말씀과 기도를 통해서 사탄의 역사가 무엇인가를 올바로 분별하는 믿음을 통해서 우리들의 영혼이 구원받을 수 있는 신앙의 길로 나아가는 그리스도인의 삶을 살아가시기를 기원합니다.

너희로 지극히 선한 것을 분별하며 또 진실하여

허물없이 그리스도의 날까지 이르고

예수 그리스도로 말미암아 의의 열매가 가득하여

하나님의 영광과 찬송이 되게 하시기를 원하노라

(빌립보서 1 : 10 ~ 11)

개혁을 위한 영감적 설교

14
세 가지 종류의 믿음이란?

에베소서 3 : 17 ~ 19

믿음으로 말미암아 그리스도께서 너희 마음에
계시게 하옵시고 너희가 사랑 가운데서 뿌리가
박히고 터가 굳어져서
능히 모든 성도와 함께 지식에 넘치는 그리스도의
사랑을 알아
그 넓이와 길이와 높이와 깊이가 어떠함을 깨달아
하나님의 모든 충만하신 것으로 너희에게 충만하게
하시기를 구하노라

전도하는 사람들 가운데 쉽게 할 수 있는 말 중에는,

예수 믿고 천국 가는 것은 쉽다고 하는 말들을 우리는 가끔씩 듣게 됩니다.

그 말은 옳습니다, 그러나 그 말 속에는 '나' 자신의 모든 것을 주님께 내려놓고 맡기는 믿음을 소유한 그리스도인들만이 할 수 있는 말인데,

그러한 믿음의 생활이 결코 쉽지만은 않다고 하는 것이 오늘날 우리들의 현실인데, 그 이유는 우리가 살고있는 이 세상은 돈만 있으면 무엇이든지 나의 마음대로 다 할 수 있는 육신의 몸을 가지고 살아가고 있기 때문이지요.

그러나 천국의 세계는 우리가 아직 가서 본 바가 없지만, 성경 말씀을 믿으면 된다고 하니까, 교회에 나가고 있다는 말입니다.

나는 믿는다고 하는 사람들의 성향을 '세 가지로' 구분해서 말씀을 드리려고 합니다.

교회에 나가는 교인들의 믿음에는, 참된 믿음, 의사 믿음, 위선 믿음, 의 교인들이 있습니다.

01 박형룡의 4가지 신앙교리

정통보수 신학자이신 박형룡 박사는 종교적 신앙[믿음]을 4가지로 분류를 했습니다.

가) 역사적 신앙

이것은 도덕적이나 영적인 목적도 가지지 않는 순전히 지성적인 진리를 인식하는, 신앙을 뜻하는 말로서 이 신앙은 진리를 지각하고 찬동하되 그것의 합리적인 면들의 역사적인 사실과 그러한 의견들의 체계를 인정하는 사고로서 성경에 의한 역사와 성경에 나타난 사실들의 해명, 역사와 예언과 이적, 등의 증언 같은 것이다.
이러한 신앙은 전통, 교육, 여론과 성경의 도덕적 장엄성과 영적통찰 등에 성령의 보편사역이 수반 된 결과라고 볼 수 있다.

역사적 신앙이라는 명칭은 이것이 역사적 사실과 사건만을 수용하고 도덕적이며 영적인 진리들은 제외한다거나 역사의 증거에만 기초한다고 하는 것은 아니라고 본다.

성경에 관한 신앙을 부모, 선생, 목사로부터 물려받아서 어릴 때부터 성경을 하나님의 말씀으로 믿는 사람들이 있는데, 그들은 자기들의 심령을 갱신하며 실질적인 생활면에서 하나님의 진리 능력을 전혀 경험해 보지 못한 이들도 있을 수가 있으며,

또한, 어떤 이들은 기독교 변증학을 통하여 성경의 진실성은 인식하지만, 자신의 죄의 회개와 그리스도의 "의" 에 대한 신뢰함에 도달하지 못하는 경우도 있는데, 이와 같은 "역사적인 신앙"은 중생하지 못한 사람들의 죽은 신앙 상태라고 볼 수 가 있다.

나) 임시적 신앙

이는 복음을 듣고 참으로 회개를 하지는 않았지만, 진리의 도덕적인 증거와 성령님의 감동으로 인도하심을 통한 경험을 가진 자라고 할 수가 있습니다.

───

돌 밭에 뿌리웠다고 하는 것은 말씀을 듣고 즉시
기쁨으로 받되
그 속에 뿌리가 없어 잠시 견디다가 말씀을 인하여
환난이나 핍박이 일어나는 때에는 곧 넘어지는 자요
(마태복음 13 : 20 ~ 21)

───

이러한 신앙인들이 중생하지 못했다고 볼 수가 있어요. 잠깐 동안은 열심을 통한 신앙생활을 하는 것 같았지만, 약간의 어려움에 봉착하게 되면 모든 교회 생활을 포기해 버리는 신앙인에 대해서 임시적인 신앙인이라고 말할 수가 있어요. 또한, 임시적인 신앙은 구원적인 신앙과 유사함에서, 역사적인 신앙보다 더욱 심하다고 말할 수가 있는데, 그 이유는, 역사적 신앙의 소유자는 성경의 진리를 받아들이고 그것들을 자기에게 적용하지 않지만, 임시적인 신자들은 그 진리에 대하여 개인적인 흥미를 어느 기간동안은 가지며 감정적인 반응을 보이게 되지요. 이러한 임시적 신앙은 생기와 열정을 발하여 훌륭한 외적인 연기를 보이기도 합니다. 그리하여 이러한 신앙은 참된 구원적 신앙과 구별하기가 아주 어려운 경향이 있을 수 있습니다.

이러한 임시적인 신앙은 중생에서 온 신앙이 아니기에 사람의 실존성의 깊은 내부에 접촉감이 없으며 지속적이지도 못한 신앙이라고 볼 수가 있어요.

또한, 이러한 신앙은 일시적으로 감동적인 생활에 근거를 둔 신앙으로서 하나님의 영광보다 자신의 희락만을 추구하는 신앙이라고 말할 수가 있습니다.

다) 이적의 신앙

역사적인 신앙의 소유자나 임시적 신앙의 소유자는 구원에 관한신앙을 전혀 갖지 못하는 형태의 신앙인이라고 할 수 있지만, '이적의 신앙'인의 경우에는 구원에 관한 신앙을 받아들일 수도 있는 이러한 이적의 신앙은, 능동적으로나 수동적으로 자기를 위한 어떠한 이적이 행하여 질것을 확신하는 신앙인을 뜻하는 말입니다.

예를 들어 말하자면 병원에서는 치료가 불가능한 환자가 죽을 날만을 기다리던 중 신실한 신앙인을 통해서 기도를 받고 죽을 수밖에 없었던 그 병자가 완쾌 회복되는 일들을 나는 보아서 잘 알고 있습니다.

이 때에 제자들이 조용히 예수께 나아와 가로되 우리는
어찌하여 쫓아내지 못하였나이까
가라사대 너희 믿음이 적은 연고니라 진실로 너희에게
이르노니 너희가 만일 믿음이 한 겨자씨 만큼만 있으면
이 산을 명하여 여기서 저기로 옮기라 하여도 옮길 것이요
또 너희가 못 할 것이 없으리라
(마태복음 17 : 19 ~ 20)

위의 말씀과 같이 주님께서 제자들에게 친히 하신 말씀 중, '겨자씨
하나의 믿음만' 있다고 한다면, 산을 명령하여 이쪽에서 저쪽으로
옮길 수도 있다고 하는, '이적'을 행할 수가 있다는 확신의 말씀을 하
셨지요. 그러나 '이적'을 행하였다고 해서 그의 영혼이 구원받을 수
있다고 하는 보장이 지속 된다고 볼 수는 없는 것입니다.

그 날에 많은 사람이 나더러 이르되 주여 주여
우리가 주의 이름으로 귀신을 쫓아내며 주의 이름
으로 많은 권능을 행치 아니하였나이까 하리니
그 때에 내가 저희에게 밝히 말하되
내가 너희를 도무지 알지 못하니 불법을
행하는 자들아 내게서 떠나가라 하리라
그러므로 누구든지 나의 이 말을 듣고 행하는 자는
그 집을 반석위에 지은 지혜로운 사람 같으리니…
(마태복음 7 : 22 ~ 24)

위의 말씀에서 볼 수 있듯이, 주님께서 친히 하신 말씀 중 주의 이름으로 귀신을 쫓아내고 권능을 행하는 '이적'을 행하였다고 할지라도 내면적인 속 사람이 주님의 뜻에 합당치 못한 삶을 살았던 자들에게는, 불법을 행한 자라고 하는 심판적인 말씀을 하셨습니다.

이 말씀에 대해서 우리 대부분의 신앙인들은 말하기를 우리가 구속함을 받게 된 것은 우리의 어떠한 행위를 통해서가 아니라 온전히 주님의 은혜를 통해서 구속함을 받았다고 강변을 하고 있습니다.

그러나 우리가 주님의 은혜를 통해서 구속함을 받은 후에는 신앙인 각자에게는 책임과 의무가 뒤따른다는 부분에 대해서는 별다른 의식이 없이, "믿음으로 구원 받았다"고 하는 사고방식으로 신앙생활을 하게 된다는 말입니다.

주님께서 우리 인간들에게 약속해 주신 말씀이 있다고 할지라도 창조질서의 섭리에 위배되는 일들에 대해서는 엄격하다고 하는 하나님의 공의성을 우리는 잘 알아야 합니다.

신학의 '구원론' 교리적으로 보더라도 구속함을 받은 모든 신자들에게는 '성화' 되는 삶이라고 하는 책임이 뒤 따르게 된다고 하는 교리가 있다는 사실이지요.

사도 바울이 기록한 말씀 중, 로마서 6장 1~2의 말씀에서는 그런 즉 우리가 무슨 말 하리요 은혜를 더하게 하려고 죄에 거하겠느뇨 그럴 수 없느니라 죄에 대하여 죽은 우리가 어찌 그 가운데 더 살리요 그러나 주님의 사랑이란, 공의성을 기초로 한 사랑이 되기 때문에 교회에 다니면서도 세인들과 같이 살아가고 있는 자들에게도 교회를 통한 신앙생활을 한 사람이라고 해서, 똑같은 신앙인으로 인정을 해주시지 않는다고 하는 사실을 너무나도 모르면서 교회의 생활을 하는 교인들이 많이 있다는 현실입니다.

관원들은 선한 일에 대하여 두려움이 되지않고
악한 일에 대하여 되나니 네가 권세를 두려워
하지 아니 하려느냐 선을 행하라 그리하면 그에게
칭찬을 받으리라
그는 하나님의 사자가 되어 네게 선을 이루는 자니라
그러나 네가 악을 행하거든 두려워하라 그가 공연히
칼을 가지지 아니하였으니 곧 하나님의 사자가 되어
악을 행하는 자에게 진노하심을 위하여 보응 하시는
자니라
그러므로 굴복하지 아니 할 수 없으니 노를 인하여만
할 것이 아니요 또한 양심을 인하여 할 것이라
(로마서 13 : 3 ~ 5)

우리가 주님의 은혜를 통해서 구속함을 받았기 때문에 아무것도 염려하지 않아도 된다고 함이 예정론자들의 신앙인데,

위의 로마서 말씀에서는 각인의 '양심을 인하여'라고 한 말씀을 우리가 올바로 이해를 해야 됩니다.

아무리 주님의 이름을 통해서 기사, 이적의 역사를 이룩하는 신앙생활을 했다고 할지라도 각자의 신앙적인 양심을 우리 주님 앞에서 지키지 않은 자들에 대해서 '불법을 행한 자라고' 주님께서 말했습니다. 그렇기 때문에 위의 말씀인 마태복음 7장 23절 말씀에 '내가' 너희를 도무지 알지 못하니 '불법을 행하는 자들아 내게서 떠나가라'는 말씀을 하시게 됐습니다.

즉, 우리 모든 그리스도인들 중 '표리부동'한 신앙인들에게는 주님의 이름으로 많은 이적을 행하였다고 할지라도 그분의 심판의 대상이 될 수가 있다는 말씀이지요.

여기서 말하는 '표리부동'이라고 하는 의미는, 말과 외적인 행위는 신앙인으로 보여짐에도 불구하고, 그 사람의 마음속, 즉 내면적인 부분을 주님께서 검토해 보셨을때에 신앙인으로서의 비양심적이며 이중적인 성품의 신앙인을 뜻하는 말입니다.

라) 진정한 구원적 신앙

구원적인 신앙이란, 선택받은 자로서 부르심을 받을 만한 죄인이 하나님의 역사를 통해서 죄인이었던 자가 그리스도에게 접합이 되고 그리스도와 그의 모든 은혜를 깨닫는 생활을 함으로 중생한 속사람의 생명에 뿌리를 내리는 신앙이라고 말할 수가 있습니다.

이에 대하여, "바르트[K . Barth]"는 말하기를, 구원은 하나님의 독점적인 역사라고 하는 사실을 강조하기 위하여 하나님만이 우리 신앙의 주체가 되심을 강조하면서 우리의 모든 신앙을 사람의 행위로 말하지만, 이것은 하나님의 선물이라고 했어요.

너희가 그 은혜를 인하여 믿음으로 말미암아
구원을 얻었나니 이것이 너희에게서 난 것이
아니요 하나님의 선물이라 (에베소서 2 : 8)

위의 말씀에서 볼 수 있듯이 '바르트'가 주장한 대로 예수님께서 우리 땅에 강림하심을 우리는 하나님의 '은혜'라고 할 수는 있지만, 그 의미는 복음을 거부하지 아니하고 받아들이는 자들에게만 은혜가 될 뿐, 각자의 '자유의지'에 따라서 "거부하는 자들에게는" 하나님의 은혜 자체를 인식하지 못하고 있기때문에 선택함을 받지 못한 자들이라고 말할 수가 있습니다.

내가 여기서 말하는 '선택'이란, '칼뱅주의의 예정교리'에서 말하는 "선택"의 의미와 구별해야 합니다.
위의 말씀에서 볼 수 있듯이 하나님께서 아무리 좋은 선물을 준비해서 줄 테니 교회에 나오라고 해도, 거역하는 자들에게는 그 선물과는 무관하게 자기들의 마음대로 세상에 속하여 살아가게 된다는 말이지요.

그렇기 때문에 '죄악된 인류의 세상이' 오늘날까지 계속되고 있다는 말입니다.

말씀의 제목을 "세 가지 종류의 믿음이란" 이라고 했는데,

———

이 천국 복음이 모든 민족에게 증거 되기 위하여
온 세상에 전파되리니 그제야 끝이 오리라
그러므로 너희가 선지자 다니엘의 말한바 멸망의 가증한
것이 거룩한 곳에 선 것을 보거든, 읽는 자는 깨달을 진저,…
(마태복음 24 : 14 ~ 15)

———

교회사에서 볼 때에, 초대교회의 사도들의 시대부터 교회는 계속해서 분열이 됐음을 우리는 잘 알고 있는데,
사도행전 8장 9절 이하의 말씀을 보면 사마리아에서 마술을 하는 '시몬'이라고 하는 사람이, 그가 빌립의 전도를 받고 세례를 받은 후에 복음을 믿는다고는 했지만,

17절 이하의 말씀을 보게 되면 그는 사도들이 안수함으로 성령을 받는 것을 보게 되자 '자기도 돈을 내놓고' 성령을 받게 해 달라고 하자 베드로가 가로되 '네가' 하나님의 선물을 돈 주고 살 줄로 생각하였으니 네 은과 네가 함께 망할지어다

하나님 앞에서 네 마음이 바르지 못하니 이 도에는 네가 관계도 없고 분깃 될 것도 없느니라.

그러므로 너의 이 악함을 회개하고 주께 기도하라.

내가 보니 너는 악독이 가득하며 불의에 매인바가 되었도다.

시몬이 대답하여 가로되 나를 위하여 주께 기도하여 말한 것이 하나도 내게 임하지 말게 하소서, 하니라.

이와 같은 '시몬'의 믿음은 온전한 믿음이라고 할 수가 없는 믿음으로서, 초대교회의 암초적인 예표가 되어졌습니다.

━━━

오직 네게 이것이 있으니 네가 니골라 당의 행위를
미워 하도다 나도 이것을 미워 하노라
(요한계시록 2 : 6)

━━━

━━━

온 무리가 이 말을 기뻐하여 믿음과 성령이 충만한
사람 스데반과 또 빌립과 브로고로와 니가로르와
디몬과 바메나와 유대교에 입교한 안디옥 사람
니골라를 택하여
사도들 앞에 세우니 사도들이 기도하고 그들에게
안수하니라 (사도행전 6 : 5 ~ 6)

━━━

위의 말씀을 보면 계시록 2장에 나오는 '니골라' 당이라고 하는 말씀은 사도행전 6장에 나오는 초대교회의 7집사 중 한 사람의 이름이었는데 그는 초대교회에서 최초로 집사 직분을 받은 일곱 사람 중의 한 사람이었지만, 올바른 믿음이 없었기 때문에, '이단' 의 한 종파[당]를 말들었다고 하는 내용의 말씀이 계시록 2장 6절 이하의 말씀에 기록 된 내용입니다.

일부 학자들의 글을 보게되면 당시에 '니골라'당의 신앙 사상은 그가 본래 에베소 교회에 소속된 자였지만, 그러한 '이단' 사상이 널리 전파되다 보니, '버가모'의 지역교회에까지 퍼지게 되었기 때문에…

버가모 교회의 사자에게 편지하기를
좌우에 날선 검을 가진 이가 가라사대 네가 어디사는 것을 내가 아노니
거기는 사단의 위가 있는데라 네가 내 이름을 굳게 잡아서 내 충성된 증인
안디바가 너희 가운데 곧 사단의 거하는 곳에서 죽임을
당할 때에도 나를 믿는 믿음을 저버리지 아니하였도다
그러나 네게 두어가지 책망할 것이 있나니 거기 네게
{발람}의 교훈을 지키는 자들이 있도다 발람이 발락을
가르쳐 이스라엘 앞에 올무를 놓아 우상의 제물을 먹게
하였고 또 음행케 하였느니라
이와같이 네게도 니골라 당의 교훈을 지키는 자들이 있도다
(계시록 2 : 12 ~ 15)

위의 말씀 중 15절 말씀에 "이와같이" 라고 하는 말씀은 '니골라'라고 하는 이단적인 당파에서 발람이 발락의 우상 제물과 관련된 범죄를 범함과 같은 맥락으로 '니골라' 의 이단성을 알게 해 주시는 말씀이라고 보아야 합니다.

그렇다면, 결론적인 "믿음의" 세가지 의미를 살펴보자면,

02 참된 믿음 [a truth faith] 이란 !!

유일무이한 믿음을 뜻하는데, 그것은 우리 주님을 하나님이신 구세주 예수 그리스도로 믿는 믿음을 뜻하는 말이며 또한, 그 분께서는 하나님의 아들이시며 천지의 하나님이시며 성부[the father]와 '한 분' 이시라고 믿는 자들에게 주어지게 되는 믿음을 뜻합니다.
그러한 믿음만이 진리가 되기 때문이지요…
이러한 진리는, 좌. 우로 치우치는 현상과 같이 나눠질 수가 없고, 분리될 수가 없는데, 일반적인 뜻으로 '믿음'은 "헤아릴 수 없이 수 많은 진리들로" 이뤄져 있다고 보아야 합니다.
이들의 수 많은 진리들은 한 몸[a single body]을 형성하기 때문이며 그 몸 안에는 그것의 각 지체들을 형성하는 수 많은 진리들을 뜻하는 말입니다.

━━━━━

몸은 하나인데 많은 지체가 있고 몸의 지체가 많으나
한 몸임과 같이 그리스도도 그러하니라
우리가 유대인이나 헬라인이나 종이나 자유자나 다 한
성령으로 세례를 받아 한 몸이 되었고 또 다 한 성령을
마시게 하셨느니라 (고린도전서 12 : 12 ~ 13)

━━━━━

위의 말씀 중, 한 몸 이란, 몸의 각 지체들의 모든 영혼이나 생명은
주 하나님께서 그 나라의 백성으로 삼아주심을 뜻하는 말인데, 이것
은 사도 바울이 언급함과 이 교회는 그리스도의 몸이라고 불리게 된
이유입니다.

━━━━━

몸이 하나이요 성령이 하나이니 이와 같이 너희가
부르심의 한 소망 안에서 부르심을 입었느니라
주도 하나이요 믿음도 하나이요 세례도 하나이요
하나님도 하나이시니 곧 만유의 아버지시라
만유위에 계시고 만유를 통일하시고 만유 가운데
계시도다 (에베소서 4 : 4 ~ 6)

━━━━━

그렇기 때문에 우리들의 주님과, 믿음과, 세례와, 하나님 아버지를
한분으로 믿는신앙이 참된 믿음을 소유한 신앙인이라고 하는 말입
니다.

03 의사적인 믿음 [a spurious faith] 이란 !!

유일무이한 믿음에서 '이탈'한 모든 믿음을 뜻하는 말인데, 이는 주님을 하나님으로 존경하지 않고 단순한 사람으로 여기는 자들이 가지고 있는 믿음을 뜻합니다.

하나의 교회에서 세분의 주님[three Lords]을 시인하는 믿음은 '간음'에서 비롯된 믿음이라고 할 수가 있습니다.

하나님의 합법적인 자녀라 함은, 하나님의 아들로서의 주님을 시인하고, 천지의 주재이신 하나님을 시인하며, 또한 주님께서 아버지와 한 분이심을 시인하는 믿음을 뜻하는 말인데, 여기에서 이탈된 믿음이 "의사 적인 믿음"이라고 할 수가 있습니다.

오늘날 이러한 믿음에 대하여 간음적인 믿음[adulterous faith]이라고 말 할 수 있습니다. 그렇기 때문에 세상과 짝하는 교인들에 대해서 간음하는 신앙인이라 말하게 되지요.

내가 이스라엘 집에서 가증한 일을 보았나니
거기서 에브라임은 음행하였고
이스라엘은 더렵혔느니라
(호세아서 6 : 10)

이 말씀에서는 이스라엘 백성들이 실제적으로 더럽혀 졌을 뿐만이 아니라, 하나님의 언약을 배반하고 많은 우상 숭배를 했다고 하는 말입니다.

또한, 여기서는 '에브라임'이라고 하심은 당시에 이스라엘의 대표적이라고 하는 의미가 내포돼 있다고 하는 사실로 우리는 이해를 해야 되겠습니다.

04 위선적인 믿음[hypocritical faith]이란 !!

어떠한 사람이 자기 자신에 대하여 매우 크게 생각하고, 자기 자신을 타인에 비하여 그 앞에 내세우게 되는 경우가 위선적인 믿음이라고 하는 의미입니다.

───────

거짓 선지자들을 삼가라 양의 옷을 입고 너희에게
나아오나 속에는 노략질 하는 이리라
(마태복음 7 : 15)

───────

위선적인 믿음이란, 이중적인 성격자를 뜻하는 말로서 위선적인 신앙인의 특징이라면, 자기 자랑을 자주 강조하는 자들을 뜻하는데,

그들 대부분이 '표리부동'한 신앙인들에 대한 대명사라고도 말할 수가 있지요.

위의 말씀대로 타인들 앞에서의 외적인 삶은 어린 양과 같은데, 그의 속 마음에는 종교 신앙이라는 명분을 통해서 악행을 하면서도 양심에 가책을 느끼지 못하는 그리스도인들에 대해서 하는 말입니다.

사랑하는 교우 여러분들이여 !!
우리는 참된 믿음의 신앙인으로 살아가야 됩니다.

우리들의 속사람이 우리 주님의 뜻에 합당한 삶을 살아가도록 노력을 해야 되는데 '의사적인' 믿음이나, '위선적인' 믿음을 가진 자들은, 목사들이나 교인들 모두가 육신적인 삶을 위한 신앙생활을 하는 자들이며, 또한 자기 자신만의 편리한 방법으로 살아가기 위해서 교회의 신앙생활을 하고 있는 자들인데, 좀 더 다른 표현으로 말한다면, 주님보다도 세상을 더욱 사랑하고, 자기 자신을 더욱 높이는 자들을 뜻합니다.

'참된' 믿음의 교인들은,
각자의 내면적인 삶이 우리 주님의 뜻과 일치되는 건강한 신앙을 통해서 그들의 영혼이 구원받게 될 수 있는 자들의 믿음을 뜻하는 말입니다.

사랑하는 자여 네 영혼이 잘 됨 같이
네가 범사가 잘 되고 강건하기를 내가
간구하노라 (요한 3서 1 : 2)

개혁을 위한 영감적 설교

15
동성애의 본질은 죄악이다

창세기 1 : 27 ~ 30

하나님이 자기 형상 곧 하나님의 형상대로 사람을
창조하시되 남자와 여자를 창조하시고
하나님이 그들에게 복을 주시며 그들에게 이르시되
생육하고 번성하여 땅에 충만하라 땅을 정복하라
바다의 고기와 공중의 새와 땅에 움직이는 모든
생물을 다스리라 하시니라
하나님이 가라사대 내가 온 지면의 씨 맺는 모든
채소와 씨 가진 열매 맺는 모든 나무를 너희에게
주노니 너희 식물이 되리라
또 땅의 모든 짐승과 공중의 모든 새와 생명이 있어
땅에 기는 모든 것에게는 내가 모든 풀을 식물로
주노라 하시니 그대로 되니라

우리가 살아가고 있는 사회에 '악법'도 법이다. 라고 하는 말이 있지요. 동성애 관련법도 세속법에 합리화를 시키고 있는 시대에 우리는 살아가고 있어요.

미국의 전직 '오바마' 대통령도 자신이 동성애자이며, 동성애 옹호자로서 알려진 것은 오래 전부터였는데,

01 현대교회의 동성애와 WCC의 관련성

오늘날 우리 기독 교계의 신학대학교 안에도 '동성애' 동아리가 오래 전부터 있었다고 하는 사실이 우리 기독교계에 서서히 알려지고 있는 현실입니다.
내가 신학 공부를 하고 있었던 70년대에는 신학교에 '동성애' 동아리라는 말을 들어 본 기억이 전혀 없습니다.
오늘날의 신학대학교에 어떻게 '동성애' 동아리가 만들어질 수가 있겠는가 하고 의심을 하는 교인들이 많이 있다는 사실인데,

1975년 11월에 아프리카의 '케냐, 나이로비'에서 WCC 제5차 총회가 열렸는데, 당시의 총회에서, '마르크스의 게릴라' 운동에 대해서 묵인할 것과, 각기 다른 성생활을 묵인해 줄 것이 결정된 바가 있었고,

2006년 2월 14일부터 23일까지, 브라질, 포르토 '알레그레'에서, WCC(세계교회 협의회) 제 9차 총회가 열렸는데, 당시의 총회에서도 앞에서 언급한 5차 총회에서와 마찬가지로 "성소수자들(동성애자들)에게 이번에는, 5차 총회때 보다 한걸음 앞으로 나가서, 이제는 우리개혁교회의 성직자들에게도 "동성애" 성직자를 허용해야 된다고 하는 문제에 대해서 음성적으로 묵인하게 됨으로, WCC(세계 교회협의회)에 소속된 미국의 일부 교단(총회)에서부터 동성애의 바람이 서서히 일어나게 됐으며, 오늘날 미국의 여러 교단의 목사들 중 "동성애 목사 부부가" 있다는 현실이 드러나고 있기 때문에, 그러한 현지의 사실적인 정보를 많이 알고 있는 유학파의 일부 교수들도 우리 교계의 신학대학의 "동성애" 동아리에 대해서 묵인하게 된 원인이라고 말할 수가 있습니다.

또한, 우리 신학교의 입시 제도에도 많은 허점이 있었기 때문에 신학교에 '동성애'가 침투하게 됐다는 말입니다.
그 원인은 입시를 통해서 합격하기만 하면 '신앙 사상'은 전혀 검증하지 않고, 교육사업의 입장에서 수익성만을 고려하여 실력 수순에 따라서 입학생들을 받아들이고 있는 학교 당국이 1차적인 큰 문제점이며, 또한, 그 책임이 있다. 라고 하는 말입니다.
 일부 신학대학의 교수들이 '동성애' 동아리 학생들에 대해서 처벌의 훈계를 하지 않고 도리어 일부 교수들이, "학교가 없어질까봐" 그들을 옹호해 주고 있기 때문이라는 사실도 수년 전부터는 속속히 드

러나고 있다고 하는 것이 우리 한국교회의 현실인데,

우리 기독교계의 대표적인 신학대학이라 하면, 총신대학과 장신대학을 말하지요. 총신대학에도 오래 전부터 '동성애'동아리가 있었다는 말을 들었는데 나는, 본 편의 설교 제목이 : "동성애의 본질은 죄악이다" 라고 하는 말씀을 전하는 입장에서 현실적인 한 예를 참고로 말하겠습니다.

02 장신대학 내의 '동성애' 동아리

기독교 학술원장이며 '샬롬나비'의 상임대표인 김영한 박사가 본, 장신대학의 '동성애 무지개' 사건에 대한 이야기를 서두에서 약간만 언급하겠습니다.

김영한 박사가 말하는, 장신대학교의 동성애 무지개 사건에 대한 지적함과 충고한 내용이 종교 신문인, 크리스천투데이 2018년 7월 19일자에 실린 기사의 일부 내용을 살펴 보자면,…

샬롬을 꿈꾸는 나비행동(상임대표:김영한 박사, 이하 샬롬나비)이, 주장 한 바에 의하면, 장로회 신학대학 동성애 무지개 사건은 선지동산의 영적 근간을 무너뜨리는 사건'이라며, 예장 통합총회가 장신대의 '동성애 무지개'를 막지 못하면 통합교단이 무지개로 덮일 것이라고 하는 말을 했어요.

'샬롬' 나비의 대표인 김영한 박사는 18일에 발표한 관련 논평에서 '무지개 깃발'을 몸에 두른채 예배드리는 것은 '노아' 언약의 왜곡이라며, 무지개는 노아 언약의 증거인데, '동성애'의 상징으로 보는 것은 성경을 왜곡한 것이라고 주장을 했지요.

또한, 김 박사는 장신대 당국 책임자들의 태도는 교육적인 대책보다는 친'동성애' 쪽으로 치닫고 있다는 직설적인 지적을 하면서.

이들은 또 '장신대' 학생들 중 커밍아웃 학생이 있다는 사실은 심각한 일이 아닐 수가 없다면서 이러한 신학생들이 목사 안수를 받게 된다면 심각한 문제를 야기시킬 수가 있기때문에 학교 당국은 신학생들의 교육에 엄격한 신앙윤리를 가르쳐야 한다고 촉구를 한 바가 있어요.

장신대학이 이렇게 '동성애'를 암묵적으로 허용함과 포용해 주고 있는 원인은 학교안에 WCC의 혼합 주의적인, 자유주의 신학을 통해서 좌경화 된 대다수의 교수들 때문이라고 보여집니다.

앞에서 언급함과 같이, 미국의 연합 장로교[PCUSA] 및 프린스턴 신학대는 '동성애'를 허용하면서 신학대학 교육의 본질을 완전히 상실해 버렸는데, 우리 장신대학의 사태도 2010년대부터 한국에 들어오기 시작한 미국 연합장로교의 '동성애' 무지개 신학의 물결은, 해외에서 공부한 교수들 중 위와 같은 교수들이 많이 들어오게 되면서 비롯됐다는 사실입니다.

그렇기 때문에 위의 문제는 학생들이 먼저가 아니고, 교수들의 잘못된 신학교육을 통해서 신학생들을 지옥으로 보내는 교육을 하고 있다고 보는 것이 타당하다고 말할 수가 있겠지요!

위와 같은 신학교의 교수들이야말로 많은 영혼들을 지옥으로 이끌고 함께 들어가는 '음행자'들이라고 볼 수밖에 없습니다.

———

이와 같이 내가 네 음행과 애굽 땅에서부터 음행
하던 것을 그치게 하여 너로 그들을 향하여 눈을
들지도 못하게 하며 다시는 애굽을 기억하지도
못하게 하리라
나 주 여호와가 말하노라 내가 너의 미워하는 자와
네 마음에 싫어하는 자의 손에 너를 붙이리니
그들이 미워하는 마음으로 네게 행하여 네 모든
수고한 것을 빼앗고 너를 벌거벗겨 적신으로 두어서
네 음행의 벗은 몸 곧 네 음란하며 음행하던 것을
드러낼 것이라
(에스겔 23 : 27 ~ 29)

———

위의 말씀은, 유다와 사마리아의 음행에 관한 내용인데, 27절의 말씀은 바벨론 제국을 통한 하나님 심판의 주된 원인인데, 하나님께서 보시기에 '음행'이라고 할 수가 있는, 이방 열국과의 교제를 끊게 하며 또한 우상숭배에서 돌이키게 하는 내용을 암시하는 말씀으로서, '유다 왕국이' 바벨론 제국의 침공을 받게 된다고 하는 뜻으로 기록된 말씀인데, 이러한 구약성서의 말씀이 역사적으로 있었던 일들로 기록된 책이라고만 생각을 하는 교인들에게는 아무런 의미가 없습니다.

오늘날 기독교의 신앙인으로서 구약성경도 읽고 알아야 될 것은 2천년 전 예수님께서 우리 땅에 강림 하시기 전에 하나님께서 어떻게 그의 백성들을 교훈 하셨는가를 후대인 우리들에게 교훈으로 남겨 주신 말씀이기에 우리들이 구약성경을 올바로 알고서 오늘날 우리들은 그들과 똑같은, '범죄를 통한' 심판을 당하지 않도록 하시기 위해서 구약성경을 우리들에게도 주셨다는 사실을 알아야 합니다.

사랑하는 교우 여러분들이여 !!
오늘날 우리 한국교회의 실정이 어떻습니까?

우리 그리스도인들이 통상적으로 하는 말 중에 교회를 주님의 몸이라고 하지요!
그러한 주님의 몸이 되시는, 교회들을 세상 정치 권력의 우상으로 더럽히는 대형교회의 목사들이 있는가 하면, 또 다른 음행이라고 할 수 있는 것은, 신학 교육장의 교수들이 음성적으로 '동성애'라고 하는 '음행'을 끌어들이며, 그러한 것들을 용인을 하고있는 현실인데, 우리 한국교회의 미래가 어떻게 되겠습니까?

주님의 몸이 되시는 교회를 더 이상 더럽히지 못하도록 신학교육 제도가 바꿔 질 수 있도록 우리함께 기도합시다.

또한 '동성애'를 묵시적으로 인정하는 신학대학의 교수들을 신학교에서 퇴출시키는 운동을 전개해야 되지 않겠습니까?

───

우리는 그 몸의 지체임이라,
이러므로 사람이 부모를 떠나 그 아내와 합하여
그 둘이 한 육체가 될지니
이 비밀이 크도다 내가 그리스도와 교회에 대하여
말하노라
그러나 너희도 각각 자기의 아내 사랑하기를 자기
같이 하고 아내도 그 남편을 경외하라
(에베소서 5 : 30 ~ 33)

───

우리 그리스도인들의 몸은 우리를 구속해 주신 주님의 한 지체가 된다고 하는 말로서, 한 남자와 한 여자가 결합하여 하나의 가정을 이룩하여 자녀들을 출산해서 그들로 하여금 창조주가 되시는 하나님을 찬양하며 영광을 드리게 함이 하나님께서 사람을 창조하신 근본적인 뜻이라고 하는 사실을 올바로 알지 못하고 창조주의 뜻을 거역하는 자들의 한 부류가 "동성애"자들이라고 하는 말입니다.

고대 철학사상과 동성애 관련성

고대 그리스 철학자 '소크라테스'는 '남색' 에 대해서 높은 교양을 지
닌 것으로 찬미를 했으며, 또한 '인구 과다' 공포에 대처하여, '아리
스토텔레스'는 남편들에게 그 아내를 멀리하고, 오히려 소년을 사랑
[동성애] 할 것을 권했으며,…

또한 '플라톤' 사상에서 찬미를 하는 사랑이란, '남녀의 사랑'이 아
니고 '동성애'였다고 하는데, 당시의 철학자들은 창세기 1장 26절
이하의 성경에 무지했던 자들이라고 보아도 결코 잘못된 말이 아니
라고 나는 생각을 하고 있습니다.

───

하나님이 그들에게 복을 주시며 그들에게 이르시되
생육하고 번성하여 땅에 충만하라 땅을 정복하라
바다의 고기와 공중의 새와 땅에 움직이는 모든
생물을 다스리라 하시니라
(창세기 1 : 28)

───

창조주이신 하나님께서 복을 주신 아담 후손들의 인구가 너무 많아
질까봐, '남자끼리 동성애'를 권장했다고 하는 어리석은 '아리스토
텔레스' 라고 하는 철학자에 대해서 철학의 아버지라고도 부르고 있
지요!!

모든 인간의 생명은 하나님께로부터 왔고, 또한, 그분이 이 땅에서 살게 해 주시며, 또다시 하나님께로 돌아가게 된다고 하는 성경을 읽고 올바로 이해를 했더라면, 모든 인간들이 장차 살아갈 지구라고 하는 우리들의 땅에서 '인구 과다 공포증'을 가지지 않았을텐데, 위와 같은 어리석은 말을 철학자인 '아리스토텔레스'가 언급했다는 것은 창세기 1장과 2장의 성경에 너무나도 무지했다는 말입니다.

우리의 옛말에, 모든 사람이 태어날 때 각자가, 자기의 먹을 것은 가지고 태어 난다고 하는 말을 내가 젊었을 때 어른들로부터 들었던 기억이 생각납니다.

지금 이 말을 깊이 생각을 해 보면 우리 주님이시며 창조주이신 그분께서 인생 모두의 생명을 주관하신다는 성경을 또 다른 각도에서 나에게 깨닫게 해 주었던 말이라고 생각을 하게 됐습니다.

철학이란, 영어로 'philosophy' 인데,
원래 그리스어인 'philosophia' 에서 유래 했으며, 그 뜻은, '지식을 사랑하는 학문'을 뜻하는 말인데, 그들이 사랑했던 지식이란, 하나님을 아는 지식이 아닌, 이 세상의 부패 되어 없어질 인본주의 사상이라고 할 수 있는 세상의 초등학문을 근간으로 한 지식만을 사랑했기 때문에 철학자들이 '동성애'사상을 보급 했다고 볼 수가 있습니다.

그러므로 너희가 그리스도 예수를 주로 받았으니

그 안에서 행하되

그 안에 뿌리를 박으며 세움을 입어 교훈을 받은

대로 믿음에 굳게 서서 감사함을 넘치게 하라

누가 철학과 헛된 속임수로 너희를 노략할까 주의

하라 이것이 사람의 유전과 세상의 초등학문을

좇음이요 그리스도를 좇음이 아니니라

(골로새서 2 : 6 ~ 8)

사도바울은 골로새 교회에 속해있는 교인들을 거짓 교훈으로 이탈 시키려고 하는 당시의 '영지주의' 철학을 경계하라고 하는 말인데, 여기서 말하는 철학과 헛된 속임수란, 거짓 영과 같은 것을 섬기는, 우상숭배를 뜻하는 말이며 오늘날의 '동성애' 사상을 고대의 철학자 들이 만들어 낸 것은 남녀를 통해서 이룩한 한 가정의 행복과 번영을 누려야 할 창조의 질서를 파괴하는 사탄, 마귀의 역사라고 할 수 있 는 '동성애' 사상이라고 보아야 할 것입니다.

오늘날 다양한 학문들을 분류함에 있어서 철학이라고 하는 학문에 대하여 '형이상학 [Metaphysica]'이라고 함은 '아리스토텔레스'의 저서, 지혜[소피아], 신학[테올로기케], 제1 철학 [헤 프로테 필로 소 피아]라고 하는 학문에 관한, 논고의 집성본이라고 하는 책을 B C 1 세기에 전집으로 편집한, 로도스의 '안드로니코스'가 '자연학' 관계서의 뒤에 배치해 놓은 데서 유래된 학문을 뜻하는데, 앞에서 언급된 '아리스토텔레스'의 저서 중, '신학' 논고 하나가 있는데, 나는 그 내용을 알 수는 없지만, 앞에서 언급함과 같이, '아리스토텔레스'가 '인구 과다 공포'에 사로잡혀서 '동성애'의 주창자가 됐다고 함은 창세기 1장 26절 이하의 말씀에 대한 내용을 전혀 몰랐기 때문이라는 말이지요!

그들이 만일 창세기 1장과 2장의 성경 말씀의 내용을 올바로 알았더라면 동성애라고 하는 행위에 대해서 창조주 하나님의 뜻에 반하는 '악행'이라고 하는 사실을 알았을텐데, 성경의 무지함에서 '인구 과다공포증의' 공포감만을 가지고 당시에 남자끼리의 '동성애'를 조장했던 것으로 나는 이해 할 수 있게 됐습니다.

이들 철학자들과는 달리, 중세 신학자들은 '성'의 목적을 오직 '생식'과 '종족보존'에 두고 그 외에는 생식을 목적으로 하지 않는, 부부간의 일체의 성행위에 대해서 타락으로 규정을 한 바가 있었는데, 중세 신학자들 역시 창세기 1장 26절 이하의 말씀을 올바로 이해하지 못했던 인본주의 신학자들의 사상이었음을 우리들은 올바로 알아야 합니다.

그 이유는 앞에서도 언급했듯이, 하나님께서는 그 분의 형상대로 남자와 여자라고 하는 사람을 지으시고 그들에게 복을 주셨습니다.

그들에게 첫 번째로 주신 복은, "생육하고 번성하여 땅에 충만하라"고 하는 복을 주셨는데, '아리스토텔레스'나 중세 신학자들 모두는 창세기 1장 28절 말씀의 성경을 인정하지 않고, 또한 성경을 불신하는 자들이 됐기 때문에, '인구 과다' 공포증에 걸린 자들이라고 보아야 할 것은 바로 동성애 자체가 사탄, 악마적인 역사를 조장하는 철학자들로부터 유래가 됐다는 사실입니다.

그러나 '토마스 아퀴나스'는 자연을 거역하는 죄 가운데 극악한 것이 '수간'이고, 그 다음이 '남색'이라고 하는 주장을 하기도 했어요.

04 성경에서 말하는 '동성애'란

너는 여자와 교합함 같이 남자와 교합하지 말라 이는
가증한 일이니라
너는 짐승과 교합하여 자기를 더럽히지 말며 여자가 된
자는 짐승 앞에 서서 그것과 교접 하지 말라 이는
문란한 일이니라
(레위기 18 : 22 ~ 23)

그들이 눕기 전에 그 성 사람 곧 소돔 백성들이
무론 노소 하고 사방에서 다 모여 그 집을 에워싸고
롯을 부르고 그에게 이르되 이 저녁에 네게 온 사람이
어디있느냐 이끌어내라 우리가 그 들을 상관하리라
(창세기 19 : 4 ~ 5)

위의 창세기 말씀은 '소돔성'이 유황불의 심판을 받기 직전에 두 천사가 아브라함의 조카인 '롯'을 만나서 그 집에 들어가서 저녁 식사를 한 후 잠자리에 들기 전에 그 지역 사람들이 롯의 집 대문밖에 와서 그 집에 손님으로 찾아온 두 사람을 '상관' 하리라 고 했는데, 이 말의 내용 [공동번역 : 그 자들하고 재미를 보게 끌어내라] 을 볼 수가 있는데,

위의 내용은 당시에 '롯'의 집에 찾아 왔던 두 천사를 데리고 가서 동성애를 하겠다고 지역 주민들이 몰려 왔다고 하는 내용인데,
이 말은 '롯'이 소돔에 거주할 당시에 그 지역 사람들은 '성' 도덕이 말로 다 할 수 없을 정도로 부패 됐음을 보여 주는 한 대목의 말씀이기 때문에, 결국 하나님께서 소돔성을 유황 불로 심판을 하시게 됐습니다.

교우 여러분들이여 !!
우리들은 주님 말씀대로 살아가도록 함께 기도하면서 노력을 합시다.
앞으로 다가오고 있는 우리 후대들에게 소돔성과 같은 유황불의 심판이 우리 땅에 임하지 않도록 영생의 복음을 통해서 자녀들을 복음적으로 양육하시는 믿음의 가정이 되기를 바랍니다.

우리 주님께서 금하시는 일을 않하는 사람이 올바른 신앙인이요,
또한, 주님의 명령이 되는 말씀에 순종하면 구원을 받게 됩니다.

동성애는 성경적으로 불법인데, 그럼에도 불구하고 우리들의 일반 사회법에서는 국가마다 또한, 각 국가의 지자체에서는, 그들대로 제도를 바꾸어서 가정을 파괴시키는 이러한 악법을 합리화시키고 있는데, 그들의 주장하는 명분은 다름 아닌 "성 소수자들의 인격도 존중돼야 한다"고 하는 '사탄'적인 논리인데,

하나님께서 창조하신 그 창조의 질서를 파괴하는 자들은 '인격의 본질'을 그들 스스로가 이미 상실한 자들로서, 짐승 된 삶을 살아가고 있는 자라고 보아야 합니다.

나의 본, 설교문에서 위와 같은 극단적인 용어를 사용하게 된 것은 성경이라고 하는 주님의 말씀에, 또 다른 어떠한 사상과 혼합을 하거

나 적당한 방법으로 협상을 해서

'회색지대'의 어떠한 사상을 만들게 된다면, 그러한 성경 교리는 결코 진리라고 말할 수가 없기 때문입니다.

동성애자들이 말하는 인격의 본질은 무엇이라고 우리가 이해를 해야 될까요 ?

"인격이란," 하나님의 형상을 닮은 사람에게만, 그 분께서 부여 해주신 고유의 특권이라고 하는 사실이지요. 그렇기 때문에 동성애자들에게는, 인격이라고 하는 용어를 사용할 수가 없는, 짐승에 불과한 자들이라고 하는 사실을 분명히 알아야 합니다.

짐승들에게는, 인격이라고 하는 것, 자체가 그들의 내면에 결코 존재하지 않습니다.

그렇기 때문에, 동성애자들은 하나님의 형상 자체를 스스로가 파멸(자살) 시키며 짐승의 삶을 자초해서 살아가는 자들이라고 하는 사실을 분명히 알아야 합니다.

우리 모든 사람들에게 만일 '인격'이 없다면 짐승과 똑같은, 고기 덩어리에 불과한데, 그러한 짐승들의 특성은, 오늘의 양식을 배부르게 먹으면 그날 하루 동안 그들만의 행복이라고 할 수가 있으며, 그들에게는 결코 내일(영혼)이 없습니다.

또한, 그러한 모든 짐승들에게는 영생할 수 있는 영혼이 없다는 사실이지요.

나는 사실 '자유주의' 신학자들의 사상을 싫어하는데,

그들 중 한사람인,

'볼프하르트 판넨베르그'[Wolfhart Pannenberg : 독일]는 '동성애' 에 대하여 말하기를, "성경은 동성애 행위를 명백하게 거부해야 할 것으로" 평가하고 있다. 동성애 결합을 결혼과 대등한 것으로 인정하는 교회는, 더 이상 하나의 거룩한 보편적 사도적인 교회가 아니다. 라고 하는 말을 했습니다.

또한, 동성애는 고대부터 종교의식으로 간주를 하기도 했던 죄악의 대표적인 상징성이라고 하는 사실을 우리 그리스도인들은 올바로 알아야 합니다.

고대 근동, 이집트, 또한, 가나안 족속들과 시리아인들과 페니키아인들 역시 그들의 신전에서, "남녀 모두를 상대하는, 성스러운 매춘을," 그들의 숭배의식으로 행하며, 한, 여신을 섬겼고, 고대의 이집트인들도 동성애를 하나의 종교의식으로 행하게 됐다고 하는 역사적 사실이 있습니다.

이집트에서는 '이지스'라고 하는 여신에게 제사하는 절차로서,

이집트 사제들[남창들]은 경배하러 온 남자들과의 성관계를 가졌는데 이와 같은 경배의식을 '이시타' 또는 '아프로디테', 또한 '비너스'라고 하는 다양한 이름으로 알려진 '여신들'을 섬겼다고 합니다.

불의한 자가 하나님의 나라를 유업으로 받지 못할 줄을
알지 못하느냐 미혹을 받지 말라 음란하는 자나 우상
숭배하는 자나 간음하는 자나 탐색하는 자나 남색하는 자나
도적이나 탐람하는 자나 술 취하는 자나 후욕하는 자나
토색하는 자들은 하나님의 나라를 유업으로 받지못하리라
(고린도 전서 6 : 9 ~ 10)

너희가 하나님의 성전인 것과 하나님의 성령이
너희 안에 거하시는 것을 알지 못하느뇨
누구든지 하나님의 성전을 더럽히면 하나님이 그
사람을 멸하시리라 하나님의 성전은 거룩하니
너희도 그러하니라
(고린도전서 3 : 16 ~ 17)

전에, 서울에서 또한, 대구에서도 '동성애' 축제가 있었지요.
미국의 일부 지역과 호주 브라질등 많은 나라들이 성 소수자들의 인
권을 보호한다고 하는 명분으로 매년 날짜를 정해서 '동성애' 축제
를 시행하고 있는데, 이러한 축제는, 그 나라에서 "허락된 완전한 범
죄의 행위"라고 볼 수가 있지요.

그러나 우리 그리스도인들은 그러한 세속화된 악행에 동참을 해서
는 않됨에도 불구하고 미국의 몇 개 개혁 교단에서는 '동성애' 남자
목사가 있다고 합니다.

내가 알고 있는 '박, 모 목사'를 통해서 들은 말에 의하면, 박 목사가
어느 교회를 방문했는데, 차 대접을 하는 그 교회의 목사 사모는 여

자인 사모가 아니고 '수염이 덮수룩 한 남자' 사모였다고 하는 말을 친구인 김 모 목사로부터 들은 바가 있습니다.

세상에 속한 사람들은 짐승과 같은 동성애의 사랑을 한다고 할지라도, 우리 개혁 교회에서 그러한 범죄의 집단에 교단적으로 동참을 한다고 함은 우리 주님 앞에서 결코 용서받지 못할 범죄가 된다고 하는 사실을 우리들은 올바로 알아야 합니다.

위의 고린도전서 3장 16절의 말씀대로 우리 모든 그리스도인들은 '하나님의 성전' 된 삶을 살아야 되기 때문이지요,

하나님의 성전이 되는 우리들의 몸을 더럽히게 된다면 그 사람의 영혼이 피 할 수 없는 심판을 받게 된다고 하는 성경을 올바로 알아야 합니다. '동성애' 는 돌이킬 수 없는 엄중한 우리 주님의 심판을 받게 될 범죄입니다.

━━━

너희 몸은 너희가 하나님께로부터 받은바 너희
가운데 계신 성령의 전인 줄을 알지 못하느냐
너희는 너희의 것이 아니라
값으로 산 것이 되었으니 그런즉 너희
몸으로 하나님께 영광을 돌리라
(고린도 전서 6 : 19 ~ 20)

━━━

개혁을 위한 영감적 설교

부록
WCC(세계교회협의회)의 실체

부록

WCC(세계교회협의회)의 실체는
옛 소련의 '스탈린'이 서구교회 공산화를 위해 만든 침투 기구였다

- 박병훈 목사 원본 씀
- 윤성원 목사 재편집

본, 부록의 본문에서 '필자'란,
예수교 장로회 호헌총회의 총회장, 고, "박병훈" 목사를 지칭함

공산주의의 서구교회 침투와 한국교회

01   서구교회 안에 침투 활동해온 붉은 손, WCC

1. 침투와 활동 내용

서구교회라면 주로 영국, 프랑스, 이탈리아 등 유럽의 선진국을 뜻한다. 소련의 침투 공작과 그 전략을 보면, 제1차 세계대전 이전에 준비를 시도했으며, 대전 이후에 침투해 기독교 안에서 했던, 활동을 크게 둘로 분류해 볼 수 있다.

(1) 제2차 세계대전 이전에 준비를 시도함

가) 독.소 전쟁 전 이었던 1939년 4월, 소련 지도자 "이오시프 스탈린"(Iosif V. Stalin)은 프랑스 공산당(PCF)의 서기장인 '모리스 토레즈'(Maurice Thorez)에게 프랑스 카톨릭 교회와 함께 독일 나치에 대응하는 공동전선을 펼치자고 제안한 사실이 있었다.

나) 2년 후인 1941년 9월 4일, 전쟁 중임에도 불구하고 소위 스탈린의 지시서[내명서]를 선포하고, 당시 소련의 비밀경찰 격인 내사인민위원회(NKVD : KGB의 전신)의 의장이었던 '세볼로드 메르쿨로프'(Vsevolod Merkulov)를 시켜서 그것을

지지하는 성명서를 발표하게 하는 등, 전국에 스탈린의 지시에 동조하는 분위기를 조성했다.

다) 이어서 1941년 11월 7일, 소련 공산당 총서기장 겸 소비에트 연방 수상(총리)인 스탈린은 붉은광장에서 펼쳐진 '10월 공산혁명' 제24주년 기념 연설에서, 크리스천들을 "가장 양심적인 사람들"이라고 찬사를 보낸 바 있다.

라) 1943년 7월 4일(9월설도 있음), 스탈린은 당시 '정교회' 대주교인, 세르기우스, 알렉세이, 니콜라이 등 3명을 크렘린궁에 초청하여, 서구교회 침투전략을 숙의했고, 정교회 인사들은 특히 소련에는 종교자유가 있으며 박해가 없다고 국제적인 홍보를 하기로 스탈린 앞에서 작심했고, 이를 수행했다.

마) 1944년 8월 15일에는 세르기우스를 시켜서 '스탈린' 자신을, "하나님이 명하신 지도자"라고 떠들게 한 사실 등이 있는데. 이는 모두 그토록 기독교에 대하여 무자비하고 잔인했던 자신과 공산주의자들이, "사실은 그렇지 않다"라는 인상을 국내와 서방교회에 알려주기 위한 연막탄이요, 위장 전술이었다.

(2) 세계 2차대전 이후의 침투 공작

[내용 별도 : 생략]

(3) '평화연맹' 조직과 침투 준비

서방교회 지도자들, 즉 세계 교회협의회(WCC)의 조직 준비위원들이 최종회의를 끝낸 후인 1946년 2월에 아래와 같은 발표를 했다.

1946년 2월 발표문

가) WCC는 1948년 8월 13일부터 9월 2일 사이에 암스테르담에서 개최한다.

나) 주제는 '인간의 무질서와 하나님의 설계'로 한다.

다) 초청장을 1947년 여름까지 각국에 발송한다.

라) 세계 2차대전 전인 1939년 7월 암스테르담에서 모였다가 전쟁 촉발로 중단된, 기독 청년 세계대회를 '오슬로'에서 다시 소집하고, WCC 참가 의사를 묻는다.

마) WCC를 조직하기 전, '국제사회문제교회위원회'(CCIA)를 임시로 조직해 활동하다가, 향후 조직될 WCC에 반영한다.

바) 제네바 근교의 '보세이'에 에큐메니칼 훈련원(Bossey Ecumenical Institute)을 설치하여 인재를 교육한다는 등 구체적인 WCC의 발표가 있자, 스탈린은 이의 대비책과 "영구적, 기독교 세계 적화 전략의"사령부 격인 조직을 구상한 후, 1947년 9월 폴란드 바르샤바에 주로 소련 공산주의 지도자들과 위성국 공산주의자들만의, 소위 '평화연맹'을 조직하고, 앞서 언급한, NKVD(내무인민위원회 : KGB의 전신) '니콜라이'를 임명하여 그 일을 수행하게했다.

⑷ 침투 공작의 성공과 그 후의 공작 활동

가) 첫째 평화연맹에서 1947년 10월에 앞에서 말한 WCC 준비위원회에서 소집한 '오슬로' 기독청년 세계대회에 공산위성국의 청년 지도자들을 보내어, 서구교회 침투 가능성 여부를 타진한 바가 있었고,

나) 전술한 '평화연맹'에서 1년간 숙의 전략 끝에 1948년 8월 13일에 WCC 제1회 총회가 '암스테르담'에서 소집될 때, 위성국 공산주의자들을 교회대표 라고 위장시킨 약 60~70명 인원을 파견하여, 무난히 WCC의 정회원으로 받아들이게 했다. 이것이 바로 스탈린의 숙원이었던 공산주의 서방교회 침투의 성공이 됐고, 다음으로는 그들, 서구교회 내 공작이 시작됐다.

다) 기록에 따르면, 스탈린은 앞에서 언급한 것처럼 세계교회협의회(WCC) 침투에 성공한 뒤인 1948년 9월에, 소위 '평화선언'을 발표했고, 1948년 10월에는 스탈린의 평화 공세 선언을 했으며,

라) 1949년 2월에 그는 "프랑스 공산당 서기장 토레즈"를 시켜서 로마 캐톨릭의 지도자들과 공산대회를 모색하게 했다.

마) 1949년 4월에는 서구교회가 가담할 수 있는 세계평화회의 조직 준비위원의 선출 문제를 추진하게 했으며 또한, 스탈린은 1949년 9월에 소련 유엔대사 야코프 말리크(Yakov Malik)를 시켜서 '국제 평화 결의안'을 제출하도록 했다.

바) 그는 1949년 11월에 전 세계 공산당원들을 명하여 '평화의 집 운동'을 전개하는 등, 사람들이 전쟁을 기피하고 평화를 구하는

심리를 이용하여, 공산주의 확산의 수단으로 스탈린의 '공산 평화' 전략을 전개했던 것이었다.

⑸ 세계평화회의를 통한 공작활동(예비회의: 총 6회)

가) 준비회의 : 스탈린은 세계평화회의 조직의 준비회의를 체코의 프라하에서 소집하여, 조직의 준비작업을 마쳤다.

나) 제1차 회의 : 1950년 4월에 폴란드 바르샤바에서 소집되어, 회장에 '니콜라이' 주교를 임명하여 조직했다. 기록에 의하면 서방, 로마 카톨릭을 합해서 68개 교단에서 98명의 대표가 참석해서 성황리에 마쳤는데, 회비와 운영비 전액을 소련의 공산 정보 기구에서 부담하기로 했다.

다) 제2차 회의 : 스탈린은 1951년 4월에 동베를린에서 소집하여, 회의 도중에 전략적으로 정회하고, 다시 오스트리아 비엔나에서 계속 진행하여 앞에서 말한, 스탈린의 '평화선언'과 '평화공세' 또한 '평화의 집' 운동 등을 점검하여 재강화하고, 그밖에도 새롭게 '평화신학 수립' 운동을 전개하도록 의결했다.

라) 제3차 회의 : 스탈린은 1952년 4월에 또다시 동베를린에서 회의를 소집하여, 이전보다 더 많은 서방교회의 지도자들을 끌어모을 방안을 협의 한 바 있다.

마) 제4차 회의 : 1953년 초에 헝가리 부다페스트에서 소집해서, 체코의 '요제프 흐로마트카' 등 몇 사람에게 공산주의 활동에 공헌이 크다는 이유로 레닌 평화상 등을 수여했다. 그러나 그해 6월

에 스탈린이 갑자기 사망했다.

바) 제5차 회의 : 스탈린이 1953년 6월에 죽자, 국내외가 소란했으나, 회장 니콜라이와 '신임 수상, 말렌코프는 이를 극복하고, 1954년 초에 스웨덴 스톡홀름에서 회의를 소집해, 1954년 7월에 있을 WCC 제2차 회의 대비책을 숙의했다. 1차 회의 때보다 더 많은 위성국 대표들을 파견하는 데 성공했으나, 말렌코프가 실각하는 바람에, 1956년까지는 정식 회의를 갖지 못했다.

사) 제6차, 회의 : 1957년이 돼서야 제6차 회의가 콜롬보에서 열렸다. 그들은 서방교회뿐만 아니라, 신흥교회까지 끌어들일 수단으로 '기독교 평화회의'를 조직하기로 결의하고, 준비위원을 선임했다.

(6) 새로 구성한 기독교 평화회의를 통한 공작

가) 소련의 신임 수상 '흐루쇼프'는 1957년 10월에 프라하에서 회의를 소집하고, 회장에 '흐로마트카'를 선임한 뒤 전략상 일단 물러섰다가, 1958년 8월 14일에 바르샤바에서 속회 소집을 하여, 죽은 스탈린의 평화전략인 평화 공세에 의한 '평화의 집' 운동과 '평화 신학 수립' 등의 사업 계획 등을 세운 뒤 재차 정회했다가, 같은 해 11월에 바르샤바에서 회의를 재개했다. 그들은 서방교회뿐 아니라 전 세계의 교회들까지 끌어들이기 위한 수단으로, 앞에서 언급한 '기독교 평화회의'를 '세계 기독교 평화회의'로 변경 확대하기로 하고, 기독교 평화회의는 해체했다.

(7) 세계 기독교 평화회의를 통한 공작 활동(1 ~ 5차 회의)

가) 제1차 회의 : 1961년 6월에 체코 프라하에서 소집되어, '요제프 흐로마트카'를 계속 회장으로 임명하여 이전의 세계평화회의나 기독교 평화회의가 아닌, 세계 기독교 평화회의로서, 무려 600여 명의 서구교회의 대표들이 출석을 한 자리에서, 동회의 목적과 강령을 만들었다.

- 목적과 강령

  ㄱ) 기독교와 공산주의의 대화.

  ㄴ) 세계 화해와 평화 수립.

  ㄷ) 기독교와 공산주의 평화공존.

  ㄹ) 흐루쇼프가 동, 서 공존이라는 말로 위장평화 전략을 제의했다.

  ㅁ) 같은 해 11월에 개최될 WCC 제3차 총회에 소련 대표 참석문제 등을 의논하고 폐회했다.

나) 제2차 회의

  ㄱ) 1964년 3월에 모스크바에서 회집했다. 50개국 서구교회 및 신규가입 교회 대표 인원이 무려 1000명에 육박했는데, 여태까지 회의 비용과 운영비용 전액을 소련 공산 정보기구가 부담하던 것을, 이후부터는 소련의 (정)교회가 부담하기로 결의했다.

  ㄴ) 1965년 5월에 모스크바의 지코토스크(? 지도상으로 확인이 안됨)에서 다시 모여서 특별 결의로 전 세계 각 지구에

세계기독교 평화회의를 조직, 활동하기로 결의를 한 후에 폐회했다.

다) 제3차 회의

ㄱ) 역사상 기록으로는 1968년 4월에 회장 '흐로마트카'가 체코의 프라하에서 소집하여 회의를 진행한 것처럼 됐으나, 사실은 그 이전인 1967년에 흐로마트카 등 체코의 지도자들은 소련이 위성국에 대한 정책에 반대한다는 사유로 소련 공산당에서 실각시켜 버렸고, 제3차 회의는 소련 지도자들에 의해 소집된 후에, 개회 초에 회장 요제프 흐로마트카와 총무 운두라를 해임하기로 결의했다.

그 대신 소련 비밀경찰(KGB)의 우두머리인 '니코딤'을 임명하고, 총무에는 헝가리의 '카로 티토스'를 임명하여 그때부터 기독교 세계평화 회의가 소련 공산당 우두머리의 수중에 들어가게됐다.

라) 제4차 회의 : 니코딤은 1968년 7월 제4차 회의에서 WCC 회장, 중앙위원, 그리고 흐루쇼프의 당노선을 WCC 회의 석상에서 설명했는데,

1971년에 모스크바에서 소집하고, 전기한 '세계평화회의와 '세계기독평화회의'외에 그 어느 때보다 더 많은 서구교회의 대표들이 모인 중에, 전기한 1964년 3월 제2차 회의때에 발의된바 있었던, 각 지역의 '기독교 평화회의'를 조속히 추진 할 것을 의결하고, 1973년에 모스크바에서 '세계평화대회'를진행할 것까

지의 모든 계획을 토의한 후, 폐회했다.

마) 제5차 회의 : 니코딤은 1974년 초, 모스크바에서 다시 회의를 소
집했다. 기록에 따르면, 당시에 서방교회의 대표들만, 36개국의
대표 180명 이 참가하고, 소련의 신도들이 많이 참석했다고 한다.

• 특별 결의 내용

　　가. 오는 1975년 1월에 '아시아 기독교 평화회의'를 조직할 것.

　　나. 1975년 11월에 시행할 WCC 제5차 회의 대비책 등을 토
　　　의 결정.

• '쿠바' 세계 기독교 평화회의

　　가. 일시 : 1974년 9월 2일~9일

　　나. 초청자 : 쿠바, 기독교 평화회의

　　다. 주제 : '쿠바 혁명은' 라틴 아메리카의 정의와 평화.

　　라. 특별 결의사항

　　　ㄱ. 1975년 1월 8일에 인도의 '코타얌'에서 아시아 기독
　　　　교 평화회의를 조직하기로 하고 준비위원을 임명함.

　　　ㄴ. 칠레 군사혁명(공산당) 기념일에 발표할 성명서 채택.

　　　ㄷ. 이번 기회에 1952년부터 미국의 견제를 받고 있던 소
　　　　련의 군사 지도자들이 위장 전술로 쿠바에 들어가서,
　　　　케네디 대통령의 쿠바 해안 봉쇄사건 이전의재판을
　　　　통해서 오늘의 미국안보에 위협을 주게 된 사실로 규
　　　　정함.

⑻ 아시아 기독교 평화회의를 통한 공작

가) 일시: 1975년 1월 8일~13일 동안에, 지난 1974년 초 모스크바에서의 세계 기독교 평화회의에서 발의하여, 1974년 9월 2일에 쿠바의 세계기독교 평화회의에서 결의함.

나) 주제 : 아시아 기독교에 의해 아시아의 평화 문제를 해결하자.

다) 참가국

　　ㄱ) 공산국가 : 북한, 남·북 베트남, 소련.

　　ㄴ) 비 공산국가 중 WCC, CCA 계열 인사들의 국가로서 아시아 17개국 전부.

　　ㄷ) WCC와 CCA 본부 실무자들 및 동독, 체코, 미국(NCC) 등 여러 나라에서 출석했다.

라) 북한 대표 : 조선 인민 공화국 기독교연맹이라는 이름으로, 부회장 김성율, 총무 허성익과 이름을 밝히지 않은 청년 1명 및 통역 2명 등 총 5명이 참석함.

마) 특별 결의안

　　ㄱ. 우리나라와 관련된 안건 결의

　　　조선 인민의 평화적 자주통일의 달성을 위한 노력을 지지하며, 이를 위해 남조선으로부터의 미군 철수를 요청하며, 박정희 정권에 대한 미국과 일본정부의 군사원조를 반대한다. 남조선의 기독교계(일부)를 중심으로 하는, 박정희 독재정권에 대한 인민의 민중 옹호 투쟁을 지지하며, 옥중에 갇혀 있는 사람들의 즉시 석방을 요구한다.

ㄴ. 이 밖에 아시아에 있는 군사기지 문제에 대한 결의는 생략한다.

ㄷ. 여기에 우리나라 WCC 인사들이 가지 않았지만, 우리나라의 KNCC를 성장시킨 그들은 모두가 회원이 아니었던가!

(9) 세계교회 협의회(WCC)를 통한 공작 활동

⑴ 제1차 총회 : 1948년 8월(암스테르담, 창립총회)

가) 위성국 교회 대표라는 이름으로 60~70명이 회원이 되고,

나) 그중에 체코의 '요제프 흐로마트카'와 폴란드의 '나즐로페트' 등 2명이 WCC의 중앙위원에 임명되고, 그밖엔 주로 WCC 국제사회문제교회 위원회(CCIA) 와 '공산주의와 자본주의' 부서의 부원으로 활약하게 됐다.

다) 제1차 조직 창립 때에는 별다른 것은 없었다.

공산주의를 '정의'라고 말하며 공산주의 불용납 5개 항이 결정될 정도였는데, 제2차 때는 기독교 냄새만이라도 풍겼던 것이며, 또한 제1차 때에만 해도 공산주의 공작의 양성화 정도는 아니었다.

주장한 내용 : 공산주의는 가난과 불완전으로부터의 구원의 수단이다.(용공주의 사상을 암묵적으로 인정함)

⑵ 제2차 총회 : 1954년 8월(미국 에번스턴)

가) 1954년초 전기한, 제5회 '세계평화회의' 때의 전략대로, WCC의 (공산권) 중앙위원 1명으로 폴란드의 '카알코'가 포함돼 3명이 됐다.

나) 전술한, 폴란드의 'C. J. 페트진'이 WCC의 제3 부회장이 됐다.

다) 제1차 총회 때 결의 된, '공산주의 불용납'의 문구를 변경하고, 1차 때에 공산주의를 '정의'라고 했던 것을 더 강화했다.

라) 전술한, 스탈린의 '평화공존' 결의안을 통과시켰다.

마)
> 이 회기에서, 우리나라의 보수진영 대표로 참석했던 (고) 명신홍 박사가 위 결의에 반대하는 연설을 한 후 퇴장한 사건이 벌어졌고, 본 회의에 우리나라 대표는 KNCC의 명의로 1명, 각 교단에 한, 두 명씩 참석하기도 했다.

주장한 내용 : 세상의 모든 악을 퇴치시키기 위한 World community를 위한 투쟁.

(3) 제3차 총회 : 1961년 11월(인도 뉴델리)

가) 위성국 대표들의 증가는 물론이었고,

나) 전기한 '니코딤' 대주교(세계기독교 평화회 회장, 소련 KGB 수장)가 16명을 '소련 대표'라고 하는 명분으로 인솔하고 가서, 전원을 WCC 회원으로 가입시켰다.

다) '니코딤'이 WCC의 회장과 중앙위원이 됐다.

라) '니코딤'이 소련 수상 '흐루쇼프'의 공산당 노선에 대한 강연을 했다.

마) 그들 전원은 숙소를 인도 주재 소련 대사관에 정하고 외부 인사들과는 접촉을 금지했는데, 이에 대하여, 1961년 6월, 제1회 기독교 세계 평화회의에서 '전략적'이었음을 인정하기도 했음.

바) 회의 후에 '니코딤'이 성지순례에 가서 그의 위장한 수염이 떨어지는 사태가 벌어졌는데, 알고 보니 32세에 불과한 청년 공산당원이었음이 밝혀지기도 했다.

> 주장한 내용 : 마르크스주의는 정의로운 사회구현을 위한 필수 이념이라고 하는 성명서를 채택했으며, '해방신학'이라고 할 수 있는, 종교 다원주의 사상과 혼합주의 사상을 강조했다.

⑷ 제 4차 총회 : 1968년 7월 [스웨덴, 웁살라]

가) 전술한 니코딤 '대주교'가 또다시 19명의 공산주의자들을 데리고 가서 전원을 WCC 회원으로 가입시켜 35명으로 증원함으로써, WCC에는 위성국 인사, 소련 인사 등 총 120여 명이나 들어가, 각 부서, 각 분야에서 공작을 펼치게 했다. 이로 인해 WCC는 더욱더 적화(赤化)되는 상황이 벌어졌고, 1968년 4월의, 제3회 세계기독교 평화회의에서 기획된 대로 진행됐다고 말할 수 있다.

나) 특별 결의사항

ㄱ. WCC는 각국의 빈부 격차를, 교회의 선교, 즉 '정의'를 위한 투쟁과 혁명을 통해서 쟁취한다.

ㄴ. 제3세계 즉 아시아, 아프리카, 남미 등의 경제적, 국제적 발전을 위해서 교회가 기술과 사회적 혁명을 해야 한다는 등의 발의안을 통과시켰다.

ㄷ. 중공을 유엔에 가입시키고, 핵무기를 금지시키자는 결의안을 채택하였다.

주장한 내용 : 혁명가 [게릴라] 들에게 자금지원을 위해서 모금운동을 시작함.

⑤ 제5차 총회 : 1975년 11월 (아프리카 캐냐, 나이로비)

가) 니코딤은 1974년 초에 모스크바에서 있었던 세계 기독교 평화회의에서 기획한 전략에 따라 36명을 인솔하여 참석했다.

나) 주제 : 그리스도는 자유롭게 하시며, 하나 되게 하신다.

다) 각 분과 위원회 토의 내용.

ㄱ. 제1분과 위원회 : 오늘 그리스도를 고백하는 신앙을 새롭게 고친다.

(ㄴ 제2분과는) : 미상

ㄷ. 제3분과 위원회 : 폐쇄의 공동체로부터 자유로워지는 해방의 과정을 전개해야 한다.

ㄹ. 제4분과 위원회 : 해방과 공동체를 위한 교육이 교회의 책임이다.

ㅁ. 제5분과 위원회 : 현대사회의 구조악이 무엇인지 알아내고, 그것을 혁명으로 없애야 한다.

ㅂ. WCC 청년대회의 성명서 내용

성 명 서

1) 자유와 사회주의의 이상이 민주 주체의식과 존엄을 향한 진보적

발걸음이라고 규정한 탄자니아에서 우리들의 이 모임을 갖게 된 사실은 중요한 것이다.

이러한 이상은 새롭고 보다 정의로운 세계를 추구하는 기독 청년들에게 지극히 타당한 것이다.

2) 오늘날 우리는 위기의 세계에서 살고 있다. 이러한 상황은 우연한 것이 아니다.

이러한 위기의 근본적 원인은 세계적으로 팽창된 자본주의가 갖고있는 불평등적이고 모순적인 성격 때문인 것이다.

3) 가난한 자들에 대한 전체주의 정권들의 공통된 통치 방식은 고문, 투옥 및 신체적 숙청이다.

'아루샤'에서 우리는 우리의 다양한 경험을 비교하는 가운데 착취와 억압으로부터의 해방이 무엇인가 하는 모든 의의를 보다 더 잘 알게 되었다.

[중   략]

근본적인 전환과 '부' 의 재분배가 이뤄지지 않는 한 인류와 인간성이 도태당할 운명에 처해 있다.

그러므로 우리는 이러한 체제에 반대하는 투쟁에 헌신할 것을 결의했다.

4) 우리는 지배적인 경제, 정치체제가 억압적 세력과 결탁해 있는 것을 인정하고 있다.

그러므로 우리는 자본주의적 경제 체제로부터 유래하는 제국주의적 경제의 지속적개발을 규탄한다.

5) 우리는 세계의 독재적이고 탄압적인 정권을 규탄한다,

　　이런 국가들에서, 인간의 존엄성이 짓밟히고 인권이 제한되고 고
　　문이 자행될 뿐 아니라 인민들에게 속해야 할, '부'가 거대한 다국
　　적 기업에 넘어갔다.

　　오늘 우리는 이러한 인권 투쟁에 앞장서고 있는 교회들, 특히 한
　　국과 필리핀의 교회들을 지지한다.

6) 우리는 다국적 기업들에 의해서 다년간 착취당한 개발도상 국가
　　들에서 그들의 재산을 몰수할 수 있는 권리를 재확인한다.

7) 우리는 중공, 월맹 및 캄보디아에서 일어난 근본적인 사회, 정치,
　　경제적 변혁을 주목하고 있으며 특히 중공의 성공적인 경험에 비
　　추어, 이러한 변혁들의 의의를

　　특히, 아시아의 교회들이 영구히 보존할 것을 권고한다. (끝)

위의 성명서는 제5차 WCC 총회에서 받아들여졌고, 이는 또 이후
전 세계의 WCC와 그 계열 청년들의 의지도 행동 방침으로 포함됐
다. 당시 우리나라에서도 청장년 20여 명이 참가하여 보고 들으며
배웠다.

주장한 내용 : 마르크스 게릴라 운동에 대한 묵인함과
　　　　　　　　각기 다른 성생활 묵인하기로 함

위와 같은 사실에도 불구하고, 아직도 WCC는 용공일 수가 없다며,

KNCC는 용공도, 공산주의도 아니라고 하는 궤변을 뿜어내고 있는 게 현실이다.

오늘날 한국교회들이 WCC를 받아들여도 묵과하면서 북한 김일성의 종교침투 10개년 계획을 한몫 보게 하며, 대한민국의 반공 안보를 위태롭게 하고 있음이 현실이다.

우리 한국에는 이들 공산주의자, 공산당, 비밀경찰들에게 가서 듣고 배우고 들어 온 자들이 우리나라 교회, 공장, 학생운동, 또한 도시산업 전사들을 이끄는 판국이다.

필자는 아래 사실에서 국민의 주의를 환기시키고 싶다. 우리나라의 '교회협의회'란 것이 WCC 및 CCA 계열의 대소 기구에 따르고 배우며 놀아나니 말이다,

⑽ 기독학생 총연맹(SCF)을 통한 공작

1) 명칭과 조직내용

크리스천 학생운동 동아리인 기독 학생운동(SCM: Student Christian Movement)들의 집합체인 기독학생 총연맹(SCF: Student Christian Federation,)은 진보적인 국내 각 교단 교회 및 YMCA, YWCA 등의 청년학생 단체 조직을 연합한 것으로 해외 각국에도 존재하며, 예컨대 아시아 기독학생 총연맹이 있다.

또한, 이 총연맹의 세계적 연합체가 세계 기독학생 총연맹(WSCF: World Student Christian Federation)이다. 흔히 영

문 약자로 WSCF, ASCF(아시아), KSCF(한국)라 부르기도 한다.
참고 : 보수 기독학생 단체인 SFC와 혼동하지말것.

2) 공산당과의 관계

기독학생 총연맹(SCF)의 경우, 공산주의가 기성 조직에 침투한 것이 아니라,

앞서 스탈린이 '요제프 흐로마트카'를 시켜서 세계 기독교 평화 회의를 조직하고 그를 통해 공작했던 것처럼, 공산당들이 직접, 또는 (공산주의자로 추정되는) 리처드 셜(Richard Shaull) 등을 시켜서 조직하게 했고, 이를 통해서 공작하는 점이 WCC와 다른 점이라 하겠다.

3) 다양한 증거

ㄱ. 세계 기독학생 총연맹(WSCF)의 총책인 '리처드 셜'이 바로 공산주의자다.

'셜'은 일각에 장로교 선교사와 모 신학교 교수로 알려졌지만, 해방신학자이자 해방혁명운동 사상가로서 남미와 제3세계 해방 혁명운동의 지지자이며, 이 운동에 크게 영향을 끼친 사람이었다.

ㄴ. 1968년~1971년 사이에 우리나라에 와서 청년 학생 지도직에 종사했던 '브라이렌 스테인' 역시 공산주의자였다.

ㄷ. 스테인은 1971년, 자신이 지도하던 사람들에게 "6.25 전쟁이 남침인지 북침인지 누가 아느냐? 그 증거가 있느냐?"라고 공공연히 말한 바 있다.

ㄹ. 뉴질랜드 기독학생 총연맹의 총무였던 '돈 보리'(Don Borrie 아래 4)항 참조)가 '셜'(Shaull)처럼 해방신학에 크게 물든, 열혈 공산주의 분자였던 것을 미루어 보더라도, 기독학생 총연맹이 공산주의자들에 의해 운영되고, 또한 교육받고 있다 고 해도 전혀 과언이 아니라고 할 수 없다는 말이다.

4) 또 다른 실례

가) 뉴질랜드 SCF의 '돈 보리'의 경우

ㄱ. 김일성 정부가 합법적인 정부라고 말하는 자였고,

ㄴ. 북한의 공산당의 지도자들이 주장하는 남한 정책에 관한 주장은 "모두 타당하다"는 말을 했으며,

ㄷ. "김일성만이 인민의 위대한 지도자"라고 선동하는 자였고,

ㄹ. 많은 북한의 기독교도들과 교회가 6.25 전쟁 때 미국인들에 의해서 살해되고 파괴됐다고 선전을 하고 다니는 자로, 결국 공산주의자임이 드러나게 됐다.

나) 한국 기독학생 총연맹(KSCF) 사건 조사단의 실체

1974년 10월 15~18일 사이에 우리나라에 다녀간, 소위 WSCF의 회장 '제임스 오프리오'의 몇 가지 망언록을 살펴보자.

ㄱ. 우리는 WCC의 파견에 의해서 KSCF의 사태를 조사하기 위해서 왔다.

ㄴ. 우리는 한국 법원이 기독학생들 재판 과정에서 불법적이었다는 국외 보고는 정당하다고 생각한다.

ㄷ. 한국 정부는 교회 탄압을 중지해야 한다고 믿는다.

우리는 '민청'의 자금으로 6000달러를 도와준 일이 있었다는 등 그들의 서울에서의 주장을 보더라도, 의식적으로 변한, 즉 용공주의자들이라고 아니할 수가 없었다.

5) 이들(SCF)의 주장과 행동강령

  가) WSCF의 표어는 "세계를 새롭게 하소서"이고, KSCF는, "한국을 새롭게 하소서"여서 옛것을 때려 부순다는 정신을 바탕으로 하고 있음을 엿볼 수 있다.

  나) 대학 행정의 기업화, 관료화, 권위주의에 저항하여 과감하게 투쟁하고,

  다) 기성 교회의 정통주의, 교파 중심의 교회 선민의식을 깨뜨리고,

  라) '사회정의 구현'을 목적으로 하고, 이를 위해서 민중운동을 전개하여 그것으로 눌린 자들의 친구가 되는 것이 KSCF의 목적이라고 한다. 이 같은 사상이 총연맹의 주장과 강령, 행동지표가 공산주의자들의 사상이 아니라고 할 수가 없을 것이다.

  마) 한국 기독학생 총연맹의 지도자들은 산하 학생운동 그룹에게 현저히 공산주의 내지 해방신학 사상 주입을 위한 특별 강습회, 간행물 등을 펴내며, 모임을 자주 갖고 있다.

  바) 이 학생들의 1972년 10월 17일 유신 이후 그에 대한 반대 데모, 반체제선동 사태 등과 그 보고서 등에 따르면, 이들이 공산주의 사상에 속한 학생운동이 아니라고 할 수가 없다.

⑪ 산업선교를 통한 공작

1) 조직 구조의 내용

세계교회협의회(WCC)가 산하 지역 협의회들과 각국의 교회협의회(NCC) 등의 3단계로 나뉘어 조직된 것처럼, 산업선교 분야도 세계교회 협의회, 산업선교 위원회(WCC-UIM)와 각 지역별 위원회, 아시아 교회협의회, 산업선교위원회(CCA-UIM), 그리고, 각국의 NCC 산업선교 위원회, 한국의 KNCC-UIM 등으로 조직되어 있어, 서로 매우 유기적인 관계 속의 기구이다.

2) '산업선교'라는 명칭의 문제

원래 WCC나 CCA가, 우리나라의 KNCC에서 보통, "선교전도 위원회"라고 하는 이름을 사용했는데, 1961년 11월 인도 뉴델리에서 열린 WCC 제3차 총회 때, 소련 공산주의자들이 회원으로 들어와 위성국의 대표들과 전략적으로, WCC 안에서 공산주의 노동운동을 전개해 나가기 위해 전도를 '선교'라고 하는 용어로 바꾸면서, 종전의 공장 전도 혹은 산업 전도를 "선교신학"이라는 새로운 술어와 함께 일괄적으로 산업선교라는 호칭으로 부르기로 공작했던 것이, 오늘날엔 WCC 계열의 인사들 사이에 고정 명칭으로 자리매김한 것이다.

우리나라의 경우, WCC에 드나드는 인사들에 의해 1965년에서 1966년쯤부터 이렇게 부르게 됐는데, 공산주의 교회에 대한 적화 전략을 교회가 모방한 셈이다.

3) 그들의 모략, 계책

복음 전도의 탈을 쓰고 산업 전사들에게 먼저 계급의식, 계급투쟁을 고취시켜 가며 민중조직을 가진 뒤부터는 저항, 항거, 도전, 투쟁의 힘을 양성하여, 그러한 민중 힘의 역량으로, 파업, 폭력, 그리고 그 뒤에는 사회혁명이나, 체제전복을 노리는 방법으로 공산주의 혁명전략을 성경과 설교 기도와 찬송 등에 끼어넣어, 그들의 뜻을 성취하려는 것이 "산업선교 운동"이라는 말이다.

4) 모략, 계책에 대한 입증

가) WCC와 CCA 및, 일본 교회협의회(NCCJ) 3중 도시산업 선교위원회 위원장인 일본 '다케나가' 교수의 모략, 계책

ㄱ. '다케나가'는 1958년 CCA 제1회 총회 때 주제 강연을 하면서, "아시아의 투쟁의 성격은 프랑스 혁명, 산업혁명, 그리고 서방 여러 나라에서 일어난 사회적 혁명들과 같은 것이다"라는 말을 했다.

ㄴ. 1973년 초부터 우리나라에 반 유신적 요소가 한국 교회협의회의 선교위원회의 지도자들 사이에 일어나서 '피검' 사태가 벌어졌을 때, 다케나가는 1973년 WCC가 한국의 사태에 관한 조사 위문단을 파송할 것을 건의하고, 스스로 다른 3인, WCC나 CCA, 산업선교 관계 인사들을 인솔하고, 1973년 8월 1일부터 3일까지 들어왔다가 돌아가서 낸 보고서에 따르면, KNCC가 한국 정부에 대한 비방과 함께 선교활동비 원조를 요청하는 보고서를

제출한 바가 있었다.

ㄷ. 또한, '다케나가'는 1974년 1월 30일에 전, 세계 WCC 계열의 교회와 기관 앞으로 전 세계교회, 노조, 앰네스티, 학생 단체 등에게 한국의 KNCC 및 동 산업선교인 및 그들에 속한 인사들에게 활동비를 보내주도록 하고 권력가를 선동해서, 한국 정부와 노총에 압력 행사를 할 수 있도록 호소하는, '호소문'을 발송케 했으며,

ㄹ. 또한, 그는 1974년에 자기의 슬하에 있는 세계교회 협의회, 산업선교위원회(WCC-UIM)의 실무자 9명을 한국에 보내어 한국 산업선교 활동 및 당시의 사태를 조사하게 하고, 돌아가서 전 세계에 "반한(反韓) 선전 보고문"을 발표케 한 것 등을 보더라도, 당시의 산업선교의 사역 내용이 무엇인지 잘 알 수 있다.

나) 아시아 교회협의회 산업선교위원회(CCA-UIM)의 총무, 'H. 대니얼'의 행태.

ㄱ. 대니얼 총무는 소련 등 공산주의 국가의 초청으로 공산주의 국가를 자유롭게 여행하고 다닌 자였다.

ㄴ. 그의 주된 주장은, "공산주의와 기독교는 갈등 없이 공존할 수가 있다"는 것이었다.

ㄷ. 그는 일본에서 공산주의자들 및 조총련 지도자들과 자주 접촉을 하던 자이다.

그들의 보고서 중에, "한국의 현 체제의 혁명적 변화는 필연적이며 교회들은 민중의 편에서 혁명을 지도해야 한다."

"민중해방을 위한 힘의 양성은 바로 모든 기독교인들의 신앙을 증거하는 방법의 과정을 통해서 가능해진다." 는 등의 말과 글을 보더라도 WCC-UIM의 적화 전략에 말려들고 있음을 알 수가 있다.

다) 한국 산업선교 운동 지도자들의 보고서

ㄱ. 1968~1970년 사이에 서울 Y 대학에서 민중조직의 지도자로 있던,

'마거릿 B. 화이트'와 '허버트 D. 화이트'의 도시산업 선교활동 보고서에는 민중의 힘을 13가지로 나누어 설명했고, 그 조직과 힘이 신앙적인 전도운동이 아니라는 사실이 명백히 드러나게 됐다.

ㄴ. 한국 도시산업 선교위원회 실무자인 김 모 씨의 '서울 청계천 지역 민중 조직'의 보고 내용을 참조할 것.

ㄷ. 1972년 청계천 지역 도시산업 선교 보고서에 따르면, 객관적 연구, 민중조직의 전술적 조직에 관한 계획, 조직과정 평가 등으로 돼 있어, 그들은 전도자라기보다 민중조직 지도자였다고 할 수 있다.

ㄹ. 1972년 도시산업 선교를 위한 한국 기독교 행동조직(KCAO-UIM)의 강령에 따르면, 노동자를 위한 사업, 빈민을 위한 활동, 훈련계획과 기타 등, 네가지로 되어있

고, 그 가운데 교회 내 공산주의적인 운동권 기수들의 논문을 소개하면서 이것이 바로 산업선교라고 하는 것인데, 이와 같은 정황을 보면서도 그것이 순수한 전도 운동이라고 할 자가 있겠는가!

라) 한국 산업선교 지도자들의 변명

ㄱ. P 목사의 설명에 따르면, 공산주의 사상과 용어를 배워야 한다면서, 신학 공부를 하면서 열심히 공산주의도 공부해야 한다고 권장함.

ㄴ. C 목사는 필리핀의 반체제 인사로서 문제가 많았던 '토레 신부'의 '국가 해방의 기독교인들'이라는, 공산주의 교회에서의 활동 연설 내용을 번역하고 출간해서, 가르친 바가 있다.

마) 한국 산업선교 활동에 속은 피해자들의 견해

ㄱ. D 방직의 P 씨의 경우, "더 이상 그들(도시산업 선교 지도자들)의 술책에 넘어가지 않기 위해서"라고 쓴 글을 볼 수 있었고,

ㄴ. D 기업의 C 씨는 도시산업 선교 지도자들의 방향 전환을 제안했으며,

ㄷ. H 씨의 경우, '도시산업 선교의 붉은 굴레에서 벗어나서'라는 글을 썼으며,

ㄹ. N 씨의 경우에는 도시산업 선교는 회사의 전복을 기도했다가 실패하자 불의를 자청했다. 라는 글을 썼다.

ㅁ. D 방직 근로자 일동은 도시산업 선교에 대한 충고를 발표한 바 있다. 이상과 같은 도시산업 선교 피해자들의 고백을 종합해 보면 공산주의자들의 노동운동 전략에 의한 힘의 혁명과 역량의 활동이 곧 산업선교라고 해도 "아니다"고, 할 사람이 없을 것이다.

⑿ 현대교회 국제기록(IDOC)을 통한 공작

1) 조직과 성분

IDOC는 WCC의 한 부서가 아니라, 1962년 이탈리아 로마에서, 주로 WCC의 지도 인사들이 적극적으로 참여한, 전 세계 기독교 활동에 관한 "국제 정보 센터"라고 할 수 있는 출판사이다.

각국에서의 기독교 선교 활동 및 그 활동에 종사하는 개인과 단체들의 행적이나 투쟁기록 및 선언문, 호소문, 신학 논리 등을 무차별 수집, 출판해서 전 세계로 배포하고 있다. 일단 여기에 수록되면 그것은, 세계적 '성명'이 되고, 또한 '공고'가 되기 때문에 세계적으로 여론화시키게 된다고 보아야 한다.

그래서 IDOC는 제2차적 면에서 각국의 정치, 경제, 문화에 이르기까지 영향이 미치게 되기에, 그들은 좌, 우의 차이도 없어지게 마련이다.

이와 같은 영향이 세계적으로 미치다 보니, 이를 교묘히 이용하여 공산주의자들이 상투적으로 침투, 활동을 하는 현실이 되어있다. 이런 현상은 WCC의 전략이라고 봐야 되지 않을까?

2) 우리나라 기독교 연합회(KNCC)와의 관계

원칙적으로 IDOC에 WCC가 적극 참여한 것이면, KNCC가 WCC 계열인 이상, 의례적으로 관련을 맺게 되고 그 영향력이 미치게 된다.

> 가) KNCC는 관계 그룹의 일원으로 WCC에 가입이 돼 있었고,
>
> 나) 한국교회 협의회, 산업선교 위원회(KNCC-UIM)의 실무자인 '오재식' 씨가 IDOC의 미래선교 계획부 위원직에 있었고,
>
> 다) 제네바 WCC의 선교위원회의 실무직에 있던 '박상중' 씨가 "출판 특별 고문직"에 있었기 때문에, KNCC는 직접적인 관련이 있음을 방증함이다.

3) IDOC와 우리나라 정부의 유신 과업과의 관계

가) 이는 우리나라 박정희 정부의 유신 과업의 대적이라고 할 수 있었다. 그 이유는 1974년 7월에 '민중조직을 통한 선교 한국'이라고 하는 특집호를 출간해서 1972년 10월 17일의 유신 정부 이후의 국내의 WCC 계열과의 복잡한 소요사태의 허위자료를 모조리 정리해서 출판하여, 전 세계에 배포하여 결과적으로 우리나라에 해악을 끼친 셈이 됐다.

필자는 이를, 한국을 해롭게 했다는 말보다는 더 극렬한 표현을 하고 싶었다. 결과적으로, IDOC는 앞에서 언급함과 같이 '민중조직을 통한 선교'라고 하는 구호가 말하듯이, 우리나라를 공산주의자들에게 내어주려는 악랄한 활동을 한 자들

이라고 함이 확실하게 드러난 사실이었다.

또, 다른 말로 표현한다면, WCC와 CCA, KNCC, KSCF와 국내의 반국가 인사들과 단체들의 한국 혁명의 청사진을 옮긴 작업이라고 말할 수가 있을 것이다.

나) 거짓된 기록물들

우리나라 정부를 독재다, 민주주의는 말살되고, 신앙의 자유가 없다, 인권이 말살됐다, 한국은 정글 같은 암흑의 나라다, 경제는 파탄되고, 국민은 도탄에 빠져들게 되고, 일부 권력자들만 치부를 했고, 모든 것이 배신이고, 민주국가의 가치가 인정되지 않는 독재국가이다. 는 등의 내용을 출판해서 배포했다.

또한, IDOC는 선동하기를, 박 정권의 10월 유신이란 영구 집권을 위한 수단이다. 기독교인들에게는, 예배, 찬송, 기도, 성경 봉독의 자유도 없다, 이를 반대하면, 체포되고 어떤 경우에는 그러한 자들의 종적이 없어진다는 등의 반국가적 허위와 거짓을 진실인 양, 그들만의 체계적인 방법으로 전 세계에 선전·선동하고 있었다.

다) 위의 영향력에 대한 요약

위와 같은 WCC와 KNCC 등의 거짓 보고와 선동의 글을 통해서, 미국 연방의회에서 주한미군 철수, 군사원조 정지설이 나오게 돼서, 결국 결의안이 의회에 상정이 되고, 미국 행정부의 철군 정책이 된 것이 분명하다.

필자는, 미국 의회의 의원들이 김일성의 적화통일이 된다고 해도 우리 미국과 일본의 안보에는 아무런 영향이 없다든지, 미국 지상군을 철수하고 군사 원조를 중지하자고 하는 부분에 대해서 우리 국민들이 분노하기 이전에, 그렇게 만든 WCC 계열 지도자들의 거짓된 행태를 지적하고 싶을 뿐이다. 그 이유라면, 위와 같은 미국의 정책이 있게 된 배경에는 분명히 WCC와 CCA, KNCC 등의 인사들이 영향력을 행사했고, 이를 IDOC가 퍼뜨려 우방과 전 세계를 속였다는 말이다. 그렇게도 IDOC는 악랄한 방법으로 우리나라의 안보를 해치면서까지 공산주의사상을 그대로 답습한 자들이었다.

필자의 소견

대한민국의 국민으로서 누구든지 이 글을 읽고 피가 역류하는 느낌이 없는 사람은 대한민국의 국민이 아니거나, 소련 국적이 없으면서, 소련을 조국이라고 말하는 붉은 사상의 영향을 받고 있는 자라고 말하고 싶었다.

라) 부각된 사실에 대해서, 필자의 질문사항이 있다.

* 오늘날 WCC와 CCA, KNCC와 관계성을 가지고 있는 동 계열의 국내외인사들의 행동 중, 어느 것 하나라도 숨길 수가 있겠는가?

* 1972년 10월 17일의 유신체제에 반대하는, WCC와 CCA, KNCC 산업선교의 활동하는 붉은 손들이 어찌 위와 같은 사실에 대하여, 어떻게 그들의 협조와 지도 받았음을 부인

할 수가 있겠는가?

* 또한, 일본과 미국의 반한 인사들과 그들의 조직 활동, 각국 WCC 지도자들의 숨은, 해한(害韓) 행위를 모른다고 할 수가 있겠는가?

* WCC와 CCA, KNCC를 통한, 산업선교의 활동과 그 강령을 목표로 한, 그 조직과 그렇게 막강한 힘을 통해서 우리나라의 공산화를 이룩하기 위한 혁명 운동의 전략이 아니라고 말할 수가 있겠는가?

1973년 5월 20일에 있었던, 비밀 반출 사건인, "한국 기독교인들의 신앙선언"의 추잡한 거짓말을 했는데, WCC가 반정부 인사들의 민중조직과 그들의 운동을 지원하기 위해서 5차례나 위문단, 조사단을 우리나라에 파견하고, 또한, KNCC는 각종 명목으로, 대·소회의를 국내외에서 소집한 것과 한국 내 반정부 인사들을 불러, 숙의한 그 비밀들을 감출 수가 있었던가를 묻고 싶다.

이들 국내 인사들의 개인적인 반국가적 편지와 각종 보고서 등의 비밀문서 쪽지의 행방을 과연 숨길 수가 있었다고 보았던가?

[필자는 통분을 가눌 길이 없기에, 잠깐 이 대목은 이로써 끝맺는다.]

무서운 IDOC의 1974년 7월, '민중조직을 통한 선교 한국'이라는
책을 태워서, 그 재를 물에 타 마시고 싶은 심정이기도 하다.

(부록 : WCC 상편, 끝)

본 설교집의 필자인 윤성원 목사는 고. 박병훈 학장님의
부족한 제자로서 현대 한국의 개혁교회에 경종을 울려주는
WCC의 책자를 재 편집하여 전재, 인용했음을 참고해
주시길 바랍니다.

설교집 제2권의 '부록' WCC 하권(제목 : 한국교회 안에 활동하는
붉은손 WCC의 관계성)이 함께 수록됨.

개혁을 위한 영감적 설교

초판인쇄 2021. 12. 15
지은이 윤성원
펴낸곳 신성광 출판사
등록번호 2021 _ 31 (2021 10 17)
이 메일 lovejesussw @ naver . com
전화 031-873-0101. H P 010.3174.0258

ISBN 979-11-976763-0-7 (03230)
정가 ₩17,000원

입금계좌 농협 301-0154-0924-11